W0184290

hänssler

BIOGRAPHIE

CATHERINE MARSHALL

Ausschnitte aus meinem Leben

Herausgegeben von
Leonard E. LeSourd

Die Deutsche Bibliothek – CIP-Einheitsaufnahme

Marshall, Catherine:
Ausschnitte aus meinem Leben / Catherine Marshall. Hrsg. von
Leonard E. LeSourd. – Neuhausen-Stuttgart : Hänssler, 1996
(Hänssler-Biographie)
Einheitssacht.: The best of Catherine Marshall <dt.>
ISBN 3-7751-2558-2
NE: LeSourd, Leonard [Hrsg.]: Marshall, Catherine: [Sammlung <dt.>]

hänssler-Biographie
Bestell-Nr. 392.558

© Copyright der amerikanischen Ausgabe 1993 by Leonard E. LeSourd
Published by Chosen Books, a division of Baker Book House Company,
P.O. Box 6287, Grand Rapids, MI 49516-6287, USA
Originaltitel: The Best of Catherine Marshall
Übersetzt von Laura Zimmermann

© Copyright der deutschen Ausgabe 1996 by Hänssler-Verlag, Neuhausen-Stuttgart
Umschlaggestaltung: Stefanie Stegbauer
Titelfoto: Chosen Books
Satz: AbSatz Ewert-Mohr, Klein Nordende
Printed in Germany

INHALT

Dieses Buch ist jenen Menschen in aller Welt gewidmet, die Catherines Schriften kennen und durch sie Hilfe erfahren haben.

Einleitung

Seit sie als Achtjährige auf ihren »Wunschbaum« im Hinterhof kletterte, träumte Catherine Marshall davon, Schriftstellerin zu werden. Als Teenager begann sie, ihre Gedanken und Beobachtungen in Tagebüchern niederzuschreiben, eine tägliche Übung, die sie bis zu ihrem Tod im März 1983 beibehielt. Während ihrer zwölf Jahre dauernden Ehe mit Peter Marshall eignete sie sich die Kunst des Recherchierens an. Sie verbrachte viele Stunden in Bibliotheken, wo sie Themen für die Predigten ihres Gatten zusammensuchte.

Peter Marshalls Tod im Jahre 1949 hatte eine unerwartete Wirkung auf ihre Karriere als Schriftstellerin, auf eine Weise, die sie sich weder vorgestellt noch gewünscht hatte. Es begann damit, daß ein Buch von Peter Marshall, *Mr. Jones, treten Sie vor das Angesicht des Herrn,* ein erstaunlicher Erfolg war. Dann folgte seine Lebensbeschreibung, *Ein Mann namens Peter*, ein erfolgreiches Buch, vor allem aber ein höchst erfolgreicher Film über das Leben dieses schottischen Pastors und Geistlichen im Senat der USA. Zwanzig weitere Bücher folgten, die insgesamt eine Auflage von mehr als zwanzig Millionen erreichten, und hunderte Artikel in christlichen und säkularen Zeitungen.

Wie wählt man die besten Schriften einer Autorin aus, die über so viele verschiedene Themen schrieb?

Catherine schilderte ihre Kindheit in lebhaften Farben; diese Schriften mußten auf jeden Fall mit aufgenommen werden. Die Jahre mit Peter waren von Liebe und geistlichem Wachstum erfüllt. Die Jahre der Witwenschaft brachten Schmerzen und Siege. Eine zweite Ehe, in der sie zur Stiefmutter von drei kleinen Kindern wurde, bedeutete eine neuerliche Herausforderung. Diese zweite Ehe – mit mir – führte sie zu einer engen Beziehung zu der Zeitschrift *Guideposts,* die uns mitten in die »Bewegung des Heiligen Geistes« hineinführte.

Der Tod eines Enkelkindes stürzte sie in eine »dunkle Nacht der Seele«, die ein ganzes Jahr andauerte. Catherines Gebetsleben wurde in dieser Zeit tiefer und inniger, und schließlich wurde ihr die Vision eines fürbittenden Gebetsdienstes geschenkt. Dieser Durchbruch erwies sich als ihr bedeutendstes spirituelles Vermächtnis. Eine Sammlung von Catherines besten Schriften wäre unvollständig ohne wichtige Abschnitte aus ihren Romanen *Christy* und *Julie*. Schließlich gelang es Catherine, das Herannahen ihres eigenen Todes in ein Abenteuer zu verwandeln, das näherer Betrachtung wert ist.

Als ich all dieses Material zusammenstellte, lebten viele Erinnerungen aus unserer 23jährigen Ehe wieder auf, wobei mir die schmerzlichen Augenblicke, die Tiefen, in mancher Hinsicht wertvoller waren als die Spitzenerlebnisse. Gewiß bereitete uns die Geburt von mehr als einem Dutzend Bücher, die alle durchschlagende Wirkung hatten, große Freude, ebenso wie der außergewöhnliche Erfolg von *Guideposts* und die Entwicklung eines sinnerfüllten Familienlebens, als zwei Teilfamilien zueinanderfanden.

Dennoch sind die Augenblicke der Bedrückung wichtiger, denn in Zeiten von Niederlagen und Kummer war Gott uns näher und wirklicher. Gott sei gedankt für diese Zeiten! Ohne sie wäre der Erfolg ohne Würze gewesen, die Beziehungen Alltagstrott; Dankbarkeit und Freude hätten wir niemals so tief empfunden.

Viele sahen Catherine als eine makellose Christin von großer Reife und Weisheit. Diejenigen von uns, die sie näher kannten, wissen es besser. Auch Catherine hatte – Gott sei's gedankt – ihre Fehler, sonst wäre es unmöglich gewesen, mit ihr zusammenzuleben. Ihre Fehler machten sie zu einem Menschen aus Fleisch und Blut. Ihre Schwäche zwang sie, sich an Gott anzulehnen. Solange sie Seine Kraft suchte, segnete Er sie – und ihre Leser.

Leonard E. LeSourd
Evergreen Farm, Virginia
Mai 1993

1

Kindheit: Magere Haushaltskasse, reicher Glaube

Sarah Catherine Wood hatte keine leichte Kindheit. Ihr Vater, John Wood, war Pastor der Episkopalkirche und hatte Mühe, seine drei Kinder mit seinem winzigen Gehalt zu ernähren und zu kleiden. Aber inmitten dieses kärglichen Lebens machte Catherine sich die Grundbegriffe der Heiligen Schrift zu eigen, erlebte kindliche Freuden und entwickelte die besondere Gabe, die ihr himmlischer Vater ihr geschenkt hatte: Kreativität.

Unser Vater auf Erden

Meine früheste Jugend war eine verrückte Mischung aus überschäumender Freude und Augenblicken der Furcht, die sich ineinandermischten. Ein ganzes Sortiment seltsamer Dinge versetzte mich in Angst und Schrecken: Mäuse, Spinnen, Schlangen, Finsternis, die Nonnen mit ihren langwallenden schwarzen Ordenstrachten in der katholischen Schule gegenüber, die Seite im *Buch des Wissens,* auf der zu sehen war, wie Jeanne d'Arc auf dem Scheiterhaufen verbrannt wurde ... Aber solange mein Vater in der Nähe war, war meine Welt sicher vor allem Bösen.

Mein Dad, der junge Prediger John Wood, war hochgewachsen und schlank, mit schwarzem Haar, das er immer säuberlich glattkämmte, und sanften braunen Augen mit einem schelmischen Zwinkern darin. Und er war, meiner Ansicht nach, ein sehr gutaussehender Mann! Er war ein großer Esser, hatte Sinn für Spaß und liebte es, andere Leute zu necken und ihnen Streiche zu spielen.

Bis zu meinem siebenten Lebensjahr war ich das einzige Kind. Dann kam mein Bruder Bob zur Welt und vierzehn Monate später meine Schwester Emmy. Dad hatte sein Büro zu Hause eingerichtet, statt in der Kirche, daher bekam ich meinen Vater öfter zu sehen als die meisten anderen Kinder.

Oft schlich ich mich ungebeten in sein Büro, aber er war nie zu beschäftigt, sich um mich zu kümmern. Unweigerlich lächelte er und breitete die Arme aus, um mich in Empfang zu nehmen. »Mädelchen – mein Mädelchen«, pflegte er dann zu sagen.

Selbst wenn Vater einen Gast hatte, erlaubte er mir, schweigend auf seinem Schoß zu sitzen, während er sich mit dem Kirchenbeauftragten oder einem Gemeindeglied oder dem jungen katholischen Priester, der in der Nähe wohnte, unterhielt. Dads Schoß erschien mir immer viel gemütlicher als der meiner Mutter, seine Arme kraftvoller. Für mich waren diese Arme Schutz und Ermutigung, Wärme, Kraft und Nahrung. Auf eine seltsame Weise muß die Liebe, die zwischen uns hin und her strömte, wohl auch für ihn eine Nahrung gewesen sein.

Die Kulisse, vor der diese frühesten Erinnerungen sich abspielten, war ein einstöckiges, weißes Fachwerkhaus in Canton, einer Kleinstadt im mittleren Mississippi. Dieses Haus, das Ähnlichkeit mit einem Bauernhaus hatte, wirkte winzig neben der aus roten Ziegelsteinen erbauten Kirche, die schwer und massiv danebenstand. Riesige Eichenbäume breiteten ihre Äste darüber. Die mächtigen Eichen säumten auch die Peace Street, die vor dem Haus verlief, und bildeten einen grünen Tunnel, in dem ich spazierenging oder mit dem Rad herumfuhr – eine herrliche Zuflucht vor der grausamen Sonne von Mississippi.

Meine Schüchternheit hätte letztendlich vielleicht dazu geführt, daß ich mich vor den Menschen zurückzog und Minderwertigkeitskomplexe entwickelte, denn es fiel mir nicht leicht, Menschen Zugang zu meinem innersten Selbst zu gewähren. Glücklicherweise fand diese alles durchdringende Zurückhaltung ein Gegengewicht in der Art und Weise, wie meine Eltern mit mir umgingen. Seit ich Robert Louis Stevensons *Versgärtlein eines Kindes* »entdeckt« hatte und den Klang der Kadenzen genoß, die mir von der Zunge flossen, hatte ich Mut, meine Lieblingsgedichte auswendig zu lernen und der Familie vorzutragen.

Als Vater die Glyzinie abhacken wollte, die den alten Kohlenschuppen im Hinterhof beinahe schon überwucherte, und ich laut dagegen protestierte, hörte er auf meine Bitten. »Wenn es dich innerlich so sehr bewegt«, sagte er und tätschelte meine Hand, »dann verpasse ich der Glyzinie nur einen Haarschnitt.«

Als ich mit meinen Klavierstunden weit genug gediehen war, um einfache Hymnen zu spielen, ermutigte mich Vater, vor kleinen Versammlungen im Salon des Hauses Klavier zu spielen.

So gewann ich schon früh ein Gefühl meines eigenen Wertes, ein Bewußtsein für meine eigenständige Persönlichkeit und die Gewißheit, geschätzt zu werden.

Während unsere Eltern uns Liebe und Aufmerksamkeit entgegenbrachten, waren sie die unbestrittenen Autoritäten in unserem Heim. Es war uns nicht gestattet, Aufgaben, die uns schwierig erschienen, einfach fallenzulassen. Sie nahmen immer die Haltung ein: »Wir helfen euch, wenn ihr tatsächlich Hilfe braucht. Gemeinsam ist uns nichts zu schwer.«

Dazu gehörte eine regelmäßige Sitzung am Samstagnachmittag, in der wir den *Katechismus für kleine Kinder* auswendig lernten und ebenso den irreführend so benannten *Kürzeren Katechismus der Westminster Assembly*. (In Wirklichkeit ist der kürzere der weitaus längere!)

Eine nutzlose religiöse Übung? Keineswegs! Was wir da in dem kleinen Haus lernten, das aus einem längst vergangenen Jahrhundert stammte, legte das Fundament für jene alles entscheidenden Fragen über Leben und Tod, über Gott und unsere Beziehung zu Ihm.

F.: Was ist Gott?
A.: Gott ist Geist, unbegrenzt, ewig und unveränderlich in Seiner Weisheit, Stärke, Heiligkeit, Gerechtigkeit, Güte und Wahrheit.
F.: Wozu ist der Mensch geschaffen?
A.: Der Mensch ist geschaffen, um Gott die Ehre zu geben und sich Seiner auf ewig zu erfreuen.

Dieser letzte Gedanke verblüffte mich. Aus einigen der Bilder und Geschichten in meinen Bibelkinderbüchern war mir der Jehovah des Alten Testaments streng und unnahbar erschienen – es sei denn, man war jemand wie Mose oder Abraham. Dieser Gott donnerte vom Sinai herab und verlangte Opfer. Sein grimmiger Zorn zerstörte große Städte, einmal hatte Er sogar die ganze Welt in den Fluten versinken lassen und alle ertränkt, Noah und seine Familie ausgenommen.

Und dennoch sagte mir dieser Katechismus, man könnte sich an Gott freuen! Darüber mußte ich lange und intensiv nachdenken.

Eines Tages fragte ich meinen Vater: »Wie kann ich Gott lieben, wenn ich mich vor Ihm fürchte?«

»Weil Er dich liebt«, lautete Dads Antwort. »Erinnere dich an den Bibelvers, den du letzte Woche auf dem Merkblatt in der Sonntagsschule gelesen hast: ›Wir lieben Ihn, denn Er hat uns zuerst geliebt.‹ Er hat dich geliebt, bevor du überhaupt wußtest, daß es Ihn gibt.«

»Aber ich sehe kein Gesicht voll Liebe, wie ich dein Gesicht sehe, Dad.«

»Genau deshalb ist Jesus auf die Erde herabgestiegen – um uns zu sagen und zu zeigen, daß der Vater im Himmel Liebe ist, ganz aus Liebe besteht. Jesus sagte gerne, daß selbst der beste menschliche Vater nicht halb so liebevoll und freundlich und großzügig zu uns sein kann wie der himmlische Vater.«

Als er den Zweifel auf meinem Gesicht sah, fügte Dad sanft hinzu: »Manchmal muß ich dich oder Bob oder Em strafen, wenn ihr etwas angestellt habt. Ich wäre ein schlechter Vater, wenn ich euch nicht zurechtweisen wollte. Aber deshalb habt ihr doch keine Angst vor mir, oder?«

Als ich in diese warmen braunen Augen blickte, sah ich nur grenzenlose Liebe darin und wie immer ein schelmisches Glitzern. Gewiß konnte ich meinem irdischen Vater vertrauen. Aber Gott war immer noch eine unbekannte Größe für mich, irgendwo droben im Himmel. Ich war nicht sicher, wie ich zu Ihm stand.

Ich liebte es, frei in der Natur umherzuschweifen und genoß diese Ausflüge grenzenlos. Daß unsere Familie sehr wenig Geld hatte, bedeutete mir kaum etwas. Wir hatten einander, und wir hatten Spaß miteinander. Und so mußte ich viele Jahre später nur die Schleusen meiner Erinnerung öffnen, um augenblicklich wieder die Gefühle eines kleinen Kindes vor Augen zu haben und die frische, bis ins Mark dringende Freude an Geräuschen und Klängen und Berührungen und Düften.

Fremden Augen mag der Hof um unser Haus ganz alltäglich erschienen sein. Für mich war er der schönste Ort auf Erden. Gab es irgendwo auf der Welt einen süßeren Duft als den des Geißblattes, das alle Zäune überwucherte? Und da war nicht nur der Duft, da war auch der Geschmack. Pflück eine Blüte, beiß vorsichtig das Ende des Stengels ab und saug den süßen Honig aus! Kein Wunder, daß die Bienen das Geißblatt liebten!

Und welche Seligkeit war es im Frühling, die ersten weißen Schneeglöckchen zwischen den grünen Blättern zu suchen und die Nase in den ersten Hyazinthen des Jahres zu vergraben! Nie konnten meine Augen genug bekommen von der Schönheit der purpurnen Glyzinie, die mein Vater auf meine Bitten hin verschont hatte. Hatte irgendein Mensch vor mir jemals das zauberhafte Gefühl empfunden, mit bloßen Füßen über den dicken Moosteppich unter den Eichen zu laufen?

Jahre später las ich in Genesis den Bericht, wie der Schöpfer voll Zustimmung die Arbeit jedes einzelnen Tages betrachtet und befunden hatte, »daß es gut war«. Als ich das las, erschien es mir wie ein Echo aus den Tiefen meiner eigenen Seele. Natürlich war es gut – jede Blume, jeder Duft, jede dahintreibende Wolke und jeder singende Vogel. Nicht nur »gut«, sondern großartig. Mein Kinderherz hatte das die ganze Zeit schon gewußt.

Aber mein privates Paradies trug auch ganz unmißverständlich die Handschrift meines irdischen Vaters. Dad war es gewesen, der eine riesige Sandkiste gebaut hatte, in der ich und meine Spielgefährten Stunden damit zubrachten, kunstvolle Sandburgen zu bauen.

Dad war es auch gewesen, der eine Schaukel baute, länger und kräftiger als alles, was man in einem Laden zu kaufen bekam. Alles, was er baute, war groß und dauerhaft, war gebaut, um ein Leben lang zu halten.

Und die Schaukel! Wir lernten rasch, aufrecht zu stehen und Schwung zu geben; man mußte langsam beginnen, die Knie im Rhythmus beugen. Höher hinauf, noch höher, hinauf und hinunter. Und noch einmal! Wir sausten durch die Luft, bis das Rucken der Kette uns anzeigte, daß die Schaukel so hoch schwang, wie sie nur konnte.

Und auch drinnen im Hause warteten Freuden auf mich. Wie in vielen älteren Häusern im tiefen Süden erstreckte sich die kühle, mehr als drei Meter breite Halle über die ganze Länge des Hauses. Dieser galerie-ähnliche Flur war mein liebster Spielplatz, und alle Spiele drehten sich um meinen Vater. Die Stunden, die er mit uns Kindern verbrachte, waren von unübertroffener Köstlichkeit. Wir spielten Domino, Flohhüpfen, Mikado, Mensch-ärgere-dich-nicht, Fuchs und Gans und fügten zahllose Puzzle-Spiele zusammen.

Aus irgendeinem Grund hatte Mutter kein Vergnügen an Spielen, also saß sie dabei und flickte oder nähte oder las, während Dad und ich und jeder, den wir dazu bringen konnten, sich uns anzuschließen, in heißem Kampf lagen. Vater war ein scharfer Konkurrent, der uns Kinder nie nur deshalb gewinnen ließ, weil wir klein waren. Das gefiel uns, denn wenn wir dann doch gewannen, war der Geschmack des Sieges um so süßer.

Ich genoß es auch, einfach nur neben meinem Vater auf dem Boden zu sitzen und mit ihm zu reden, während ich ihm zusah, wie er das oder jenes im Haus reparierte. Er war ein tüchtiger Tischler und Maler, ja sogar Maurer und Steinmetz und verstand sich auf die Grundbegriffe von Installations- und Elektrikerarbeiten.

Es lag wohl an der Sicherheit, die Dads Gegenwart uns verlieh, daß sein Büro der meistfrequentierte Raum in all den Häusern war, in denen unsere Familie wohnte – nacheinander in Mississippi, dem östlichen West-Virginia und der Ostküste von Virginia. Ein bequemer lederbezogener Morris-Sessel mit breiten Armlehnen stand in einem Winkel, in Griffweite solche Bände wie *Das Buch des Wissens, Die Harvard-Klassiker* und McLaren's *Kommentare zur Heiligen Schrift* sowie Romane und Nachschlagewerke.

Hier versammelte sich die Familie jeden Tag nach dem Abendessen, während wir Kinder unsere Hausaufgaben machten. Wenn wir in dem Morris-Sessel oder an einer der aufklappbaren Platten von Vaters Schreibtisch saßen oder bequem auf dem Boden hingelümmelt lagen, waren wir von reichlichen Studierhilfen umgeben. Dad hatte verschiedene Zeitschriften abonniert, und er hatte immer Kataloge zur Hand, anhand derer wir weitere Bücher bestellen konnten, denn in den Städten, in denen wir wohnten, gab es nur selten eine Buchhandlung. Wir hoben uns alle Ausgaben von *National Geographics* für unsere Schulaufgaben auf, und ein ganzer Schrank war vollgestopft mit alten Ausgaben.

Mein Vater hatte natürlich auch seine Schwächen. Er konnte starrsinnig sein. Um nur ein Beispiel zu nennen: Die Geschichte mit dem Flammenwerfer. Er hatte eine Vorliebe für Werkzeuge und Geräte und geriet oft in Versuchung, einen zu großen Teil seines mageren Gehalts für dergleichen Dinge auszugeben. Da das Haus in West Virginia einen großen Hof hatte, gönnte er sich einen Rasenmäher. Kurz danach sah er eine Werbeanzeige für einen Flammenwerfer.

Offenbar hatte das Kriegsministerium zu viel davon eingekauft und bot diese Geräte nun zu verbilligten Preisen an.

Mutter war verärgert, als er damit ankam. »Wozu um Himmels willen brauchst du dieses Dingsda? Du weißt ganz genau, daß wir kein Geld für so albernes Zeug haben.«

Vater blickte sie gekränkt an. »Ein Flammenwerfer ist *genau* das, was ich brauche, um all das hohe Unkraut in den Zaunwinkeln loszuwerden«, gab er zurück. »Und deshalb werde ich ihn kaufen.«

Er kaufte ihn wirklich. Der Flammenwerfer ist immer noch in Familienbesitz. Das Unkraut auch.

Dann war da sein reizbares Temperament. Bob erinnert sich noch überaus lebhaft daran, wie er Dad half, elektrische Weihnachtslichter über der Haustür anzubringen, als Vater versehentlich den Daumen in eine stromführende Fassung steckte.

Der Daumen fuhr wieder heraus, und Dads Mund entfuhr ein Strom von Worten, die für einen Geistlichen mehr als unpassend waren. Dann starrte Dad mit lodernden Augen von der Leiter herab.

»Sohn«, sagte er, »vergiß, was ich soeben gesagt habe.«

Das brachte Bob natürlich nicht fertig. Und nicht nur das, er erzählte mir auch in späteren Jahren: »Von diesem Augenblick an liebte und respektierte ich Dad mehr als je zuvor. Er war nicht zu ›gut‹, um menschlich zu sein.«

Keiner von uns sollte auch jemals den Sonntagmorgen vergessen, an dem Bob und Em eine Tracht Prügel bekamen.

Während der Woche zuvor hatten die beiden Kinder die Nachbarschaft abgeklappert und überall um die großen, fünfzehn Pfund fassenden leeren Schmalzdosen gebettelt. Allerdings hatten sie unseren Eltern nichts davon erzählt, welchem Zweck die Dosen dienen sollten.

Am Sonntagmorgen war unser Vater, der Prediger, fertig für die Kirche angezogen – das schwarze Haar säuberlich glattgekämmt, weißer Anzug, weiße Schuhe (sein einziges Paar Schuhe, das nicht beim Schuhmacher zur Reparatur war). Zuletzt eilte Vater in den Garten hinaus, um eine Blume fürs Knopfloch auszuwählen.

Eine halbe Minute später hörten wir ein wütendes Aufbrüllen. Vater stampfte, das Gesicht knallrot angelaufen, ins Haus, einen

Stecken in der Hand, den er von der Hecke abgebrochen hatte, um die Schuldigen zu bestrafen. Anscheinend hatten Bob und Em eine ganze Anzahl Schmalzdosen mit Wasser gefüllt und an strategisch günstigen Plätzen im Blumengarten versenkt und diese hausgemachten Fallgruben dann mit Zweigen und Rasenstücken getarnt. An diesem Sonntag predigte Vater mit einem nassen linken Fuß, während zwei seiner Kinder mit schmerzendem Sitzfleisch zuhörten.

Aber Dad war immer fair, wenn es um Strafen ging. Wir wußten, daß er uns liebte, selbst wenn er uns züchtigte. Es gab keinen Unterschied zwischen dem, was er von der Kanzel predigte, und der Art, wie er uns als Familienoberhaupt vorstand.

Es war nicht so, daß mein Vater ein großer Kanzelredner gewesen wäre. Er war ein mittelmäßiger Prediger mit einem eher bescheidenen Interesse an Theologie. Seine Stärke war der Umgang mit Menschen. Er liebte sie und genoß es, sich mit ihnen zu umgeben, seien sie nun Freunde oder Fremde. Er hatte eine Begabung dafür, mit fast allen Leuten eine gute Gesprächsbasis zu finden.

Eine meiner Lieblingsgeschichten handelt davon, wie Dad eines Tages zu den Eisenbahnschuppen in der Nähe unseres Hauses in Keyser, West Virginia, ging, um ein neues Mitglied seiner Gemeinde zu besuchen. In einer der riesigen Werkstätten der Baltimore- und Ohio-Eisenbahngesellschaft fand Reverend Wood diesen Mann bei der Arbeit.

»Kann Ihnen nicht die Hand geben«, entschuldigte sich der Arbeiter. »Zu schmutzig.«

John Wood bückte sich und verschmierte seine Hände mit Kohlenruß.

»Wie sieht's jetzt aus?« sagte er und bot ihm eine ebenso schwarze Hand.

Aber obwohl ich schon früh lernte, daß ich meinem irdischen Vater vertrauen konnte, empfand ich doch einen Widerstand gegen die Predigten, in denen wir gedrängt wurden, unser Leben einem fernen Gott zu übergeben. Was hatte das zu bedeuten? Die Vorstellung, mein ganzes Leben mit Beten, Bibellesen und Zeugnisgeben zu verbringen, erschien mir nicht besonders ansprechend.

Als der Evangelist Gypsy Smith Jr. in unsere Stadt kam, um

Erweckungsversammlungen abzuhalten, ging ich hin – aus Neugier, aber kaum aus einem anderen Motiv. Ein riesiges Zelt war auf einem Stück Brachland in der Nähe der Stadtgrenze aufgebaut, aber es war immer noch nicht groß genug, um die Menschenmengen aufzunehmen, die dorthin drängten. Auf einem Podium aus rohem Holz, aus dem noch das Harz quoll, stand der umfangreiche Chor, der aus Mitgliedern aller Kirchen am Ort bestand. Ihre Lieblingshymne war der feurige »Erweckungschoral«:

»Jehovah herrscht auf Himmels Thron,
die Sünde schleudert er davon,
oh freuet euch! oh freuet euch!«

Das »Freuet euch« zitterte so schrill in meinen Ohren, daß ich eine Gänsehaut bekam. Während die Versammlung sang, gab der Dirigent mit fuchtelnden Armen den Takt von Hymnen vor, wie:

»Ich trau auf das Versprechen,
das Christ, mein König, gab …«

oder

»Laß mich noch einmal hören
das lebenspendende Wort …«

Sooft wir Atem holten, fuhr der Pianist mit den Händen auf den Tasten hin und her und entlockte ihnen musikalische Schnörkel, die meinen Kinderohren wunderbar erschienen.

Dann kam die Predigt, so dynamisch, daß noch heute, Jahrzehnte später, Gypsy Smiths donnernde Wortgemälde in meinen Ohren nachbeben: Simson, der der fleischlichen Versuchung verfiel und in die Hände der Philister gegeben wurde, mit geschorenem Haar und grausam geblendeten Augen. Dann jene letzte Szene in Simsons Lebensdrama, in der ein zerknirschter Simson, dessen Haar wieder nachgewachsen war, dreitausend Philistern gegenüberstand, die sich in der großen Halle versammelt hatten, um ihn zu verhöhnen. Und Simson legt die rechte Hand auf eine der Säulen, die das Dach stützen, die linke Hand auf die andere, und beugt sich vor mit aller Kraft …

Das ständig anschwellende Gefühl, das Gypsy in seine Predigt legte, übertrug sich auf die Versammlung. Was hatte Simsons Geschichte mit Keyser, West-Virginia zu tun? Selbstsucht und Sinnlichkeit führten nur zur Zerstörung, donnerte der Evangelist. So würde es immer sein. Jeder von uns mußte sich entscheiden, welchen Weg er wählen wollte.

Schließlich senkte sich Stille über das Zelt, als der Chor beinahe im Flüsterton sang:

»Leise und zärtlich ruft Jesus
rufet nach dir und nach mir ...«

Bald geschah es dann, daß irgend jemand am äußersten Ende des Zelts aufstand und langsam den Gang zwischen den Sitzreihen hinab nach vorne schritt. Dann noch jemand, und noch einer, und noch einer ...

Was mich beeindruckte, waren die Gesichter der Leute, die nach vorne gingen. Strahlende Freude zeigte sich auf diesen Gesichtern. Die meisten schienen es kaum erwarten zu können, nach vorne zu kommen, wo sie niederknieten und weinten und beteten und »ihr Leben übergaben«.

Zu Hause fragte ich meine Eltern nach den Leuten, die ihr Leben Gott übergeben hatten.

»Bedeutet das, daß sie sich der Kirche angeschlossen haben?« fragte ich.

Ich fragte mich auch: Waren nicht einige nur deshalb »nach vorne« gegangen, weil der Gefühlsüberschwang des Augenblicks sie dazu trieb?

Dad verstand die Überlegungen, die mich zu meinen Fragen trieben. Er gab mir eine weise Antwort. »Gewiß werden die meisten von ihnen sich einer Kirche anschließen. Du wirst, wenn der richtige Zeitpunkt gekommen ist, auch diesen Wunsch haben. Aber Catherine, daß man sich einer Kirche anschließt, ist nur der äußere Teil. Du solltest keiner Kirche beitreten, ehe es dir nicht wirklich etwas bedeutet. Es muß bedeuten, daß du dich selbst Gott zum Geschenk machst.«

Ich dachte in diesen Kindheitsjahren oft über seine Worte nach.

Ich war neun Jahre alt, als ich an einem Sonntagmorgen neben meiner Mutter in der Kirche saß – mein Bruder und meine Schwester waren in der Sonntagsschule – und beobachtete, wie mein Vater den

Gottesdienst leitete. Mein Herz war voll Liebe für ihn, und zwar auf eine ganz besondere Weise. Ich kann mich kaum noch an etwas erinnern, was er von der Kanzel herab sagte, aber ich fühlte, wie Gottes Liebe ihn durchströmte und uns alle in der Versammlung erreichte.

Am Ende des Gottesdienstes sprach Dad – ganz spontan, soweit ich mich erinnere – eine Einladung aus; all jene, die Jesus als den Herrn ihres Lebens annehmen und sich der Gemeinschaft der Kirche anschließen wollten, sollten nach vorne kommen.

Und plötzlich fühlte ich ein Rühren in meinem Herzen. Sehr sanft. Da war keine Stimme, keine Worte, nur ein Gefühl intensiver Wärme. Ich liebte meinen Vater innig. Und ich vertraute ihm aus ganzem Herzen. Ich liebte ihn so sehr, daß ich spürte, wie mir die Tränen in die Augen sprangen.

Und dann kam die Gewißheit. Gott hatte es längst so eingerichtet, daß die Liebe meines irdischen Vaters ein Abbild meines himmlischen Vaters sein sollte; sie sollte mir den Weg weisen, wie ich mit ihm Verbindung aufnehmen konnte.

Auf diese innere Überzeugung folgten der plötzliche Drang zu handeln und der Wille, es zu tun. Zu meiner eigenen Überraschung und der meiner Mutter erhob ich mich aus der Kirchenbank und schritt den Mittelgang entlang nach vorne. Ein paar andere taten dasselbe.

Zuerst sah Dad mich gar nicht, als die Gruppe einen Halbkreis um den Altar bildete. Er sprach kurz über den Schritt, den wir tun wollten, und setzte eben zum Gebet an, als er mich bemerkte.

Volle Erkenntnis leuchtete in seinen braunen Augen auf; er verstand augenblicklich, daß meine Anwesenheit hier von Bedeutung war: Ich machte mich selbst zum Geschenk, tat einen ersten Schritt des Glaubens. Der Widerstand dagegen, mich selbst hinzugeben, war gebrochen.

Ich werde niemals den Ausdruck auf dem Gesicht meines Vaters vergessen. Überraschung – Freude – jähe Verletzlichkeit. Er stand einen langen Augenblick vor dem Altar und sah mich aus Augen an, die hinter seinen Brillengläsern in Tränen schwammen. Dann nahm er sich zusammen und forderte uns auf, niederzuknien, während er betete.

Es war meine erste Begegnung mit dem lebendigen Gott – meinem himmlischen Vater. Der Katechismus hatte gesagt, Er hätte mich zuerst geliebt. Das hatte auch mein irdischer Vater getan. Er mußte mich schon vor meiner Geburt geliebt haben, als ich noch im Leib meiner Mutter geborgen lag.

Nicht nur das. Denn da ich meinem irdischen Vater vertrauen und ihn lieben konnte, konnte ich da nicht meinen himmlischen Vater um so mehr lieben und Ihm vertrauen und furchtlos meine Zukunft in Seine Hände legen?

Mutter war niemals der Meinung, wir seien arm

Während mein Vater mir Gott als den himmlischen Vater nahebrachte, der in zärtlicher Fürsorge über Seinen Kinder wacht, zeigte mir meine Mutter, wie sich die Beziehung zu Ihm auf alltägliche Situationen auswirkt. Die Lektionen, die Gott ihr erteilt hatte, hatten alle mit der Armut zu tun, in der sie die ersten achtzehn Jahre ihres Lebens verbracht hatte. Entweder mußte sie sich daran gewöhnen, mit dem Mangel zu leben, oder Gottes Ausweg daraus finden. Er zeigte ihr einen kreativen Zugang zur Armut, der ihr ermöglicht hat, zahllosen Menschen zu helfen. Einer dieser Menschen war ich.

Leonora Haseltine Whitaker wurde 1891 geboren und auf Bauernhöfen in North-Carolina erzogen. Mit achtzehn Jahren schloß sie sich als Freiwillige Dr. Edward O. Guerrants Missionstour durch die Great Smoky Mountains im östlichen Tennessee an. Sie arbeitete als Lehrerin. Ihre Erlebnisse mit den Bergbewohnern bildeten später die Grundlage für meinen Roman *Christy*.

Mutter war überdurchschnittlich groß, und die schmalgeschnittenen Kleider, die sie als Mädchen trug, hoben diese Größe noch hervor. So sehe ich es jedenfalls, wenn ich im Familienalbum blättere. Sie hatte ungewöhnlich große, ausdrucksvolle blaue Augen und eine Adlernase, die an der Spitze frech nach oben gedreht war. Ihr kastanienbraunes Haar war so lang, daß sie darauf sitzen konnte, obwohl sie es für gewöhnlich auf dem Oberkopf aufgesteckt trug. Später begann sie es zu flechten und wand sich die Zöpfe zweimal um den Kopf, so daß sie eine liebliche natürliche Krone bildeten.

Bald nachdem Leonara Whitaker sich der Mission angeschlossen hatte, geriet diese aus Geldmangel in Schwierigkeiten. Sie hatte eine Einladung erhalten, vor einer Frauengruppe in der Nähe von Knoxville zu sprechen. Während sie dort war, nutzte sie die Gelegenheit, bei einem Geschäftsmann vorzusprechen, der im Ruf eines Menschenfreundes stand. Was darauf folgte, war ein Exempel, wie Glaube und Kreativität wirkungsvoll Hand in Hand gehen können.

Wenn sie zu einer dieser Verabredungen ging, war sie entschlossen, nicht wie eine altjüngferliche Missionarin aus den Bergen auszusehen, die für sich selbst und die Bergbevölkerung gleichermaßen betteln mußte. Sie wollte, daß ihr Äußeres verkündete: »Ich habe Spaß daran, das Werk des Herrn zu tun. Möchtest du nicht auch an diesem Abenteuer teilhaben?«

Ein Besuch im Kosmetiksalon war der erste Schritt. Sie tauchte mit einer kunstvollen Frisur wieder auf, Locken auf dem Scheitel, ein doppelt geschlungener Knoten im Nacken.

Dann entdeckte Mutter in einem von Knoxvilles besten Geschäften einen riesigen schwarzen Hut mit wallenden Straußenfedern darauf. Er würde sich perfekt mit ihrem einzigen guten Kleid kombinieren lassen – einem Kostüm aus schwarzem Kammgarn. Aber der Hut sollte 25 Dollar kosten, das war jeder Pfennig ihres Monatsgehalts. Sie dachte lange nach. Sollten die 25 Dollar nicht schnurstracks in die Kasse der Mission wandern? Oder wäre es eine gute Investition, den Hut zu kaufen?

Mutter kaufte den Hut.

Ihre blauen Augen funkelten noch vor Vergnügen über dieses weibliche Bravourstückchen, als sie mit großer Geste das Büro in der Innenstadt betrat, in dem Mr. Rush Hazen, ein Lebensmittelgroßhändler und Menschenfreund, residierte. Reihen von Köpfen an den Schreibtischen hoben sich, Augenpaare starrten sie an. Selbst Mr. Hazen starrte. Um ehrlich zu sein – um ein Haar hätte er gepfiffen.

»Sie – eine Missionarin! Ich glaube kein Wort davon. Warum sind die Leute nicht schon früher auf die Idee gekommen, solche Missionarinnen wie Sie loszuschicken? Was kann ich für Sie tun?«

Mr. Hazen tat eine Menge. Mutter kehrte im Triumph in das Missionsgebäude zurück, mit genug Lebensmitteln und Geld, um die Studenten, die im Hause wohnten, über den Winter zu bringen, und mit der Aussicht auf weitere Spenden in der Zukunft. Als sie zurückkehrte, war auch ihre Überzeugung bestärkt worden, daß Gott sich um all unsere Bedürfnisse kümmert, wenn wir Ihn nur bitten, uns den richtigen Weg zu zeigen.

Bei der Mission lernte Leonora Whitaker John Wood kennen, der eben das Union Theological Seminary in Richmond abgeschlossen hatte. Sie heirateten in Asheville, North-Carolina, als Mutter eben neunzehn war.

Meine Eltern verbrachten die nächsten vierzig Jahre im Dienst von Gemeinden der Episkopalkirche in kleinen Ortschaften, und sie führten ein sehr bescheidenes Leben. Das dämpfte jedoch Mutters Kreativität nicht im geringsten. Ich erinnere mich besonders an eine ausgesucht harte Zeit – die frühen dreißiger Jahre. Da die Kirchengemeinde in Keyser, West-Virginia, in großen finanziellen Schwierigkeiten steckte, hatte Dad es freiwillig hingenommen, daß ihm dreimal hintereinander das Gehalt gekürzt wurde. Das bedeutete, daß in unserer fünfköpfigen Familie zumeist Schmalhans Küchenmeister war.

Dad bekam seinen Anteil von dem, was am Sonntagabend auf dem Kollektenteller gewesen war, und es reichte nie für die ganze Woche. Wenn wir daher am Freitag einkaufen gingen, hatte das für uns Kinder immer etwas zutiefst Peinliches an sich. Selbst jetzt noch schneidet es mir ins Herz, wenn ich mich erinnere, wie ich neben meinem Vater stand und so tat, als hörte ich nichts, als er sich über den Ladentisch beugte und mit gedämpfter Stimme zu dem Händler sagte: »Wenn Sie uns diese Lebensmittel mitnehmen lassen, komme ich am Montag vorbei und bezahle sie.«

Während dieser mageren Jahre hatte unsere Familie kein Auto. Wir Kinder gingen zu Fuß oder fuhren mit dem Fahrrad. Unsere Eltern erledigten alle Wege zu Fuß – die Einkäufe, den Kirchgang, die Besuche bei den Gemeindegliedern.

Bob und Em und mir machte es nichts aus, daß wir zum Nachbarn gehen mußten, um die sonntäglichen Witzblätter zu lesen, denn eine der Beschränkungen, die uns auferlegt waren, hieß: Keine Sonntagszeitung. Was uns allerdings wirklich zu schaffen machte, waren gewisse Kleidungsstücke, die wir anziehen mußten.

Ich werde nie ein gewisses braunes Samtkleid vergessen, das Mutter mir aus irgendeinem Second-hand-Kleid geschneidert hatte. Der

Samt war streckenweise verschlissen, und das Schokoladenbraun stand einem jungen Mädchen absolut nicht. Und meine Schwester war tief betrübt, so erzählt sie mir heute, weil sie niemals einen richtigen eigenen Skianzug hatte, sondern eine der abgelegten Hosen ihres Bruders im Winter tragen mußte.

Wir Kinder hatten zweifellos nicht das geringste Vergnügen an diesen Einschränkungen, zu denen die Wirtschaftskrise uns zwang, aber keinerlei Angst vor dem Mangel an Geld warf je einen dunklen Schatten über unser Heim. Mutter schien einfach nie auf den Gedanken zu kommen, daß wir zeitweise in Armut lebten. Sie schaffte es, jeden schwierigen Tag der Krisenzeit hinter sich zu bringen, als hätte sie irgendwo im Hintergrund ein geheimes Bankkonto – und in gewisser Weise hatte sie das auch.

Obwohl wir auf viele Dinge verzichten mußten, vermittelte Mutter uns immer das Gefühl, daß es uns gut ginge. Ich denke, das lag hauptsächlich daran, daß sie es so gut verstand, andere Menschen zu beschenken. Sie griff in unsere magere Speisekammer, um einem kranken Nachbarn ein Tablett mit einer Köstlichkeit zu schicken, die sie zubereitet hatte – samtig glatter Pudding oder weiche hausgemachte Biskuitrollen, die auf unserem besten Porzellan serviert und immer mit einem Strauß Gänseblümchen aus unserem Garten garniert wurden.

Während Mutter sich immer Mühe gab, ihre Familie mit einer ausgewogenen Kost, die viel Gemüse und Früchte enthielt, zu ernähren, mußten wir oft auf Fleisch verzichten, und ich kann mich an keinerlei Luxus-Lebensmittel erinnern. Unser Abendessen bestand hauptsächlich aus Pommes frites und heißen Brötchen mit Honig oder Marmelade, oder Fischbällchen, oder gebratenem Maismehlbrei. Aber wir Kinder hatten gegen den Maismehlbrei nicht das geringste einzuwenden, jedenfalls nicht, wenn er auf die Art, wie Mutter ihn zubereitete, auf den Tisch kam: Dünn geschnitten, knusprig gebräunt und mit Ahornsirup als Beilage.

Mutter konnte sogar gebratenen Maismehlbrei in ein kulinarisches Ereignis verwandeln, indem sie ihn zum Geschenk machte. Das geschah, als sie entdeckte, daß Mr. Edwards, unser wohlhabender Nachbar, eine Vorliebe für Maismehlbrei hatte. Nachdem seine Frau ihm niemals solche Köstlichkeiten auf den Tisch brachte, verwandelte er sich von Zeit zu Zeit in einen dankbaren Empfänger unseres heißen, goldbraun gebratenen Maismehlbreis.

Wir nahmen es nur unbewußt wahr, aber Mutter erteilte uns eine Lektion nach der anderen über das Teilen und Geben. Die Botschaft lautete: Ganz gleich, wie wenig du besitzt, du kannst immer noch etwas davon herschenken. Und wenn du das tust, kannst du kein Selbstmitleid empfinden.

Aber es steckte noch mehr dahinter. Was Mutter anging, so war das Geben für sie ein Glaubensakt, und das geistliche Prinzip, noch inmitten von Mangel großzügig zu sein, ging ihr so leicht von der Hand, als hätte sie es erfunden. Sooft wir einen Blick auf die altmodische Pumpe im Hof unseres Bauernhauses warfen, wußten wir, was sie uns sagen würde: »Wenn ihr den Becher Wasser trinkt, der dort auf dem Brunnenrand steht, dann könnt ihr euren eigenen Durst stillen. Aber wenn ihr den Pumpenschwengel in Bewegung setzt, dann fördert ihr genug Wasser zutage, um unser aller Durst zu stillen.«

Sie hatte ihre Freude daran, die Pumpe mit dem göttlichen Gesetz des Überflusses zu vergleichen: Wir geben, und dann öffnet Er die Fenster des Himmels und beschenkt uns. Es sei ein Gesetz des Lebens, erklärte sie uns Kindern, und es funktionierte so zuverlässig wie die Sonne jeden Morgen aufging.

Mutter war noch nicht lange in Keyser, als sie den Traum hatte, den Slumbewohnern in Radical Hill zu helfen, einem Elendsviertel, wo die Leute in Wellblechhütten entlang zerfurchter, unratübersäter Straßen lebten. Die »anständigen« Bürger der Stadt machten einen weiten Bogen um dieses Gebiet. Aber die Kinder, die dort wohnten, oft ungewaschen und mit Läusen im Haar, saßen neben den »anständigen« Kindern in der öffentlichen Schule.

Mutters erster Schritt bestand darin, sich der Hilfe einiger junger Leute in der Kirchengemeinde zu vergewissern. Gemeinsam besuchten sie jedes einzelne Haus und verschafften sich ein genaues Bild des Elendsviertels. Sie stellten fest, daß von den fünfhundert Familien in Radical Hill nur achtzig mit irgendeiner Kirche in Verbindung standen.

An diesem Knotenpunkt angelangt, bot Mutter dem Wohltätigkeitskomitee des County ihre Dienste an. Zu unserer Überraschung (aber ganz gewiß nicht zu der ihren!) erteilte man ihr den Auftrag, die Lebensbedingungen in Radical Hill auf jede nur erdenkliche Art und Weise zu verbessern. Tag für Tag schickte sie uns in unseren Secondhand-Kleidern und kunstvoll geflickten Kleidungsstücken zur Schule und machte sich dann auf den Weg, um, wie sie es nannte, »den armen Leuten zu helfen«.

Der erste Schritt, den Mutter unternahm, war die Änderung des Namens von Radical Hill in Potomac Heights – ein neuer Name, um einen neuen Anfang zu machen. Dann wurde ein altes, von den Besitzern aufgegebenes Hotel renoviert – Trennwände wurden herausgerissen, es wurde repariert und frisch getüncht; Badezimmer und eine Küche wurden eingebaut. Es sollte als Versammlungsort für Treffen aller Art dienen und beherbergte eine Sonntagsschule und einen Kindergarten, der die Woche über geöffnet hatte. Eine Gesundheitsberatungsstelle, Kurse für Kunsthandwerk und Mutters eigene Kurse in Kinderbetreuung und Bibelstudien begannen zu laufen. Bald blühte das Unternehmen. Menschen, die bereits alle Hoffnung aufgegeben hatten, faßten wieder Mut, weil es jemanden gab, der sich um sie kümmerte.

Dann wurde Mutter eines Tages mitgeteilt, daß das County in finanziellen Schwierigkeiten steckte und daß sie gekündigt werden sollte. Nur einen Augenblick lang überließ sie sich der Enttäuschung. Dann trat sie an den Direktor des Wohlfahrtskomitees heran.

»Darf ich weiterarbeiten?« fragte sie.

»Aber wir können Sie nicht bezahlen.«

»Das verstehe ich«, sagte Mutter. »Aber warum sollte ich für Geld tun, was ich auch um der Liebe Gottes und der Menschen willen tun würde?«

Der Mann starrte sie an. »Was wollen Sie damit sagen?«

»Ich meine«, sagte sie fest entschlossen, »daß die Arbeit weitergehen muß, Gehalt hin oder her. Es wäre eine Katastrophe, wenn wir jetzt den Laden dichtmachen müßten.«

Der Direktor starrte sie ungläubig an. Dann, beeindruckt von Mutters Entschlossenheit, schlug er einen anderen Ton an. Er stand auf, und auf seinem Gesicht zeigten sich Bewunderung und Begeisterung, als er ihr die Hand hinstreckte. »In Ordnung, natürlich, arbeiten Sie nur weiter. Ich werde etwas unternehmen. Wir *alle* werden etwas unternehmen. Irgendwie werden wir es schaffen, daß die Bürger hinter uns stehen.«

Also trabte Mutter weiterhin tagein, tagaus nach Potomac Heights und bekam keinen Groschen Geld für ihre Arbeit. Und die Arbeit gedieh nicht nur, sie schoß geradezu ins Kraut, als sich ein Heer begeisterter Teenager um Mutter scharte und ihr bereitwillig seine Hilfe anbot.

Jahre später sah ich im Fernsehen Kathryn Forbes norwegisch-amerikanische Erinnerungen *Ich denke an Mama.* Ihre fünfköpfige Familie war das genaue Gegenstück zu der unseren – ein Sohn und zwei Töchter. Wie wir auch, mußten sie sich von einem wöchentlichen Zahltag zum anderen durchschlagen.

Es gab noch eine weitere Ähnlichkeit. Kathryn Forbes' Mama hatte ein Bankkonto. Jeden Samstagabend wurden die Stapel von Münzen ausgezählt, für den Hausherrn, den Lebensmittelhändler, für neue Sohlen auf den Schuhen und den Kauf neuer Schulhefte, und große Erleichterung machte sich breit, wenn Mama zuletzt lächelte.

»Ist gut«, pflegte sie dann zu sagen. »Wir müssen nicht zur Bank gehen.«

Mamas Bankkonto sollte nur im alleräußersten Notfall angegriffen werden. Durch harte Arbeit und festen Zusammenhalt schaffte die Familie es, Jahr um Jahr durchzukommen. Das Wissen um Mamas Bankkonto gab ihnen allen ein warmes Gefühl der Sicherheit.

Zwanzig Jahre später, als Kathryn Forbes ihr erstes Buch verkauft hatte, reichte sie den Scheck stolz ihrer Mutter: »Für dich – damit du ihn auf dein Konto einzahlen kannst.«

Und schließlich kam die Wahrheit ans Licht. Es hatte niemals ein Bankkonto gegeben. Mama war auf diese List verfallen, weil es, wie sie erklärte, »nicht gut ist, wenn kleine Kinder Angst haben«.

Plötzlich traf es mich wie ein Blitz der Erleuchtung, daß meine eigene Mutter ebenfalls ein Bankkonto gehabt hatte, das uns davor bewahrte, Angst zu haben. Ihr Bankkonto war real – so real wie die

Bergluft, die wir atmeten, und das nahrhafte Brot, das sie backte. Mutters Familienkonto war ihr Glaube an Gott, ihr absolutes Vertrauen, daß das Versprechen »Gebt und euch wird gegeben werden« von so ewiger Beständigkeit war wie die Berge um uns.

Bereits im Alter von zwölf Jahren hatte ich zu begreifen begonnen, daß das Geheimnis von Mutters Kraft in direktem Zusammenhang mit ihren täglichen Gebetsgesprächen mit Gott stand. Ich sah ihr nach, wenn sie allein fortging, um mit Ihm zu sprechen, und fragte mich, wie es sein mochte, ein wirkliches Gespräch mit Gott zu führen. Konnte man Seine Stimme hören? Waren Seine Gegenwart und Liebe etwas, das man tatsächlich fühlen konnte? Ich mußte es herausfinden.

Mit vierzehn war ich ein dünnes, stacksig aussehendes Mädchen mit einem zu langen Hals. Ich hatte ungebärdiges, von Natur aus gelocktes braunes Haar und große blaue Augen in einem blassen Gesicht. Ich war ein Teenager mit einem Kopf voll Fragezeichen, Ausrufungszeichen und einigen lächerlichen und unwahrscheinlichen Träumen. Denn wie hätte man mit Leonora Wood zusammenleben und sich auf einen engen Horizont beschränken können?

»Ihr seid die geliebten Kinder des Königs«, wurde sie nicht müde, uns zu versichern. »Jedes von euch liegt Ihm ganz besonders am Herzen, und Er hat wichtige Aufgaben für euch in dieser Welt. Es liegt an euch, daß ihr den Traum findet, den Er für euer Leben träumt. Und laßt es euch gesagt sein, unser König gibt sich nicht mit Kleinkram ab. Der Himmel ist eure Grenze!«

Als ich in die Oberschule kam, hatte ich meine Aufmerksamkeit auf drei größere Träume fixiert. Den ersten, den ältesten, verbarg ich in meinem innersten Herzen: Eines Tages würde ich Bücher schreiben.

Ich war fünfzehn, als die beiden anderen Träume in mein Blickfeld gerieten. Es geschah im Frühling, im Hause einer gewissen Mrs. William McDonald, bei der ich zuweilen übernachtete, wenn ihr Gatte, ein Anwalt, in Rechtsangelegenheiten außer Haus war.

Die Tochter der McDonalds, Janet, war an ein College namens »Agnes Scott« gegangen – ein glanzvoller Ort irgendwo im fernen Decatur, Georgia, nahe an den Außenbezirken von Atlanta. »Mrs.

Mac« erzählte mir, wie außergewöhnlich das College sei und wieviel es dazu beigetragen hatte, Janets Leben zu formen.

Das Heim der McDonalds erschien mir luxuriös: Möbel aus echtem Mahagoni, eine hohe Großvateruhr, deren musikalischer Schlag die Viertelstunden zählte, moderne Bücher und liebenswerte Wälzer über Geschichte und Reisen lagen überall herum. Sie bekamen sogar jeden Sonntag die *New York Times!*

Wenn ich bei Mrs. Mac zu Besuch war, hatte sie die Gewohnheit, uns zum Schlafengehen Eiskrem aufzutischen – mehr Eiskrem, als ich essen konnte. Dann legte sie mich unter einer Daunendecke in einem Bett mit hohen, geschnitzten Bettpfosten schlafen.

Ich erinnere mich noch lebhaft an eine bestimmte Nacht, in der für mich die Zeit stillstand. Sie hatte eben den Raum verlassen wollen, als sie an der Türe stehenblieb, sich halb umwandte und mich anblickte. »Eines Tages wird ein wundervoller Mann, genau der richtige Mann für dich, auftauchen und dich davontragen. Wart's nur ab!«

Ihre Worte, die mir erschreckend verwegen erschienen, marschierten hochaufgerichtet wie Zinnsoldaten quer durch den Raum und nisteten sich für immer in meinem Herzen ein. In diesem Augenblick schlugen zwei Träume in mir Wurzeln: Ich wollte ans Agnes-Scott-College gehen und mich auf den wundervollen Mann vorbereiten, der von weither angereist kommen würde, um mich zu heiraten.

Ich begriff es damals noch nicht, aber da ich nun mein Leben Gott übergeben hatte, benutzte Er diesen haargenau richtigen Zeitpunkt – die Zeit zwischen Kindheit und Jugend, in der man besonders leicht zu beeindrucken ist –, um tief in mich hineinzugreifen und in der fruchtbaren Erde meines unreifen Herzens Seine großen, reinen, wundervollen Träume zu pflanzen. Die Erfüllung würde Sein Werk sein, nicht das meine, aber ich sollte noch lernen, daß keiner dieser großartig unmöglichen Träume ohne den Schmerz der Selbsterkenntnis und des Wachstums Erfüllung finden konnte.

Als ich die Oberschule abschloß, versetzte die Wirtschaftskrise unserer Stadt täglich neue, vernichtende Schläge: Geschäfte gingen zugrunde, Banken mußten schließen, Bankrotte, Selbstmorde – beinahe jedermann lebte auf Pump. Wo unsere Familie jetzt schon von der Hand in den Mund lebte, wie konnten wir da noch Geld für das College aufbringen?

Ich hatte bereits die Aufnahmegenehmigung von Agnes Scott in der Tasche. Aber obwohl ich das Geld, das ich als Preise bei Diskussionsveranstaltungen eingeheimst hatte, gespart hatte und mir ein Arbeitsstipendium in Aussicht stand, fehlten uns noch immer viele hundert Dollar zu der benötigten Summe.

Eines Abends fand mich Mutter, wie ich auf dem Bett lag, das Gesicht in die Bettdecke vergraben, und schluchzte. Sie setzte sich neben mir nieder. »Wir beide werden diese Sache jetzt an Ort und Stelle in die Hand nehmen«, sagte sie.

Mutter nahm mich mit ins Gästezimmer, und gemeinsam knieten wir neben dem altmodischen goldfarbenen Eichenbett nieder.

»Catherine, ich weiß, es ist das Richtige, wenn du aufs College gehst«, sagte Mutter. »Laß uns Gott bitten, Er möge uns sagen, wie dieser Traum wahr werden kann.«

Als wir zusammen niederknieten, wußte ich instinktiv, daß dies ein bedeutender Augenblick war, einer, der in den Annalen des Himmels aufgezeichnet wurde. Wir waren im Begriff, Gott auf eine intimere Art und Weise gegenüberzutreten als bei den üblichen Gutenachtgebeten oder während des Tischgebets oder bei den Gebeten im Familienkreis in Dads Arbeitszimmer, ja sogar bei den Gebeten in der Kirche. Mutter gewährte mir Zugang zum innersten Allerheiligsten ihres Gebetskämmerchens.

In der Stille überflog ich rasch den Zustand meiner Beziehung zu dem Gott, bei dem wir um eine Audienz ansuchten. Im Alter von neun Jahren hatte ich Ihm mein Leben übergeben. Seit damals hatte ich regelmäßig die Sonntagsschule und die Kirche besucht – was freilich wenig genug war für die Tochter eines Predigers, dachte ich unbehaglich.

Ich hatte seit dieser Begegnung mit Ihm vor vielen Jahren oft gebetet, aber wie real waren diese Gebete gewesen? Die Wahrheit traf mich mit schmerzlicher Klarheit: Die meisten hatten selbstsüchtigen Zwecken gedient. Ich hatte Ihm so wenig von mir übergeben. Ich hatte mich nicht eben eifrig an Mutters Projekt, Radical Hill ein neues Gesicht zu geben, beteiligt. Und das Herz wurde mir schwer, als ich daran dachte, wie oft ich Glieder der Kirche auf den vorderen Hauseingang zukommen gesehen hatte und über die Hintertreppe in mein Zimmer geflüchtet war, wo ich mich nicht an andere verschenken oder an ihren Problemen teilhaben mußte.

Eine Szene nach der anderen flitzte mir durch den Kopf, jede ein Beispiel für die Abneigung, die ich so oft gegen meinen Bruder und meine Schwester empfand. Wenn sie sich in meine Angelegenheiten mischten oder bei meiner Beschäftigung störten, hatte ich sie gescholten, war ihnen aus dem Weg gegangen, hatte sie sogar zurückgestoßen. Als ich an die vielen Gelegenheiten dachte, bei denen meine Eltern auf dringend Nötiges verzichtet hatten, damit wir Kinder neue Kleider, Klavierstunden, Bücher oder Sportgeräte haben konnten, fühlte ich mich verworfener als je zuvor. Und wenn ich aufs College ging, würde das meinen Eltern noch mehr Opfer abverlangen.

Ich warf meiner Mutter einen verstohlenen Seitenblick zu. Sie betete lautlos, ihre Lippen bewegten sich. Dann schloß ich die Augen und betete das bis dahin ehrlichste Gebet meines Lebens.

»Herr, ich war selbstsüchtig. Ich habe alles von Dir genommen, von Deiner Kirche und von meinen Eltern, und nur wenig von mir selbst dafür gegeben. Vergib mir, Herr. Vielleicht verdiene ich es nicht, an ein College wie Agnes Scott zu gehen.«

Ein Schluchzen, das tief in meiner Kehle steckte, drohte loszubrechen. Ich wußte, was ich jetzt tun mußte. »Deshalb, Herr, übergebe ich Dir diesen Traum. Ich gebe ihn auf. Er ist in Deinen Händen. Triff Du die Entscheidung.«

Jetzt kamen die Tränen!

Diese stillen Augenblicke im Schlafzimmer markierten einen neuen Abschnitt in meinem Wandel mit Gott. Ich begriff, daß der Preis der Beziehung mit Ihm darin besteht, alle Masken und alles aufgesetzte Gehabe fallenzulassen. Wir müssen mit absoluter Aufrichtigkeit zu Ihm kommen, »wie ich bin, so muß es sein« – oder überhaupt nicht.

Einige Tage später trafen Dad und Mutter im Glauben die Entscheidung, daß ich Vorbereitungen für meinen Aufenthalt im Agnes Scott treffen sollte. Sie fühlten im tiefsten Herzen, daß es so richtig war und daß der Herr es bald bestätigen würde. Ich war längst nicht so überzeugt. Gott hatte mich meiner Selbstsucht überführt. Vielleicht wollte Er, daß ich das College aufgab und Ihm auf andere Weise diente.

Tage vergingen, dann Wochen. Dann öffnete Mutter eines Tages einen Brief und stieß einen Freudenschrei aus. »Hier ist es! Hier ist die Antwort auf unsere Gebete!«

Der Brief enthielt ein Angebot von einer Sonderprojektgruppe der Bundesregierung, Mutter solle eine Geschichte des County schreiben. Mit dem, was ich bereits hatte, würde ihr Honorar mehr als ausreichen, um die Kosten des College-Aufenthaltes zu bezahlen.

Wieder einmal hatte Mutters sehr reales Bankkonto die notwendigen Gelder zum Zeitpunkt der Not vorgestreckt. Den Stunden, die sie jeden Tag mit Ihm allein verbrachte, entsprang ihre überlegene Gewißheit, daß Er aus seinem unbegrenzten Vorrat das Nötige geben würde. Wie oft hatte sie uns Kindern gesagt: »Und vergeßt nicht, Er wird niemals, niemals zulassen, daß wir freigiebiger sind als Er.«

Aus diesem zuverlässigen Reichtum, aus dieser Gewißheit heraus konnte Mutter es sich jederzeit leisten, anderen Menschen zu geben, nicht nur materielle Dinge, sondern auch einen bunten Strauß voller Ideen, einen Lichtstrahl der Hoffnung, eine Portion Mut – Eigenschaften, die härtere Währung waren als die Münzen jedes menschlichen Reiches und die in mehr als einem Leben, das sie berührte, eine Tür öffneten.

2

Die Jahre mit Peter

Wie es sich erweisen sollte, wurde das Agnes-Scott-College nicht nur zum Schlüssel von Catherines Erziehung. Sie begegnete dort auch dem »wundervollen Mann«, den Mrs. Mac in ihr Leben treten gesehen hatte.

Romanze

Ich kehrte im Herbst meines Junior-Jahres, im September 1934, ans Agnes-Scott-College zurück und hörte das Gerücht, der Pastor der Kirche in Atlanta, die ich während meiner Schulzeit besucht hatte, sei verlobt und würde demnächst heiraten.

Ob es nun stimmte oder nicht, mein Entschluß war gefaßt: Ich würde Peter freundlich, aber rundum lässig begegnen. Es war etwas Lächerliches daran, daß eine Studentin, noch nicht einmal zwanzig Jahre alt, sich einbildete, in den 32 Jahre alten, noch unverheirateten Prediger verliebt zu sein, der so viele andere Frauenherzen in Atlanta bezaubert hatte.

Peter Marshall war ein hochgewachsener, gut gebauter Schotte mit den breiten Schultern eines Footballspielers unter dem Talar. Sein lockiges dunkelblondes Haar widerstand allen Versuchen, es glattzukämmen. Sein Gesicht war auf eine grobe Art hübsch. Man fand darin eine Verbindung von Sanftmut und Humor auf der einen mit Kraft und Durchsetzungsvermögen auf der anderen Seite.

Er schien sich auf der Kanzel vollkommen zu Hause zu fühlen. Den Eindruck, den seine Botschaft machte, verdankte er seiner Stimme – einer außergewöhnlichen, klangvollen Stimme, flexibel, dramatisch, mit klarer, präziser Diktion. Die Tatsache war nicht zu leugnen: Unter dem Eindruck der Predigten dieses Mannes wurde Gott für die Zuhörer lebendig. Wenn Peter den Gottesdienst leitete, war Gott nicht länger eine ferne theologische Abstraktion, sondern ein liebender Vater, der an jedem Einzelnen Interesse zeigte, der sich zu den geringsten Bedürfnissen eines Menschen hinabbeugte. Deshalb kamen auch Männer und Frauen, die nach Gott hungerten, wieder und wieder, wie auch ich es getan hatte.

Warum sucht sein Blick so oft den meinen, wenn er predigt? fragte ich mich.

Ein Dutzend anderer Frauen denkt vermutlich genau das gleiche, antwortete mein logischer Verstand in schnippischem Ton.

Aber warum all diese besondere Aufmerksamkeit nach dem Gottesdienst? Warum fing seine Sekretärin, Ruby Coleman, mich ab, um mir mitzuteilen, daß Peter mich aufs Universitätsgelände in Decatur zurückfahren würde?

Ich hatte keine Antwort darauf. Es war besser, das müßige Nachsinnen bleiben zu lassen.

Dann begann Anfang Oktober ein junger Mann aus Emory mit mir Verabredungen zu treffen. Zwischen uns beiden herrschte eine starke körperliche Anziehungskraft, und ich begann mich zu fragen, ob ich in Fred verliebt war. Aber dann erkannte ich eines Tages, daß wir einander weder geistlich noch intellektuell etwas zu sagen hatten. Ich hörte auf, mit Fred auszugehen, versuchte alle romantischen Gefühle zu vergessen und mich auf meine Studien zu konzentrieren.

Aber bald fühlte ich mich unwiderstehlich zurückgezogen zur Westminster Church, und Peter verwandelte sich in ein schmerzliches Loch in meinem Leben. Die Eintragung, die ich damals in mein Tagebuch machte, sagt wohl alles:

> *Es gibt mehr als einen Grund, warum ich mich von Peter angezogen fühle. Zum einen hat er so viel Poesie in der Seele. Poesie und Religion stehen einander so nahe. Sie versuchen beide, ins Herz der Dinge zu sehen. Einer der Gründe, warum ich mich nie in Fred verlieben könnte, ist, daß er das Schöne nicht zu schätzen weiß.*
>
> *Peter jedoch hat eine solche Fähigkeit, Zuneigung und Zärtlichkeit auszudrücken, einen so üppigen Sinn für Humor, in den sich eine sehr irdische Schalkhaftigkeit mischt.*
>
> *Warum muß die Verkörperung all meiner Träume zwölf Jahre älter als ich und so fern wie der Südpol sein?*

Für meine Mitstudenten muß es wohl so ausgesehen haben, als hätte ich das Leben lässig im Griff. Meine Noten waren gut, ich engagierte mich im Debattierclub der Universität, im Dichterclub und anderen

Kursen und Seminaren. Aber im Grunde meines Herzens war ich unzufrieden.

Heute fühlte ich mich gedrängt, zu schreiben, bis meine Hand müde und erschöpft war. Ich bin unzufrieden und ruhelos, weil ich weder mit mir selbst noch mit Gott Frieden habe. Woher kommt diese Unzufriedenheit mit mir selbst? Ich fühle mich von einem schicksalhaften Drang getrieben, von dem Gefühl, daß da eine Aufgabe sei, die ich bewältigen muß. Ich kann niemals in Glück und Frieden leben und das Leben genießen, bevor ich nicht weiß, warum ich hier bin und wohin ich gehe.

Während des ganzen Winters und bis in den Frühling hinein waren meine Tagebuchseiten geradezu gespickt mit Hinweisen auf Peter Marshall.

Je öfter ich ihn sprechen höre, desto klarer wird mir, daß wir dieselben Ideen und Ideale haben ... wir finden an denselben Dingen Gefallen ... Wie sehr wünsche ich, ich könnte ihm erzählen, wieviele schlaflose Nächte ich seinetwegen erduldet habe ... Die Art und Weise, wie ich von Peter träume, ist das Albernste, was ich je getan habe.

Wenn ich jetzt, so viele Jahre später, in meinen Tagebüchern lese, wird mir bewußt, wie zart Gott mit mir umging. Er mischte sich niemals in meine starrköpfige Selbstsucht, aber Er war immer da, wenn der Hunger in meinem Herzen aufschrie. Und wie wunderschön war doch Sein Timing in der langsamen – für mich qualvoll langsamen – Entwicklung der Freundschaft zwischen Peter und mir, bis ich, die um so viel jünger war, reif genug war, um Peter spirituell und intellektuell das Wasser reichen zu können.

Die Filmversion von *Ein Mann namens Peter* erweckt den Eindruck, als wäre die Prohibitions-Veranstaltung am 3. Mai 1935, bei der sowohl Peter als auch ich und einige andere Leute zu den Rednern gehörten (im Film wurde ein Jugendfestival daraus), der entscheidende Knackpunkt in unserer Beziehung gewesen.

Mein Tagebuch zeigt, daß diese Großveranstaltung zwar interessant, aber doch nur ein früher Schritt auf dem Wege war. Als eine Gruppe von unseren Leuten zu dem Schulhaus fuhr, wo das Treffen stattfinden sollte, machte Peter dem Gerücht, er sei verlobt, mit Nachdruck ein Ende.

»Du darfst nicht alles glauben, was du hörst, mein liebes Mädchen. Es kann keine Rede davon sein, daß ich demnächst heiraten werde.«

Er sprach das Wort *hei-ra-ten* mit einem sehr kehligen A und rollenden R aus.

Als das Treffen mit dem Absingen einiger alter Erweckungshymnen begann, ließ Peter sich vom Geist des Abends mitreißen. Sein schöner Bariton erhob sich mit vollem Klang über alle anderen Stimmen. Dann wurden wir einer nach dem anderen mit großer Ausführlichkeit vorgestellt. Man hörte uns geduldig zu und spendete uns mehr Applaus, als wir verdient hatten. Ich kann mich, ehrlich gesagt, kaum noch an irgend etwas von dem Gesagten erinnern.

Auf der Rückfahrt saßen Peter und ich im Fond des Wagens. Er schob seinen Arm unter den meinen und hielt während des gesamten Heimwegs meine Hand. Bevor wir einander Lebewohl sagten, fragte Peter mich, ob ich gerne kegeln ginge und sagte, er würde sich demnächst mit mir verabreden.

Ich war außer mir vor Entzücken. Ein Traum, der mich seit zwei Jahren begleitete, hatte sich tatsächlich erfüllt – Peter bat mich um eine Verabredung!

Aber eine Woche verging, und noch eine, und immer noch rief Peter nicht an. Es gab Begegnungen in der Kirche, bei denen er vor Wärme mir gegenüber überzuströmen schien. Jedesmal ließ er sich irgendeine Ausrede einfallen, um mich zurück ins College zu fahren.

Am 12. Mai bat er mich, um 15.30 Uhr nachmittags wieder da zu sein, und danach gingen wir spazieren und redeten miteinander bis elf Uhr nachts – unser erstes richtiges Rendezvous. Zögernd und zärtlich wünschte er mir eine gute Nacht. Seine letzten Worte: »Ich melde mich diese Woche bei dir.«

Aber wiederum schleppten sich die Tage dahin. Kein Anruf. Was sollte ich davon halten?

Als die Sommerferien kamen, kehrte ich nach West-Virginia zurück – noch frustrierter als im vergangenen Jahr. Warum schien er immer so interessiert an mir, wenn ich in seiner Nähe war, ließ aber niemals ein Briefchen oder einen Telefonanruf folgen?

Mein Herzweh hielt den ganzen Sommer und bis in den Herbst hinein an. Ich kehrte zu meinem Seniorjahr ins College zurück, fest entschlossen, mich von der Westminster Church fernzuhalten und endgültig überzeugt, daß es keine Hoffnung in der einen Sache gab, die sich mein Herz mehr als alles andere ersehnte. Ich mußte Peter Marshall vergessen.

Mittlerweile hatten drei Jahre im College das naive Kleinstadtmädchen aus den Bergen von West-Virginia geistig bereichert und seinen Horizont erweitert. Was mir an Fähigkeiten fehlte, ersetzte ich durch hingegebenes und intensives Arbeiten.

Ich muß mich gute drei Stunden pro Tag in der Bibliothek des Colleges aufgehalten haben, wo ich mich in den Klassikern vergrub, mich an Romanen erfreute, Lyrikbände durchblätterte und in der Geschichte wühlte. Ich war immer aufs neue fasziniert von den Persönlichkeiten, dem Lebensstil und dem Wesen der Männer und Frauen, die Geschichte gemacht hatten.

Ich las vielerlei, von John Calvins *Institutes* angefangen über Essays von William Hazlitt und Thomas Carlyle zu den Schriften von James Madison, von Dorothy Wandsworths Journal zu der Prosa und Lyrik von Matthew Arnold. Ich verliebte mich in Edna St. Vincent Millay und Robert Frost, die unserem Campus einen Besuch abstatteten und öffentliche Lesungen abhielten. Von den Studien abgesehen, ließ ich meine Energien in den Debattierclub strömen, den Wanderclub und den Dichterclub. Mein Entschluß, mich von der Westminster Church fernzuhalten, hielt bis zum 20. Oktober, an dem ich die folgende Eintragung in mein Tagebuch machte:

Ging in Westminster in die Kirche, kam aber nach elf Uhr an und mußte im Vestibül sitzen und mir Peters Predigt über den Lautsprecher anhören. Ich hatte geplant, nachher nicht mehr mit ihm zu sprechen, aber plötzlich überlegte ich es mir anders. Er schüttelte mir mit größter Lebhaftigkeit die Hand und machte eine Bemerkung, daß ich in die-

sem Jahr zum ersten Mal da sei. Also hatte er meine Abwesenheit bemerkt! Er versprach mir, mich zu kontaktieren. Aber diesmal werde ich nicht den Atem anhalten, bis er es tut.

Die Eintragungen in meinen Tagebüchern folgen über die nächsten vier Monate demselben Muster. Wenn Peter mich sah, war er leidenschaftlich an mir interessiert. Er arrangierte Besuche bei einem Freund, bei dem wir aßen, plauderten, sangen und Spiele wie Monopoly, Schach und Dame spielten. Sobald ich jedoch aufs Universitätsgelände zurückkehrte, rief er mich nur selten an oder kümmerte sich sonstwie um mich.

Jetzt im nachhinein ist es mir klar, daß Peter als Junggeselle Anfang 30 und Prediger von wachsender Bedeutung naturgemäß einen Widerwillen dagegen hatte, bei Verabredungen mit einer so viel jüngeren Studentin die Initiative zu ergreifen. Damals konnte ich das nicht erkennen, und ich hatte auch kein Gefühl für Gottes Timing in dieser Situation.

Die entscheidende Phase in unserer Beziehung trat ein Jahr nach der Prohibitions-Veranstaltung ein, von der die Filmemacher so viel Aufhebens gemacht hatten: am Sonntag, dem 3. Mai 1936. Ich war gebeten worden, beim Sonntagsnachmittagstreffen in Peters Kirche über ein Buch zu sprechen. Ich wählte ein Werk des norwegischen Theologen Dr. O. Hallesby mit dem Titel *Gebet*. Das war ein ungewöhnliches Buch für jeden Professor oder Theologen, denn sein Inhalt befaßte sich nicht mit Theorie; was Dr. Hallesby zu sagen hatte, stammte unmittelbar aus seiner eigenen Erfahrung.

Eine solche Aufforderung wäre jederzeit und an jedem Ort eine Herausforderung für mich gewesen. Aber da es hier um Peters Kirche ging und der Pastor vermutlich höchstpersönlich im Zuschauerraum sitzen würde, bereitete ich mich über die Maßen sorgfältig vor. Die Intuition sagte mir, daß hier der Ort und die Zeit waren, wo etwas Wichtiges zwischen Peter und mir geschehen würde – sofern es jemals geschehen würde. Die Tiefe von Peters innerem Wesen hatten mir seine Predigten enthüllt. Aber für ihn hatte es noch keine vergleichbare Chance gegeben, die Tiefe meines inneren Wesens zu erkennen.

Als ich an diesem Sonntagnachmittag in der Kirche ankam, war der Gemeindesaal zum Bersten voll mit Menschen, darunter auch Peter Marshall. Kurz bevor ich zu sprechen beginnen sollte, war ich beinahe gelähmt vor Anspannung und Nervosität. Hatte ich all diesen gelehrten Leuten tatsächlich irgend etwas von Bedeutung zu sagen?

»Wir neigen dazu, in unseren Gebeten oberflächlich zu sein«, begann ich mit zitternder Stimme. »Die meisten von uns sind der Meinung, Gott sei eine Art Weihnachtsmann, der nur darauf wartet, unsere Anliegen zu hören. Was Er jedoch wirklich hören will, ist der Hunger unserer Herzen und unsere Bekenntnisse von Täuschung und Unehrlichkeit.«

Als die Bedeutung meiner Worte mein Lampenfieber verdrängte, durchströmten mich Selbstvertrauen und Kraft. Ich gab offen zu, wie Dr. Hallesby mir die Augen geöffnet und mir bewußt gemacht hatte, wie oft ich auf bestimmten Gebieten eine aalglatte Selbstgefälligkeit an den Tag legte. Ich schilderte, wie sich mein Zugang zum Gebet verändert hatte. Ich bekannte mein Verlangen, Gott besser kennenzulernen, Jesu Gegenwart zu spüren, mit Jesus wie mit einem Freund sprechen zu können.

Weil das Buch es mir enthüllt hatte, bekannte ich auch, wie selbstgerecht ich während meiner Jahre am College gewesen war. Ein Schwall von Gefühlen durchströmte meine Worte, als ich schilderte, wie das Buch neues Leben in mein Gebetsleben gebracht hatte.

Obwohl das Publikum schweigsam und aufmerksam dasaß, war es doch Peters Gesicht, das meine ganze Aufmerksamkeit beanspruchte. Er starrte mich mit so durchdringenden Augen an, daß mein Magen sich zu einem Knoten zusammenzog. Es gab Augenblicke, in denen ich beinahe das Gefühl hatte, mit ihm allein im Raum zu sein.

Nach meiner Rede wirkte Peter niedergeschlagen, als er das Treffen beendete. Er wandte sich mir zu, ergriff meine Hand und drückte sie fest, einen Blick in den blaugrauen Augen, aus dem ich nicht klug werden konnte. Dann begannen wir mit dem Abendgottesdienst, wo ich den Fehler machte, mich in die dritte Bankreihe von vorne zu setzen.

Meine aufgewühlten Gefühle und die Erregung der vergangenen Stunden waren zu viel für mich. Die steinernen Pfeiler und das Glasfenster mit dem Bild des guten Hirten hinter der Kanzel begannen auf erschreckende Weise zu verschwimmen. Ich fühlte mich zu elend, um verlegen zu werden, als Peter meinen Namen auf der Kanzel nannte und auf den Vortrag, den ich soeben gehalten hatte, hinwies. Als er mit seiner Predigt begann, wußte ich, es würde eine Katastrophe geben, wenn ich hierbliebe.

Als ich mich erhob, um den längsten Weg meines Lebens zurückzulegen, verebbte die Stimme von der Kanzel und Totenstille herrschte, die nur das Stakkato meiner klappernden Stöckel auf dem Fußboden unterbrach. Ich konnte spüren, wie sich Peters Augen bei jedem Schritt, den ich durch das lange Kirchenschiff tat, in meinen Rücken bohrten. Erst als ich mich bereits weit draußen im Vorraum befand, setzte die Stimme über die Lautsprecher wieder ein.

An diesem Abend suchte ich das Krankenhaus der Universität auf, wo man versuchte, mein seltsames Magenleiden zu diagnostizieren. Die Oberschwester, in säuberlich gestärkter Tracht und mit einer Nase für liebeskranke junge Leute, hatte rasch einen ersten Verdacht.

Am frühen Nachmittag des folgenden Tages wurde ich im Krankenhaus ans Telefon gerufen. Die werbende Stimme am anderen Ende hatte einen vertrauten schottischen Akzent.

»Ich spreche von Mrs. Hopkins' Büro aus«, sagte er und meinte damit die Direktorin. »Ich habe ihre Erlaubnis, dich zu besuchen. Darf ich?«

Ich rang nach Atem. Kein Sohn Adams hatte in der gesamten Geschichte des Colleges jemals die Erlaubnis erhalten, das Krankenhaus zu betreten, es sei denn, er konnte ein medizinisches Diplom vorweisen. Schließlich waren die jungen Damen nicht gebührend bekleidet! Ich konnte mir nicht vorstellen, wie es Peter gelungen war, Mrs. Hopkins zu beschwatzen.

»Ich – ich glaube, das solltest du lieber nicht tun«, sagte ich hastig. »Es geht mir so weit gut, daß ich mich anziehen und hinüberkommen kann. Ich treffe dich in zehn Minuten unter den Arkaden.«

Ich hätte ihn nicht abhalten sollen. Noch Jahre später warf mir Peter vor, ich hätte ihm seine einzige Chance verdorben, unter den Leuten von Agnes Scott zu bleibendem Ruhm zu gelangen. Hätte ich mich nicht eingemischt, so hätte man Peter vielleicht sogar eine

Bronzetafel an den Wänden des Krankenhauses gestiftet, zur Erinnerung an den ersten männlichen Besucher in diesem verbotenen Zufluchtsort.

Danach finden sich in meinem Tagebuch fast jeden Tag kleine Berichte über uns beide.

Peter machte sich schreckliche Sorgen wegen meiner Krankheit ... Ich glaube jetzt, er meint es ernst ... Ich glaube, Peter liebt mich! ... Heute abend gingen wir ins Theater. Nachher küßte er mich auf der Vorderveranda ein ums andere Mal ... Heute sprachen wir bis drei Uhr morgens miteinander, und er machte mir einen Heiratsantrag ...

Heirat mit Peter

Peter und ich wurden am 4. November 1936 von meinem Vater in einer schlichten Zeremonie in der Kirche von Keyser, West-Virginia, getraut. Später am selben Tag reisten mein frischgebackener Ehemann und ich nach Washington, D. C., und verbrachten unsere Hochzeitsnacht im Lee House Hotel. Mit merklicher Betrübnis hatte Peter mich einige Tage vorher in Kenntnis gesetzt, daß er zugestimmt hatte, am Morgen nach der Hochzeit bei einem Treffen des Pastoral-Komitees der New Yorker Avenue Presbyterian Church zu erscheinen.

Diese ansehnliche alte Kirche in Washington war buchstäblich mit der Landeshauptstadt gemeinsam in die Höhe gewachsen. Sie liegt zwei Blocks vom Weißen Haus entfernt, und Abraham Lincoln pflegte dort am Mittwoch und Sonntag den Gottesdienst zu besuchen. Der Präsident hätte am 19. April 1865 als Vollmitglied der Gemeinde beitreten sollen. Aber fünf Tage vorher, nur wenige Minuten vor zehn Uhr nachts, wurde er von einem Attentäter erschossen.

Es war keine persönliche Neigung, die Peter dazu trieb, in die Landeshauptstadt zu ziehen. Er liebte Atlanta. Aber wir hatten eine Botschaft erhalten, daß Gott einen größeren Plan für uns hatte. Ja, wir mußten gehen.

So kam es, daß das junge Mädchen, das die Hintertreppe hinaufgeflohen war, um Verwicklungen in das Schicksal anderer Menschen zu vermeiden, im Alter von 23 Jahren in einem vornehmen Stadthaus in der Cathedral Avenue wohnte und endlos viele gesellschaftliche Funktionen wahrnehmen mußte.

Aus welchem Hintergrund stammte dieser Mann, den ich geheiratet hatte? Als Peter Marshall ein Teenager war, hatte er nicht die geringste Absicht, Geistlicher zu werden. Das war Gottes Idee, nicht die seine. Und um ehrlich zu sein – Gott mußte ihn eine ganze Weile lang überreden, ehe er sie akzeptierte.

Er wurde in Coatbridge, Schottland, geboren; einer Stadt mit 45 000 Einwohnern, die den Spitznamen »Die Eisenburg« trägt, weil sie damals das Zentrum der schottischen Stahlindustrie war. Coatbridge liegt nur neun Meilen östlich von Glasgow, vom Meer und den berühmten Schiffswerften entfernt – und als Junge war Peter völlig der Faszination und dem Zauber der britischen Seefahrertradition erlegen.

Sein Vater, den Peter mit der ganzen Wärme seines liebevollen Wesens geliebt hatte, war gestorben, als Peter erst vier Jahre alt gewesen war. Ein paar Jahre später heiratete seine Mutter von neuem. Peter war – verständlicherweise – gefühlsmäßig gegen den Stiefvater eingestellt, und tief in seinem Herzen hegte er eine brennende Leidenschaft, von zu Hause fortzulaufen und zur See zu fahren.

Aber es sollte anders kommen. In einer dunklen, nebligen Sommernacht ging Peter, nun ein junger Mann, einen ihm unbekannten Weg entlang, als eine Stimme ihn stehenbleiben hieß – einen Augenblick, bevor er ahnungslos in einen verlassenen alten Steinbruch gestürzt wäre. Peter hatte nie den geringsten Zweifel an der Herkunft dieser Stimme. Von da an war er überzeugt, daß Gott einen ganz bestimmten Grund hatte, ihm das Leben zu retten. Sein Lebenstraum wandelte sich; sein Ziel war jetzt, Pastor zu werden.

Ein Cousin, der in die Vereinigten Staaten emigriert war, ermutigte Peter, nach Amerika zu gehen und schenkte ihm auch das Geld für die Reise. Sein Cousin gab ihm auch einen guten Rat mit: »Versuch es erst gar nicht mit einem Schreibtischjob, Peter. Wenn du Prediger werden willst, ist ein Handwerk die beste Vorbereitung. Die meisten Prediger haben keine Ahnung, wie der Rest der Menschheit lebt.«

Am 5. April 1927 ging Peter in Amerika an Land. Er hatte gerade genug Geld, um zwei Wochen damit auszukommen. Er begann als Hilfsarbeiter für eine Firma in New Jersey zu arbeiten. Jeden Morgen stand er um vier Uhr auf und arbeitete dann zehn Stunden lang schwer. Ein Job als Hersteller von Gußformen in einer Gießerei folgte. Später erinnerte sich Peter: »Damals dachte ich, ich hätte herausgefunden, wo genau sich Dantes Inferno befindet.«

Freunde brachten Peter nach Birmingham, Alabama, wo er einen Job als Korrektor bei der *Birmingham News* fand und Laienältester in der First Presbyterian Church in der Innenstadt wurde. Das Presbyterium sponserte einen Studienaufenthalt am Columbia Seminary. Peters Talent zum Lehren und Predigen entwickelte sich rasch. Sein erstes Pastorat hatte er an der Covington Presbyterian Church. Dann folgte der Ruf an die Westminster Presbyterian Church in Atlanta, einer Kirche, die in großen Schwierigkeiten steckte, als Peter Pastor wurde. Unter Peters Führung jedoch blühte sie bald so auf, daß sie die Studentinnen von Agnes Scott anzog wie ein Magnet.

Peters Dienst in Washington begann am 3. Oktober 1937. Ein Beobachter vermerkte: »Im Alter von 35 Jahren schien er ein aufrichtiger, unschuldiger, leicht zu durchschauender Junge zu sein, ein schroffer Gegensatz zu seinem Vorgänger, Dr. Joseph Sizoo, einem höchst durchtriebenen Gottesmann.«

Der Kommentar eines anderen Pastors: »Anfangs war Peter ein sehr konservativer Prediger, der sich etwas zu hartnäckig und defensiv an seinen Konservativismus klammerte. Ich beobachtete, wie Peter im Verlauf dieser schwierigen Jahre hier wuchs, bis er einer der aufregendsten evangelikalen Prediger wurde, die ich jemals gehört habe.«

Peters Ruf als »aufregender evangelikaler Prediger« führte binnen kurzem dazu, daß die Leute am Morgen vor der New York Avenue Church in langen Reihen Schlange standen. Oft standen sie zu viert nebeneinander, so daß nicht einmal alle in das Gotteshaus gelangen konnten. Lautsprecher mußten in der Lincoln-Kapelle und dem Vorlesungszimmer im Erdgeschoß installiert werden, um mit dem Zustrom der Massen fertig zu werden. Wenn auch diese Räume voll besetzt waren, blieb nichts übrig, als Leute wegzuschicken, die gerne zum Gottesdienst gekommen wären.

Diese riesigen Versammlungen wurden von Regierungsbeamten, Soldaten, gewöhnlichen Bürgern, ständigen Besuchern von außerhalb und einer Handvoll der Reichen und Schönen von Washington besucht. In unserer Gemeinde war es keineswegs ungewöhnlich, wenn ein berühmter Richter im Gottesdienst neben einem Briefträger saß oder ein Senator neben einem kleinen Regierungsbeamten zum Abendmahl ging.

Peter hatte durch seine Arbeit als Hilfsarbeiter tatsächlich gelernt, wie es um den sogenannten »Mann von der Straße« stand. Das demokratische Ideal lag ihm im Blut. Deshalb hatte er anfangs solche Angst davor, den bedeutenden Leuten in der Landeshauptstadt mit zu großer Unterwürfigkeit zu begegnen, so daß er für ihre tatsächlichen Bedürfnisse blind war. Er entdeckte freilich bald, daß reiche und berühmte Menschen dieselben seelischen Schmerzen haben wie andere Leute auch. Auch sie können nicht vor Krankheit, Schmerz und Verlust fliehen. Sie und ihre Familien brauchen ebenso Unterstützung und Zuspruch wie alle anderen auch. Es wurde bald deutlich, daß es zum Dienst in einer Landeshauptstadt gehörte, ihnen allen zu dienen, vom Präsidenten der Vereinigten Staaten abwärts.

Und tatsächlich, bereits drei Monate nach unserer Ankunft in Washington wurde Peter vom Kirchenbund in Washington ersucht, bei der jährlichen Weihnachtsfeier zu predigen, die auch von Präsident Franklin D. Roosevelt und seiner Familie besucht wurde.

Eine ungeheure Menschenmenge füllte das Gebäude und ergoß sich bis auf die Straßen hinaus. Mir wurde ein ausgesucht guter Sitzplatz fast unmittelbar hinter der Familie des Präsidenten zugewiesen.

Ein Leitartikel im *Atlanta Journal* lautete:

Der Reverend Peter Marshall ... ein Prediger, der sich bis vor kurzem in Atlanta höchster Beliebtheit erfreute, konnte letzten Sonntag beim Aufwachen feststellen, daß sein Name und Auszüge aus seiner Predigt auf der Titelseite praktisch jeder Zeitung im ganzen Land prangten ...

Peter und ich sahen bald, daß Gott seine eigene Art im Umgang mit uns hatte: Er warf uns ins tiefe Wasser und gab uns dann alles Nötige, um schwimmen zu lernen.

Neben seinem wachsenden Einfluß auf die politischen Führer und Washingtons Prominenz hatte Peter eine erstaunliche Wirkung auf junge Leute. In einem Bezirk war eine Oberschule, die von Kindern aus verschiedenen sozialen Schichten besucht wurde, zu einem Schlachtfeld der Jugendbanden geworden. Es herrschte überhaupt keine Disziplin mehr, und ein unerfreulicher Geist lastete auf der Schule.

Mehrere Redner, die von der Schulleitung eingeladen worden waren, wurden zur Zielscheibe von Papierflugzeugen und geschleuderten Erbsen. Sie wurden ausgezischt und ausgebuht. Ganze Gruppen summten erst auf der einen, dann auf der anderen Seite. Einmal explodierte eine Rauchbombe und riß mitten in einer Ansprache eine Türe heraus. Mehr als ein Redner mußte kurzerhand aufgeben und das Podium verlassen. Das alles war dem Direktor so peinlich, daß zwei Monate lang keine Versammlung mehr stattgefunden hatte.

Dann hörte der Leiter von Peter Marshall und lud ihn ein, vor den Schülern zu sprechen. Ich weiß nicht mehr, ob Peter den Ruf der Schule kannte oder nicht, als er die Einladung annahm.

Die jungen Leute hörten, daß ein Prediger kommen sollte und beschlossen, ihn fertigzumachen. Ein Mädchen, das mir später in einem Brief über die Ereignisse berichtete, sagte: »Ich war fest überzeugt, man würde Dr. Marshall zum Narren machen und unter Buhrufen von der Bühne jagen.«

Anfangs war das Mädchen fasziniert vom Lächeln des Predigers und von seinem ausländischen Akzent. Und außerdem sprach er noch über die Gardenie, ihre liebste Ansteckblume.

»Ihr wißt doch, wie die Blütenblätter einer Gardenie alle verräterischen Fingerabdrücke sofort zeigen, indem sie sich braun verfärben«, sagte der Prediger. »Und so ist es auch mit eurem Leben. So ist es auch mit der Reinheit ... Junge Leute, laßt euch nicht von der Welt zerstören. Schämt euch nicht für hohe Ideale, Träume und wunderschöne Gedanken ...«

Plötzlich schreckte das Mädchen hoch und stellte fest, daß es im Publikum totenstill war. Nirgends war eine Erbsenschleuder oder ein Papierflugzeug zu sehen. Die Augen der Teenager rundum hingen wie gebannt an dem Sprecher.

»Ich kann euch nichts Besseres wünschen, als daß Gott eine ständig wachsende Sehnsucht in euer Herz pflanzen möge, den Galiläer kennenzulernen, Ihn als euren Freund anzunehmen ...«

Als der Prediger seine Rede beendete, erzitterte der Raum unter donnerndem Applaus.

Vierzehn Jahre später erinnerte sich die Frau immer noch an das Thema der Rede und das Beispiel der Gardenie.

»Wir Kids hörten Peter Marshall gerne sprechen«, schrieb sie nachdenklich, »weil er unsere Sprache sprach. Er redete nicht über unsere Köpfe hinweg. Und er machte uns voll verantwortlich für alles, was wir aus unserem Leben machten.«

Peter »leitete« niemals einen Gottesdienst. Statt dessen diente er Gott gemeinsam mit uns. Das wurde offenkundig, wenn er aus der Bibel las. Wenn er las, waren wir, die Zuhörer, immer wieder fasziniert von der zeitlosen Schönheit der biblischen Geschichten. Peters klangvolle Stimme, seine Gefühl für den Rhythmus der King James-Bibel, seine beinahe perfekte Diktion hoben diese Schönheit der Sprache hervor wie ein klarer Lichtstrahl.

Für viele moderne Menschen ist die Bibel ein Buch mit sieben Siegeln; sie erscheint ihnen dürr und unverständlich. Aber wenn Peter uns daraus vorlas, erwachte und atmete und pulsierte sie von Leben. Sein Gefühl für die Schönheit und den Rhythmus und ebenso für die Aussage der Heiligen Schrift hatte er sich bereits als Junge erworben, als er seiner blinden Großmutter stundenlang aus der Bibel vorgelesen hatte.

Dann waren da seine Hirtengebete, die die Gegenwart Gottes beinahe körperlich fühlbar machten.

»Während wir hier in Seinem Hause auf die Verabredung mit Jesus gespannt sind«, begann Peter dann beispielsweise ein Gebet, »wartet unser Herr durch den Heiligen Geist darauf, uns zu hören, zu vergeben, zu stärken, zu reinigen, zu segnen. Welche Last du auch tragen magst, sei es Sorge oder Furcht, was immer dich beunruhigt oder belastet, was immer auch die Freude sein mag, die in dir schäumt, welcher Impuls dich hierher gebracht haben mag – du darfst diesen Augenblick stillen Gebets dazu benutzen, dein eigenes Gebet zu sprechen und deinen eigenen Frieden mit Gott zu suchen – denn Er ist hier.«

Unser Sohn, Peter John Marshall, oder Klein-Peter, wie sein Vater ihn gerne nannte, kam an einem verschneiten Januarmorgen des Jahres 1940 um 8.53 Uhr zur Welt. Seine Ankunft unterbrach eine Predigt. Danach sollte er noch viele Predigten durch seine Anwesenheit unterbrechen.

Am Abend zuvor war meine Mutter angereist, um sich um den Haushalt zu kümmern, während ich im Krankenhaus lag. Später waren einige Freunde hereingeschneit, um den Abend mit Gesellschaftsspielen zu verbringen. Solche Abende improvisierten Vergnügens in seinem eigenen Haus, mit ein paar engen Freunden zusammen, genoß Peter am meisten, und sie schienen ihn sehr zu erfrischen, ehe er sich an sein strapaziöses Tagesprogramm für den Sonntag machte. Er versuchte immer, die Samstagabende für irgendein entspannendes Vergnügen zu reservieren.

Ein Teil unseres regulären Samstagabendprogramms bestand darin, daß Peter mir seine Sonntagspredigt laut vorlas. Er entschuldigte sich immer wieder dafür, wenn er das tat, weil er meinte, es würde die Predigt verderben oder mir die Freude am Sonntag nehmen. Aber das war niemals der Fall.

An diesem speziellen Abend wollte er mir die Predigt zum Abschluß des Tages vorlesen, bevor wir zu Bett gingen – so dachten wir jedenfalls. Mitten unter der Predigt begannen merkwürdige Dinge mit mir zu geschehen. Ich erinnerte mich an die Anweisungen des Arztes und beobachtete die Uhr auf dem Nachttischchen, zählte die Intervalle zwischen den Schmerzanfällen und hörte mit halbem Ohr der Predigt zu.

Plötzlich schien die Sache dringlich zu werden. »Es tut mir leid, Peter, aber ich muß dich unterbrechen. Ich hasse es, dir das an einem Samstagabend anzutun, aber du solltest mich lieber gleich ins Krankenhaus bringen.«

Um acht Uhr morgens am nächsten Tag rief der Arzt Peter an. »Sie müssen sofort ins Krankenhaus kommen, wenn Sie bei der Geburt dabei sein wollen.«

Mutter beobachtete Peters Gesicht, als der Arzt ihm dann sagte, daß wir einen Sohn hatten. Ein Ausdruck von Erstaunen und Unglauben, dann von unverhülltem Entzücken glitt über seine Züge.

Es war freilich typisch für Peter, daß er zur Kirche hinüberging, die Jugendgruppe abhielt und sogar zum Gottesdienst um elf Uhr ging, ohne einer Menschenseele seine große Neuigkeit mitzuteilen. Einige Leute machten Bemerkungen über die Tatsache, daß er sehr müde aussehe, beinahe, als hätte er die ganze Nacht kein Auge zugetan – und so war es ja auch gewesen.

Erst als nach dem Ende der Predigt eine Frau an ihn herantrat und nach mir fragte, brach er sein selbst auferlegtes Schweigen. Er hatte einfach Angst gehabt, er würde zu aufgeregt sein, um zu predigen, wenn er irgend jemand schon vor dem Gottesdienst die Neuigkeit mitteilte.

Die gesamte Gemeinde freute sich mit uns über dieses Ereignis und betrachtete Peter John auch als ihr Baby. »Klein-Peter« wurde augenblicklich in die Säuglingsabteilung der Sonntagsschule aufgenommen und mit einem solchen Übermaß an Silberlöffeln, Schühchen, Beuteln, Decken und Mäntelchen überschüttet, daß wir zehn Babys damit hätten ausstatten können.

Meine Begegnung mit Jesus

Das erste Anzeichen meiner Krankheit war ein Schwindelgefühl während eines Gesprächs mit einigen Frauen der Gemeinde. Darauf folgten drei Tage, die angefüllt waren mit Untersuchungen und Labortests in einem Spital in Baltimore. Obwohl der Doktor eine sehr technische Sprache benutzte, waren seine Worte so sanft, als spreche er zu einem Kind.

»Die Röntgenbilder zeigen deutliche interpulmonare Markierungen und streifenförmige Schatten, die in beide Lungen ausstrahlen. Es gibt Anzeichen für leichte, weiche Flecken auf beiden Lungen. Vermutlich haben Sie nachmittags oft leichtes Fieber. Wir schlagen vor, daß Sie eine Zeitlang absolute Ruhe halten, vielleicht in einem Sanatorium. Sie sollten keine Hausarbeit tun, oder besser gesagt überhaupt keine Arbeit.«

Trotz der einstudierten Bemühungen des Arztes, den Schlag abzumildern, den er mir mit dieser Diagnose versetzen mußte, spürte ich, wie mein Herz hämmerte; die Wände des Raumes und die Stimme des Doktors schienen vor mir zurückzuweichen. Tuberkulose! Sie war mir immer als die widerwärtigste aller Krankheiten erschienen. Ich brachte es nicht einmal fertig, dieses fürchterliche Wort auszusprechen.

»Besteht ... besteht die Gefahr, meinen Ehemann und mein Kind mit den Keimen anzustecken?«

Der Doktor lächelte und versuchte, sich zu einem leichtherzigen Ton zu zwingen. »Ich glaube nicht, daß Sie eine sehr gefährliche Frau sind. Wir konnten die Bazillen nicht lokalisieren. Ihr Arzt in Washington wird es aber sicher noch einmal versuchen wollen.«

»Wie lange, meinen Sie, wird es dauern, bis ich wieder gesund bin?«

Er zögerte einen Augenblick lang. »Oh, möglicherweise drei oder vier Monate.« Dann, als er mein betroffenes Gesicht sah: »Mrs. Marshall, nehmen Sie sich das nicht so sehr zu Herzen. Es gibt immer wieder Menschen, die die Tuberkulose besiegen. Es gibt schlimmere Krankheiten, müssen Sie wissen – sehr viel schlimmere.«

Ich wurde gegen Ende März 1943 bettlägerig und blieb zu Hause, weil ich eine »geschlossene Form« von Tuberkulose hatte – ohne Husten – und die Bazillen nicht aufzufinden waren. Heute würde man das vermutlich Histoplasmose nennen. Während der ersten vier Monate hatte ich zusätzlich zu einer Haushaltshilfe eine Krankenschwester, während ich versuchte, den Haushalt vom Bett aus zu leiten.

Achtzehn Monate später war ich immer noch bettlägerig, und die Röntgenbilder zeigten keine Veränderung. Fünf Ärzte, darunter die besten Lungenspezialisten, die wir auftreiben konnten, schienen unfähig, mir zu helfen. Der einzige Rat, den sie mir geben konnten, lautete: »Warten und ruhen.«

Es war eine Zeit intensiver Gewissenserforschung. Ich begann das Neue Testament zu lesen und dachte über Christi Heilungswunder vom Standpunkt meines eigenen drängenden Bedürfnisses nach. Bis dahin hatte ich mir keine weiteren Gedanken darüber gemacht, ob Christus auch heute noch körperliche Heilungen vollbringt oder nicht. Die Fortschritte in der Medizin und Chirurgie erschienen mir als durchaus hinreichend.

Ich war ein Kind des wissenschaftlichen Zeitalters. Ich wußte, daß Gott das Universum durch unwandelbare wissenschaftliche und mathematische Gesetze lenkte. Meine Generation glaubte an Dinge, die man »beweisen« konnte.

Aber ... nur einmal angenommen, auch die geistliche Welt würde von Gesetzen regiert, die so unwandelbar waren wie die Gesetze der Physik? Das würde erklären, warum manche Gebete beantwortet wurden und manche nicht. Gewiß hatten wir es hier nicht mit einer bloßen Laune Gottes zu tun. Das Neue Testament enthüllt uns, daß Jesus tatsächlich erwartete, gewöhnliche Männer und Frauen in allen Zeitepochen könnten dieselben Wunder tun, die Er getan hatte. War das nicht ein Hinweis darauf, daß Jesus Wunder wirken konnte, weil

Er die unwandelbaren geistlichen Gesetze des Universums kannte und wollte, daß auch wir sie lernen sollten?

Als ich über diese Dinge nachdachte und meine Bibel las, stellte ich fest, daß Jesus nie jemand zurückwies, der Ihn um Hilfe bat. Es gibt keinen Bericht, demzufolge Er jemals gesagt hätte: »Nein, ich will dich nicht heilen. Diese Krankheit ist gut für deine Seele.« Statt dessen war Er überraschend besorgt um das körperliche Wohlergehen der Menschen, und die Bibel versichert uns, daß nicht nur dieser selbe Jesus heute am Leben ist, sondern daß Er »derselbe heute, morgen und in Ewigkeit« ist. Warum konnte ich diesen Jesus dann nicht bitten, mich zu heilen?

Ich fühlte mich jedoch unwürdig, eine solche Bitte zu äußern.

Die praktische Bedeutung des Satzes »Gott ist Liebe« begann mir aufzudämmern. Ich wußte, daß alles Nicht-Liebende in mir – jeder Groll, jeder Unwille, zu vergeben, jede Unreinheit – Gott aus meiner Seele ausschloß, wie ein schmutziges Fenster das Sonnenlicht verschleiert. Voll Schmerzen, an Geist und Seele Todesqualen leidend, begann ich über mein Leben nachzudenken und rief mir nur allzu lebhaft meine Übertretungen und Vernachlässigungen ins Gedächtnis.

Viele Tage lang schrieb ich all die Dinge nieder, für die ich mich schämte. Einiges davon teilte ich meiner Mutter mit, anderes Peter. Ich schrieb Briefe an eine ganze Anzahl Leute an fernen Orten und bat sie um Vergebung für Dinge, die sie höchstwahrscheinlich längst vergessen oder von denen sie nie gewußt hatten. Es dauerte Tage, bis ich den Mut aufbrachte, die Briefe zur Post zu geben. Dann erhob ich Anspruch auf Gottes Versprechen, zu vergeben und zu reinigen.

Peter ertrug all dies geduldig, beinahe schweigend. Er wußte bereits, was ich noch lernen mußte, nämlich, daß wir Menschen uns niemals eine von Gottes guten Gaben verdienen können. Selbst wenn wir unser Bestes getan haben, ist unser Bestes immer noch nicht gut genug, daß wir irgend etwas vom Herrn der Erde fordern könnten. Peter wußte, daß wir nichts von Gott bekommen können, außer, wie er gerne sagte, »zu denselben alten Bedingungen«, nämlich »aus Gnade (dem unverdienten Wohlwollen Gottes) durch den Glauben«.

Aber er war auch weise genug, um den heilenden Wert von Bekenntnissen zu kennen und zu wissen, daß ich einem geistlichen Pfad folgte, auf dem ich allein und auf meine eigene Weise gehen mußte.

Als diese methodische Arbeit des Bekennens getan war, bat ich Gott, mich gesund zu machen. Voll Selbstvertrauen – voll wahren Glaubens, wie ich dachte – erwartete ich das Urteil der nächsten Röntgenbilder. Aber sie sahen genauso aus wie zuvor. Die Schatten waren noch da – all die schwachen Flecken, dieselben Markierungen im Bereich zwischen den Lungen.

Eines Tages brach ich auf, um ein paar Wochen der Bettlägerigkeit bei meinen Eltern in ihrem Heim in Virginia Beach zu verbringen. Vor der Abreise drückte Peter mir beiläufig ein Büchlein in die Hand. »Das habe ich kürzlich im Pfarrbüro gefunden. Ich habe noch keine Gelegenheit gehabt, es durchzulesen.«

Das Büchlein erwies sich als durchschlagend. Darin befand sich ein Goldstück von einer Geschichte über eine Ex-Missionarin, die acht Jahre lang bettlägerig gewesen war. All diese langen Jahre hatte sie Gott hartnäckig gefragt, warum. Sie konnte nicht verstehen, warum sie hier ans Bett gebunden sein sollte, während sie doch die Arbeit des Herrn tun konnte. Ihr Herz war voll Rebellion wegen der verlorenen Gelegenheiten, Ihm zu dienen. All ihre Gebete drehten sich darum, Gott möge sie gesund machen, damit sie auf das Missionsfeld zurückkehren könnte. Aber nichts geschah.

Schließlich war sie erschöpft von all den vergeblichen Gebeten, und mit einer Art verzweifelter Resignation im Herzen betete sie: »Ist recht, Herr, ich gebe auf. Wenn ich den Rest meines Lebens krank sein soll, dann ergebe ich mich in Deinen Willen. Ich sehne mich noch mehr nach Dir, als ich mich danach sehne, gesund zu werden. Du mußt jetzt die Entscheidung treffen.«

So gab sie sich vollkommen in Gottes Hand, und bald begann sie einen Frieden zu empfinden, den sie niemals während ihrer Krankheit kennengelernt hatte. Zwei Wochen später konnte sie das Bett verlassen und wurde vollkommen gesund.

Ich lag ganz allein im Bett, im Haus meiner Tränen. Meine Tränen sprachen nur zu deutlich davon, wie sehr mir die Realität dieses Schrittes bewußt war, als ich betete: »Herr, ich habe alles getan, was mir nur eingefallen ist, und es war nicht gut genug. Ich bin es verzweifelt müde, mich abzuquälen, damit Du mir gibst, was ich will. Ich bin geschlagen, ausgepeitscht, am Boden zerstört. Wenn Du willst, daß ich den Rest meines Lebens eine Kranke bin, in Ordnung. Hier bin ich. Mach mit mir und meinem Leben, was Du willst.«

Ich fühlte keinerlei Dankbarkeit über das Geschenk meines Lebens und meines Willens, keine Siegesgefühle, keine Erwartung. Mir war kein Glaube übriggeblieben, so wie ich den Glauben verstand. Dennoch breitete sich ein seltsamer, tiefer Friede über mein Herz.

In den frühen Morgenstunden des nächsten Tages weckte mich etwas. Die Leuchtzeiger der Uhr auf meiner Nachtkommode sagten mir, daß es drei Uhr morgens war. Der Raum lag im Dunkeln, jener vollständigen Dunkelheit, die man nur auf dem Lande kennt, wo es keine Straßenlaternen gibt. Meine Gedanken beschäftigten sich immer noch aufs lebhafteste mit dem geistlichen Abenteuer des vergangenen Tages. Ich, die aus freiem Willen alle Hoffnung auf Gesundung aufgegeben hatte, entdeckte nun eine aktive, neugeborene Hoffnung in meinem Herzen.

Meine Phantasie malte mir eine dramatische Möglichkeit nach der anderen vor Augen. Jesus könnte mir sagen, ich sollte, beispielsweise, am nächsten Morgen zum Frühstück mit der Familie erscheinen. Ich konnte mir ihre Überraschung und die Mischung aus Entzücken und Schrecken vorstellen.

Kaum hatte ich gebetet: »Herr, was willst Du, daß ich tue?« als es geschah. Es war unglaublich, kaum faßbar: Auf unbeschreibliche Weise war Christus gegenwärtig. In eigener Person stand er an der rechten Seite meines Bettes.

Ich konnte nichts weiter sehen als tiefe, samtige Dunkelheit, aber das Schlafzimmer war von einer intensiven Kraft erfüllt, als sei die Kraftmaschine des Universums dort aufgestellt. Jeder Nerv in meinem Körper zitterte davon, als hätte ich einen elektrischen Schlag bekommen. Ich wußte, daß Jesus mich zärtlich anlächelte, liebevoll, ein wenig traurig – und ein wenig amüsiert über meine allzu intensive Beschäftigung mit mir selbst.

»Geh«, sagte Er, in direkter Antwort auf meine Frage. »Geh und erzähl es deiner Mutter. Das ist doch ganz einfach, nicht wahr?«

Mir wurde schwach in den Knien. Was würde Mutter denken? Es ist mitten in der Nacht. Sie würde denken, ich sei urplötzlich übergeschnappt.

Christus sagte nichts weiter. Er hatte mir gesagt, was ich tun sollte. Es war mir klar, daß Er mich nicht zwingen würde und daß die Gelegenheit für immer dahin sein würde, wenn ich mich weigerte, zu gehorchen. In einem jähen Aufblitzen der Erkenntnis verstand ich, daß Gott Seinen menschlichen Geschöpfen tatsächlich freie Wahl zugesteht.

»Das werde ich tun, und wenn es mich umbringt«, sagte ich. Noch während ich aus dem Bett kletterte, wurde mir bewußt, wie lächerlich meine Worte klangen. Irgendwie wußte ich, daß Christi Augen humorvoll auffunkelten, während Er leise beiseitetrat, um mich vorbeigehen zu lassen.

Ich tastete mich durch den dunklen Flur in das Schlafzimmer am anderen Ende. Natürlich waren meine Eltern erschrocken. Mutter setzte sich mit einem Ruck im Bett auf. »Was – was in aller Welt –?«

»Es ist alles in Ordnung. Erschrick nicht«, beschwichtigte ich sie. »Ich wollte euch nur sagen, daß ich wieder gesund bin. Es erschien mir wichtig, es euch noch heute nacht zu sagen.«

»Was ist geschehen?« fragte Dad.

»Es tut mir leid, daß ich euch aufgeweckt habe. Ich werde euch morgen alles erzählen. Ich verspreche es euch. Alles ist in Ordnung.«

Als ich in mein Schlafzimmer zurückkehrte, war jene deutlich fühlbare Gegenwart daraus verschwunden. Dennoch war ich weitaus aufgeregter, als ich je zuvor oder nachher gewesen bin, und weitaus wacher. Erst als die ersten grauen Streifen der Dämmerung am östlichen Horizont erschienen, schlief ich wieder ein.

Die Frage hieß: Hatte Christus gemeint, ich sei augenblicklich geheilt worden, oder würde die Genesung noch einige Zeit dauern? Ich wußte es nicht. Ich konnte nur auf die nächsten Röntgenbilder warten.

Meine Lungen heilten nur langsam, wie sich herausstellen sollte, zweifellos deshalb, weil auch mein Glaube nur langsam wuchs. Aber die nächsten Röntgenbilder zeigten zum ersten Mal einen merklichen Fortschritt. Und danach erfolgte eine gleichmäßige, zuverlässige

Heilung, ohne den geringsten Rückschritt, bis mich die Ärzte schließlich für vollkommen gesund erklärten.

Das Leben ist ein Rauch

Am Sonntag, dem 7. Dezember 1941, sollte Peter vor einem Regiment von Offiziersanwärtern in der Marineakademie in Annapolis, Maryland, predigen. Während der ganzen Woche hatte ihn das seltsame Gefühl verfolgt, daß er das angekündigte Thema des Vortrags ändern und eine ganz bestimmte Predigt halten sollte. Er konnte das Gefühl einfach nicht abschütteln. Am Sonntagmorgen vertraute er sich Kaplan Thomas an.

»Wenn du es so stark empfindest, dann höre auf jeden Fall darauf«, lautete der Rat des Kaplans.

Also predigte Peter über einen Text, der sich für junge Fähnriche zur See seltsam anhören mußte: »Was ist euer Leben? Ein Rauch seid ihr, der eine kleine Zeit bleibt und dann verschwindet« (Jakobus 4, 14).

In der Kapelle saß die Klasse vor ihm, die im Dezember ihren Studienabschluß machen würde, junge Männer, die in wenigen Tagen ihr Offiziersdiplom erhalten und in Friedenszeiten in der Marine Dienst tun würden.

Als wir an diesem Nachmittag nach Washington zurückfuhren, wurde die Sendung im Radio plötzlich unterbrochen. Die Stimme des Nachrichtensprechers klang tiefernst: »Meine Damen und Herren. Halten Sie sich für eine wichtige Nachricht bereit. Heute morgen wurde der Flottenstützpunkt der Vereinigten Staaten in Pearl Harbor überraschend von den Japanern angegriffen ... «

Augenblicklich wußten wir, daß wir einen der dramatischen Augenblicke der Geschichte durchlebten, einen »Tag der Ruchlosigkeit, der in der Erinnerung weiterleben wird«.

Bald würden die jungen Männer, vor denen Peter soeben gepredigt hatte, sich den Risiken und Gefahren des Krieges ausgesetzt sehen, und innerhalb weniger Monate hatten einige tatsächlich in fremden Gewässern ein Heldengrab gefunden. Unter Gottes Führung hatte Peter vor ihnen noch – die an diesem Morgen so jung, so vital, so lebendig waren – von Tod und Unsterblichkeit gepredigt.

Peter Marshall glaubte fester als jeder andere Mensch, den ich kenne, an die Unsterblichkeit. Als junger Prediger war er neugierig gewesen, wie das Leben aussehen mochte, das wir »hinter dem Vorhang« leben würden.

Eines Abends erhielten wir einen Telefonanruf mit der Mitteilung, daß eine liebe Freundin, eine Frau aus unserer Gemeinde, soeben verstorben war. Sie war die längste Zeit schon todkrank gewesen, deshalb überraschte ihr Hinscheiden niemand.

Peter trat langsam vom Telefon zurück und ließ sich in seinen Lieblingssessel sinken. Er schien tief in Gedanken versunken.

»Gertrude starb vor etwa zehn Minuten«, sagte er nachdenklich. »Ich frage mich, was sie im Augenblick für aufregende Dinge erlebt.«

Peter selbst war 1946 nach seiner ersten Herzattacke dem Tode nahe gewesen. Nach dieser Erfahrung sah er das kostbare menschliche Leben nur noch in Beziehung zu Zeit und Ewigkeit, und das ist genau die richtige Perspektive.

Als Peter seine Arbeit danach wieder aufnahm, kam ein befreundeter Geistlicher aus Hagerstown, Maryland, zum Kirchenkaffee.

»Nun, Peter«, fragte ihn der Freund, »es gibt etwas, das ich gerne wissen möchte. Was hast du aus deiner Krankheit gelernt?«

»Möchtest du das wirklich wissen?« fragte Peter prompt. »Ich habe gelernt, daß das Reich Gottes auch ohne Peter Marshall weiterbesteht.« Dies zeigt deutlich, wie klar und demütig Peter sich selbst betrachtete.

Das Angebot im Jahre 1947, Kaplan beim Senat der USA zu werden, bedeutete für Peter eine unwiderstehliche Herausforderung. Nach seinem ziemlich schweren Herzanfall, dem Monate der Genesung gefolgt waren, wäre es klug gewesen, aus gesundheitlichen Gründen abzulehnen. Aber kluge Vorsicht zählte nicht zu Peters Charakterzügen.

Zuerst irritierte es ihn, daß die offiziellen Berichterstatter der Senatssitzungen eine maschinengeschriebene Kopie seines täglichen Gebetes haben wollten, bevor er es sprach. Peter verwandelte dieses Minus in ein Plus, indem er Gott bat, jedes Gebet durch ihn zu schreiben.

Bald begannen die Zeitungen im ganzen Land zu bemerken, wie kurz diese Gebete waren, wie zielgerichtet, wie scharf in ihrer aktuellen Bedeutung. Ein Artikel im *Kansas City Star* notierte:

> *Nicht ohne Grund ziehen die Gebete des Reverend Peter Marshall, Kaplan beim Senat der Vereinigten Staaten, die Aufmerksamkeit der Nation auf sich ... Selbst die Senatoren hören nun den Gebeten zu, mit denen die Sitzungen eröffnet werden ...*

Der 16. Juni war ein Tag, an dem im Senat vielerlei zur Debatte stand, einschließlich eines scharfzüngigen Streits über eine Resolution, die der Regierung die Berechtigung geben sollte, die Berufung von Postmeistern ersten, zweiten und dritten Grades zu untersuchen. Dr. Marshalls Gebet lautete:

> *Da wir nun Mücken seihen und Kamele verschlucken, gib uns einen neuen Wertmaßstab und die Fähigkeit, eine Banalität zu erkennen, wenn wir sie sehen, und entsprechend zu handeln.*

Als der Staatssekretär Marshall aus Washington abreiste, um am Treffen der Außenminister teilzunehmen, faßte der Kaplan des Senats die Gebete von vielen in Worte, als er betete:

> *Möge Dein Geist sie bewegen, daß es zu Konzessionen ohne Zwang und Versöhnung ohne Kompromisse kommt.*

The Chicago Sun-Times kommentierte unter dem Titel: »Gebete im Senat bekommen neuen Biß«:

> *Die Worte, die von all den Millionen Worten in den USA am wenigsten Beachtung fanden, waren üblicherweise die des Kaplans, der jede Senatssitzung mit einem Gebet eröffnet. Aber nun beginnen einige Beobachter die Senatoren zu drängen, sie möchten sich früh genug dort einfinden, um diese Äußerungen zu hören, denn der neue Kaplan, der*

Rev. Peter Marshall, Pastor an der New York Avenue Presbyterian Church, vermeidet die üblichen Platitüden und gibt den Gesetzgebern einige scharf gewürzte Ratschläge mit auf den Weg …
Wenn Dr. Marshall sich im Gebet an seinen Gott wendet, legt er zuerst die unsichtbare Krone ab, die wir alle auf dem Kopf tragen. »Wir bekennen, unser Vater«, betete er eines Tages in der Vollversammlung des Senats der Vereinigten Staaten, »daß wir wissen, wir brauchen Dich, aber unsere stolzgeschwellten Köpfe und unser hartnäckiger Wille versuchen uns dazu zu bringen, daß wir ohne Dich auskommen. Vergib uns, daß wir so oft aus einer Mücke einen Elefanten machen und sowohl unsere eigene Bedeutung wie auch die Probleme, denen wir uns gegenübersehen, maßlos übertreiben …«

Gegen drei Uhr dreißig am Morgen des 25. Januar 1949 erwachte Peter mit starken Schmerzen in der Brust und den Armen. Er mußte nur einmal meinen Namen aussprechen, um mich zu alarmieren; aus irgend einem Grund hatte ich schon seit geraumer Zeit wach im Bett gelegen.

»Catherine, ich habe starke Schmerzen. Rufst du den Arzt an?«

Ich erkannte an Peters Tonfall sofort, daß wir es mit einer ernsten Krise zu tun hatten. Als ich mich aufsetzte und nach dem Telefon auf der Nachtkommode griff, konnte ich mein eigenes Herz hämmern hören.

Während wir im Erdgeschoß auf den Ambulanzwagen warteten, blickte Peter zu mir auf und sagte: »Catherine, versuch nicht, mitzukommen. Wir dürfen Klein-Peter nicht allein in diesem großen Haus lassen. Du kannst morgen früh ins Krankenhaus kommen.«

Widerwillig stimmte ich zu.

Nachdem der Ambulanzwagen angelangt und Peter unterwegs ins Krankenhaus war, ging ich in den Oberstock hinauf und kniete an meinem Bett nieder. Aber bevor ich noch ein Wort sprechen konnte, durchströmte, umhüllte und überflutete mich wie eine große Welle eine überwältigende Erfahrung der Liebe Gottes. Es war, als liege ich buchstäblich in den ewigen Armen. Es erschien mir ganz unnötig, Gott um irgend etwas zu bitten. Ich befahl Peter und mich selbst der Fürsorge und väterlichen Zärtlichkeit dieser großen Liebe an.

Damals dachte ich, diese Erfahrung hätte zu bedeuten, daß Peters Herz hier auf Erden geheilt würde. Gott wußte natürlich, was ich nicht wußte. Dort unten im Flur im Erdgeschoß, unmittelbar bevor die Ambulanz wegfuhr, hatte ich Peter zum letzten Mal lebend gesehen.

Um 8.15 Uhr an diesem Morgen ging Peter in ein besseres Leben hinüber. Um 8.20 Uhr rief der Arzt an und teilte es mir mit. Klein-Peter hatte eben die letzten Vorbereitungen getroffen, um zur Schule zu gehen. Er stand beim Telefon, als ich die Nachricht entgegennahm, und brach in eine Flut von Kleine-Jungen-Tränen aus. Ich war viel zu betäubt, um zu weinen.

Später saß ich eine Stunde lang an Peters Krankenbett. Er hatte ein wenig gedöst, hatte mir die Schwester gesagt, und war dann friedlich hinübergegangen.

Ich spürte, daß ich gewußt hatte, was geschehen war, bevor ich dort ankam: Plötzlich hatte Peter seinen Herrn gesehen und später seinen eigenen Vater, nach dem er sich sein ganzes Leben lang gesehnt hatte. Es hatte Augenblicke seligen Wiedersehens gegeben. Dann hatte Peter plötzlich begriffen: Er war tot!

»Du weißt, das wird Catherine schwer zu schaffen machen«, konnte ich ihn sagen hören. »Was können wir für sie tun?«

Und Jesus hatte Peter angelächelt. »Sie kommt schon in Ordnung. Wir können ihr alles geben, was sie braucht.«

Also hatten sie dort auf mich gewartet. So geschah es, daß ich, als ich die Türe öffnete und leise in das kleine, kahle Krankenzimmer trat, es von der Herrlichkeit Gottes erfüllt fand.

Aber diese Glorie sollte keinen Bestand haben. In diesem stillen Krankenzimmer zogen sich die beiden strahlenden Präsenzen an einem ganz bestimmten Augenblick zurück. Plötzlich sah ich den Tod nackt und bloß und in seiner ganzen Häßlichkeit: den herabhängenden Unterkiefer, die schlaffen Hände, die Kälte und die weiße, weiße Blässe des Fleisches.

Schaudernd erhob ich mich, um den Raum zu verlassen. Als ich innehielt, wurde eine Botschaft ausgesprochen, nachdrücklich und klar, wenn auch nicht hörbar – und mit jener eigentümlichen Autorität, in der ich die Stimme des Herrn zu erkennen gelernt hatte: *Seine*

Güte und Gnade und Seine große Treu' werden folgen dir dein Leben lang.

Es war Sein persönliches Versprechen an mich und an einen Sohn, der nun zweifellos seinen Vater vermissen würde.

Erst im darauffolgenden Juni fiel mir plötzlich etwas ein, die letzten Worte, die ich mit Peter gesprochen hatte. War es möglich, daß Gott mich zu diesen anscheinend so alltäglichen Worten inspiriert hatte?

Die Szene blieb auf ewig in mein Gedächtnis eingegraben – Peter lag auf der Bahre, auf die die beiden Pfleger ihn gebettet hatten, während die Ambulanz unmittelbar vor der Eingangstür wartete. Peter hatte zu mir aufgeblickt und mich trotz seiner Schmerzen angelächelt. Seine Augen waren voll Zärtlichkeit gewesen, und ich hatte mich nahe zu ihm gebeugt und gesagt: »Liebling, ich sehe dich am Morgen wieder.«

Ich wußte nun, daß diese Worte all die Jahre hindurch in meinem Herzen singen würden: *Liebling, ich sehe dich wieder, ich sehe dich am Morgen wieder ...*

3

Die Jahre des Alleinlebens

Die zehn Jahre, die auf Peter Marshalls Tod folgten, waren eine Zeit der Herausforderung für Catherine. Ihre schriftstellerische Begabung kam ans Tageslicht und erlaubte es ihr, für sich selbst und ihren Sohn zu sorgen. Sie durchlitt schmerzliche Prüfungen als Alleinerziehende. In dieser Zeit traten Catherines Vorzüge und Schwächen in ihrer schärfsten Ausformung zutage.

Es mag paradox klingen, aber eine von Catherines größten Stärken war ihre Bereitschaft, sich offen und verletzlich über ihre Schwächen zu äußern. Gott sollte diese Eigenschaft benutzen, um das Leben vieler im Glaubenskampf stehender Menschen zu erreichen und zu berühren.

Denn sie sollen getröstet werden

Wenn ein geliebter Mensch stirbt, dann sehnen sich die trauernden Hinterbliebenen nach Trost – und zwar nach nichts anderem als Trost. Wenn wir Kummer haben, sind wir alle wie kleine Kinder, verletzte Kinder, die sich danach sehnen, sich in den Armen ihrer Mutter zu verkriechen und dort zur Ruhe zu kommen, zu erleben, wie sie uns die Stirn streichelt und mit sanften Worten zu uns spricht. Aber das ist natürlich unmöglich; wir sind alle erwachsene Männer und Frauen.

Oder doch nicht?

»Denn so spricht der Herr ... wie eine Mutter ihre Kinder tröstet, so will ich euch trösten ...«

In meinem Fall hatte ich die Erfahrung gemacht, daß ich diesen Trost bereits vor dem Tod meines Mannes empfing.

Nachdem der Rettungswagen fortgefahren war, ging ich die Treppen hinauf und sank neben meinem Bett auf die Knie. Und dort, durch all meine aufgewühlten Gefühle hindurch, sickerte ein seltsamer, alles durchdringender Friede. Durch mich und rund um mich strömte eine Liebe, wie ich sie nie zuvor erlebt hatte – als hätte mich jemand, der mich über die Maßen liebt, rundum in seine Liebe gehüllt.

Ich dachte zuerst, dies sollte bedeuten, daß alles wieder gut würde. Aber als Peter starb, wußte ich, dieses Erlebnis, das ich einige Stunden zuvor gehabt hatte, bedeutete etwas ganz anderes. Es war mir gewährt worden, damit ich - wenn es soweit war – die Gewißheit hatte, daß mein liebender Vater mich niemals verlassen hatte.

Nachdem er fürs erste getröstet wurde, muß ein Trauernder lernen, zwischen Körper und Seele zu unterscheiden. In diesem Zeitalter des Materialismus haben die meisten von uns wenig Erfahrung damit.

Eine Freundin, die vor kurzem Witwe geworden war, fand treffende Worte dafür: »Was ich am meisten brauche«, sagte sie zu mir, »ist das Wissen, daß Bill nicht in diesem Grab ist. Wenn ich mir dessen sicher sein könnte, könnte ich die persönliche Verletzung ertragen.«

Ich verstand ihre Schwierigkeiten. In dem Augenblick, in dem ich Peters Krankenzimmer nach seinem Tod betreten hatte, hatte ich gewußt, daß der Mann, den ich liebte, sich nicht mehr in diesem Körper auf dem Bett befand. Das war eine offenkundige, unbestreitbare Tatsache. Ich hatte auch gedacht, ich würde in der Lage sein, an dieser Überzeugung festzuhalten. Aber weniger als zwei Wochen später hatte ich meine Schwierigkeiten damit.

Eines Morgens um diese Zeit wurde ich schon früh vom Gezwitscher der Vögel im Efeu vor meinem Fenster geweckt. Irgendwie erschien es mir in dieser Dämmerzone zwischen Schlafen und Wachen, als ob Peter mit mir sprach.

»Catherine«, sagte er deutlich hörbar, »halte mich nicht für tot.«

Wie hatte er das nur wissen können? fragte ich mich. Seit dem kurzen Trauergottesdienst war es mir unmöglich gewesen, an ihn als einen Toten zu denken. In meiner Vorstellung sah ich seinen Leichnam in der Kühlkammer liegen (eine zeitweilige Verfügung, bis die endgültige Entscheidung über das Begräbnis getroffen werden konnte).

War es wirklich Peter, der mit mir sprach, oder eine Einflüsterung meines Unbewußten? Ich wußte es nicht. Ich wollte daran glauben, daß mein Ehemann immer noch am Leben war. Aber nach dem Begräbnis war ich so abrupt in die Realität zurückgeworfen worden, daß Zweifel mich von allen Seiten bedrängten. Woher auch immer die kurze Botschaft kam, sie war genau das Wort, das ich in dem Augenblick gebraucht hatte.

In den darauffolgenden Tagen dachte ich immer wieder über diese Worte nach. Wenn ich an Peter nicht als einen Toten denken sollte, wie sollte ich dann an ihn denken? Wenn er noch am Leben war, wo war er dann? Was machte er jetzt? Wenn ich keine Antwort auf diese Fragen hatte, wie konnte ich ihn mir dann in der Phantasie vorstellen oder an ihn als einen Lebenden denken?

Das führte mich zu einer Frage, auf die alle meine Gefühle dringlichst nach einer Antwort verlangten: Wie sah meine Beziehung zu meinem Ehemann jetzt aus?

In der Zeit der Ehe hatte ich meine Identität, meine Antwort auf die Frage: »Wer bin ich?« gefunden. Als Frau hatte ich mich vorwiegend auf die Beziehung zu einem einzigen Mann konzentriert. Wenn der Tod einen Keil in die Partnerschaft der Ehe treibt, dann fühlt sich die allein zurückgebliebene Frau, als wäre ihr der Boden unter den Füßen weggerissen worden. Sie muß ganz von neuem beginnen, die Antwort zu finden: »Wer bin ich jetzt?«

Die Worte, die bei Peters Begräbnis gesprochen worden waren, hallten immer wieder in meinen Ohren nach:

An diesem Morgen ... bemühen wir uns, eine neue Art der Gemeinsamkeit aufzubauen. Wir haben Peter Marshall im Fleisch gekannt. Von jetzt an wollen wir uns bemühen, ihn im Geiste zu kennen ... Die Verbindung zu ihm wird ungebrochen aufrecht erhalten bleiben ...

Das waren aufrichtige, wenn auch hochfliegende Worte gewesen. Waren sie wahr? Für mich war die Gemeinschaft zweifellos zerbrochen.

»Bis daß der Tod uns scheidet«, hatten Peter und ich einander an unserem Hochzeitstag geschworen. Tatsache war, daß der Tod uns nun plötzlich und unbarmherzig geschieden hatte. Über diese Kluft hinweg mußte ich eine Brücke zu Peter Marshalls Seele bauen.

Ich hatte keine Ahnung, wie ich das anfangen sollte. Deshalb stellte ich bald fest, daß meine Gebete eine neue Richtung einschlugen. Auf kindliche Weise begann ich Gott anzuflehen, Er möge mich nur einen kurzen Blick auf Peter werfen lassen, mir ein wenig Wissen schenken, wo er sich jetzt befand und was er tat.

Die Antwort kam in einem lebhaften Traum. Selbst jetzt noch, Jahre später, habe ich jedes Detail klar vor Augen. In diesem Traum durfte ich Peter in seiner neuen Umgebung besuchen. Zuerst suchte ich ihn in einem großen, weitläufigen Haus mit vielen Zimmern und luftigen Veranden. Überall wimmelte es von Menschen, aber Peter war nicht unter ihnen.

Dann suchte ich ihn im Hof. Schließlich sah ich ihn in einiger Entfernung.

Ich würde diese charakteristische Geste, diese ganz bestimmte Kopfbewegung, jederzeit wiedererkennen, dachte ich, als ich auf ihn zuzulaufen begann. Ich stellte fest, daß ich mit einer Freiheit lief, wie ich sie seit meiner Kindheit nicht mehr gekannt hatte. Mein Körper flog leichtfüßig dahin, mein Tritt war sicher. Als ich näher kam, sah ich Peter in einem Rosengarten arbeiten. Er sah mich kommen und stützte sich auf seinen Spaten, während er auf mich wartete.

Ich flog in seine Arme. Er zog mich lachend an sich und rieb seine Nase an der meinen.

»Ich wußte, daß du es bist«, stieß ich atemlos hervor, »ich erkannte dich an der Art, wie du den Kopf zurückwirfst. Ich bin zu dir heimgekehrt.«

Dann, während ich in seinen Armen ruhte, fühlte ich etwas Seltsames. In Peters Liebe mischte sich eine gewisse Zurückhaltung. Er hielt mich nicht wie ein Liebhaber in den Armen.

Mein Eindruck war, daß Peter über das Ereignis erstaunt war, seinen eigenen Tod immer noch nicht fassen konnte. Ich fragte mich, ob das große Haus mit den vielen Zimmern, der Hof und der Rosengarten einen kleinen Teil des Ortes darstellten, den die Bibel *Himmel* nennt. Ich hatte mir immer vorgestellt, die Menschen im Himmel seien über die Maßen glücklich. Peters Haltung paßte da nicht ganz hinein.

Dann wachte ich auf. Das Gefühl von Peters starken Armen, die mich umschlossen, hielt noch an, und meine Wangen waren feucht von Tränen.

Tage später bat ich Gott immer noch, mir die Bedeutung des seltsamen Traumes zu enthüllen. Gewisse Elemente waren mir klar. Peter hatte nicht erwartet, daß sein Leben so plötzlich an diesem düsteren Dienstagmorgen enden würde. Wie ich auch hatte er vertrauensvoll erwartet, daß das Problem seines geschädigten Herzens eine andere Lösung finden würde.

Fünf Minuten nach seinem Tod war er essentiell noch dieselbe Person, die er vor seinem Tod gewesen war. Es hatte keine dramatischen Änderungen gegeben, davon abgesehen, daß er seinen physischen

Körper abgelegt hatte wie einen Mantel. Aber der geistige Körper, in dem er sich wiederfand – wenn man es so nennen kann –, verlieh ihm dieselbe äußere Erscheinung wie zuvor.

Im »Himmel« ließ man ihn allein im Rosengarten arbeiten, um ihm Zeit zu geben, sich von seiner Überraschung zu erholen, um sich selbst wiederzufinden. Es erschien mir als ein besonders einfühlsamer und liebevoller Zug, daß man ihm in der Zwischenzeit eine Arbeit zugewiesen hatte, die er auf Erden besonders geliebt hatte.

Aber ich dachte am meisten über jene leise Zurückhaltung nach, die ich in Peters Haltung gespürt hatte. Ich bat Gott, mir zu sagen, was sie zu bedeuten hatte.

Als die Antwort dann kam, sollte sie beträchtliche Bedeutung für meine Zukunft haben. Lange Zeit sollte vergehen, ehe ich den Mut hatte, diese Einsicht mit anderen Witwen zu teilen, vor allem, wenn ihr Kummer noch frisch war. Denn die Toten sind so schrecklich schweigsam. Wer eben einen geliebten Menschen verloren hat, ersehnt nichts so sehr wie die Berührung einer entschwundenen Hand, den Klang einer geliebten Stimme. Jemand, in dem der Gram noch eine blutende Wunde ist, sehnt sich verzweifelt nach der Gewißheit, daß die Ewigkeit – vorausgesetzt, sie hat eine Bedeutung – doch nur bedeuten könne, daß die Liebe unbeschadet bleibt, wie sie hier auf Erden war.

Aber bleibt die Beziehung zwischen Mann und Frau dieselbe? Aus Christi eigenem Munde, aus den Worten, die im Evangelium des Matthäus niedergelegt sind, bekommen wir eine völlig andere Sicht zu hören. Er gab Antwort auf eine sardonische Frage, die eine Gruppe von Sadduzäern ihm stellte, jenen Gelehrten, die nicht an die Auferstehung des Fleisches glaubten. Sie konstruierten den Fall einer Frau, die sieben Ehemänner gehabt hatte, und stellten dann die absichtlich lächerliche Frage: »Nun in der Auferstehung: Wessen Frau wird sie sein von diesen sieben? Sie haben sie ja alle gehabt.«

Und ein Teil von Jesu Antwort lautete:

In der Auferstehung werden sie weder heiraten noch sich heiraten lassen, sondern sie sind wie Engel im Himmel (Matthäus 22,30).

Es scheint, als hätte Christus gesagt, wenn auch in anderen Worten, daß die Frau nach ihrem Tode nicht die »Ehefrau« eines ihrer früheren Männer sein würde. Das heißt, daß die Beziehung zu einem Menschen, den man auf Erden geliebt hat, anders aussehen wird.

Ich verstand damals nicht, wie diese neue Beziehung im einzelnen aussehen sollte. Ich wußte nicht, was es bedeuten sollte, zu sein »wie die Engel im Himmel«, und ich war mir nicht einmal sicher, ob ich es wissen wollte. Insgesamt erschien mir der ganze Gedanke beinahe abstoßend.

In den Tagen, die auf meinen Traum folgten, schien es mir, daß Gott zu mir sagte: »Ich möchte in dieser Sache von anfang an reinen Tisch machen, deshalb vertraue ich dir jetzt einen Teil dieser Wahrheit an. Einiges davon wirst du nicht verstehen, anderes wirst du nur schwer annehmen können. Aber ich werde dir niemals mehr geben, als du ertragen kannst.«

Alleinerzieherin

Peter John war eben neun Jahre alt geworden, als sein Vater starb. Ich sehe immer noch sein zutiefst betroffenes Gesicht vor mir, als er die Nachricht hörte, und fühle seinen zitternden Körper, als er niederkniete, damit ich ihn in die Arme nahm. Wir waren jetzt nur noch zu zweit, Mutter und Sohn.

Dennoch schien es, daß der kleine Peter nach dem ersten Schock den Verlust seines Vaters weitaus besser ertrug als ich den Verlust meines Ehemannes. Er hatte kindliche Fragen gestellt wie: »Wer wird mir jetzt helfen, meine Kleinbahn fertigzubauen?«, »Wo werden wir jetzt wohnen?«, »Muß ich jetzt in eine andere Schule gehen?«, »Kann ich immer noch zu den Pfadfindern gehen?«

Die Fragen schienen so normal, daß ich nicht bemerkte, welchen abscheulichen Hexenkessel aus Furcht, Einsamkeit, Verlassenheit und Zorn diese Fragen verdeckten. Nur wenige Kinder fassen die Frage in Worte, die sie unter ihrem Zorn beschäftigt: »Wenn Gott mich liebt, warum hat er mir dann meinen Daddy weggenommen?«

Peter John nahm an der Planung und dem gesamten Ablauf des Begräbnisses seines Vaters teil. Immer wieder machten wir Versuche, ihm Tod und Unsterblichkeit zu erklären. Er schien zu verstehen. Auch hier setzen Erwachsene oft ein Verständnis voraus, das einfach nicht vorhanden ist.

Zu schüchtern und furchtsam, um sein Herz offenzulegen – auch ich war als Kind schüchtern gewesen –, wurde mein Sohn still und zurückhaltend. Fotos, die während dieser Zeit von ihm gemacht wurden, zeigen ein trauriges, angespanntes Gesicht. Ich war während dieser Monate nicht aufmerksam genug, um seinen inneren Zusammenbruch zu begreifen, und ließ ihn in dieser Sache im Stich.

Wie sollte eine trauernde Mutter oder ein Vater mit einer solchen Situation umgehen? Ich weiß jetzt, daß wir unsere Versuche, ein Gespräch in Gang zu bringen, nicht zu früh aufgeben sollten. Beim Essen fragte ich Peter immer, wie es ihm in der Schule ergangen war und bekam einsilbige Antworten: »Gut.«, »O.K.«, »Alles in Ordnung.« Natürlich waren diese Antworten nicht ernst zu nehmen, sie sollten nur alle Bemühungen, weiter nachzufragen und dabei schmerzliche Bereiche zu berühren, zunichte machen.

Wenn wir immer wieder einmal einen unserer halbherzigen Konversationsversuche bei Tisch machten, hatte ich mit der Zeit den Eindruck, ein Bild vor mir zu sehen: Das Bild eines Jungen, der zusammengekauert hinter einer Steinmauer sitzt und dann und wann einen spähenden Blick darüber wirft, sich aber nicht hervorwagt.

Ich befragte einen Berater nach dem anderen, hielt eine psychotherapeutische Sitzung nach der anderen ab, aber keiner von uns konnte einen Weg finden, wie wir diese Mauer niederreißen oder Peter dahinter hervorlocken könnten.

Als wir beide im Sommer die mehr als fünfhundert Meilen nach Cape Cod fuhren, suchte ich nach Gesprächsthemen, die meinen Sohn interessieren könnten. Nachdem ich einsilbige Antworten erhalten hatte, gab ich für gewöhnlich auf und zog mich in meine eigene Gedankenwelt zurück – zu Peters Erleichterung, wie es mir schien.

Für gewöhnlich suchte mein Sohn dann die Sender des Autoradios nach einer Baseball-Übertragung ab. Für mich waren diese Spiele Prüfungen in Langeweile. »Ball eins, Schlag eins ...«, »Ball zwei, Schlag zwei ...« Hin und wieder gerieten alle plötzlich in tumultartige Bewegung, aber der größte Teil der Berichterstattung schien sich auf Bälle und Schläge und andere Statistiken zu beziehen.

Wen interessiert das schon? dachte ich. Wie konnten diese endlos wiederholten Kommentare das Interesse eines Jungen erwecken?

Aber in einer verzweifelten Bemühung, mit Peter wieder ins Gespräch zu kommen, zwang ich mich, mit ihm zu Baseballspielen, Football-Matches und Hockeyturnieren zu gehen.

Baseball erschien mir als eine zermürbend langsame und langweilige Angelegenheit, bei der die Spieler beständig hinter einem kleinen weißen Ball herjagten. Football schien große Ähnlichkeit mit einem blutigen Nahkampfscharmützel zu haben – Männer stürzten sich in wilder Wut aufeinander, so daß sie einander zuweilen sogar bewußtlos schlugen. Die Vorstellung, daß Millionen Menschen vor Aufregung ausflippten, weil ein brauner Ball, so groß wie eine Melone, sich da oder dort auf dem Feld befand, war mir unbegreiflich.

Eishockey war erfreulicher; ich genoß es, die Geschwindigkeit und Grazie der Eisläufer zu beobachten. Aber immer wieder zuckte ich bei den bösartigen körperlichen Zusammenstößen zusammen.

Ich machte den Fehler, mich nicht näher für diese Sportarten zu interessieren, so daß Peter und ich darüber hätten reden können. Der Schlüssel, der mir den Zugang öffnete, war – wie ich später lernen sollte – das menschliche Interesse an den Teilnehmern – ich lernte die Namen der Spieler, ihre Lebensgeschichten, warf einen Blick auf ihr Familienleben.

Es gab noch andere Möglichkeiten, wie ich meinem Sohn helfen konnte, ohne Vater aufzuwachsen. Eine davon war, ihn so oft wie möglich mit anderen Männern in der Familie in Kontakt zu bringen. Mein Dad verbrachte viele Stunden mit Peter und versuchte ihm beizubringen, wie er mit Werkzeugen umgehen und kleine Reparaturen im Haus erledigen konnte. Mein Bruder Bob sprach Peters Sportjargon und machte Bastelarbeiten mit ihm.

Das alles war gut, aber es war niemals genug. Ein Junge braucht eine Unmenge an männlicher Gesellschaft, um den Ausfall der ständigen Gegenwart eines Vaters im täglichen Leben wettzumachen.

Meine Erfahrungen weisen darauf hin, daß unsere Kirchengemeinden die von Gott verordnete Verantwortung für Witwen und Waisen nicht wahrnehmen. Viele Hinweise in der Bibel lassen erkennen, daß dieser Dienst – geistlich, finanziell und im Hinblick auf Hilfe bei der Kindererziehung – Gott wichtig ist. Offenbar nahm die Kirche des Neuen Testaments ihre Verantwortung für die Witwen und ihre Kinder ernst. Zum Beispiel:

> *In diesen Tagen aber, als die Zahl der Jünger zunahm, erhob sich ein Murren unter den griechischen Juden in der Gemeinde gegenüber den hebräischen, weil ihre Witwen übersehen wurden bei der täglichen Versorgung (Apostelgeschichte 6,1).*

Ein reiner und unbefleckter Gottesdienst vor Gott, dem Vater, ist der: die Waisen und Witwen in ihrer Trübsal besuchen und sich selbst von der Welt unbefleckt halten (Jakobus 1,27).

Die Not ist dringlich. Zur Zeit schätzt man, daß in den Vereinigten Staaten mehr als fünfzig Prozent aller Kinder im Alter von unter achtzehn Jahren mit nur einem Elternteil leben – für gewöhnlich der Mutter.

In meiner Situation kamen mir die besten Antworten auf mein Gefühl der Hilflosigkeit und Frustration während meiner morgendlichen Stillen Zeit, wenn ich im Gebet Gottes Führung für meinen Sohn suchte. Eine Eintragung in meinem Tagebuch lautet:

Fürchte nichts für den kleinen Peter. Kein Leid soll ihn treffen. Er ist auch Mein Kind. Ich liebe ihn mehr als du!

Aber es war schwer, meine Ängste um Peter John im Zaum zu halten, der allmählich zum Teenager heranwuchs. Als ich ihn mit vierzehn erwischte, wie er Zigaretten rauchte, war ich am Boden zerstört. Mein Zorn explodierte, und er zog sich in trotziges Schweigen zurück. Als ich den Himmel wegen meiner Mängel als Mutter bestürmte, schrieb ich diese Antwort nieder:

Du hast Mir Peter immer noch nicht völlig übergeben. Strenge dich aber nicht zu sehr an, es zu tun. Es wird allmählich von selbst kommen, wenn du Mir die Sorge überläßt. Wie eine Pflanze unter Meiner Hand, so wächst auch ein Kind.

Eines Tages entdeckte ich beim Aufräumen von Peters Zimmer einen Stapel sexgetränkter Billigromane. Wie sollte ich damit umgehen? Mein erster Impuls war, meinen Ärger überkochen und explodieren zu lassen. Die innere Stimme sagte, es gäbe einen besseren Weg.

An diesem Abend fragte ich ihn ganz ruhig, ob es irgend einen wirklichen Grund gebe, warum er solche Literatur lese. Er zuckte die Achseln. »Alle Kids in der Schule lesen das.«

Das führte zu einer Diskussion über Gruppendruck, die ihn interessierte. Er sprach ziemlich frei heraus. Er gab zu, daß es ihm übermäßig wichtig war, von anderen akzeptiert zu werden, daß er dazu neigte, mit den Wölfen zu heulen. Am Ende des Gesprächs warf Peter freiwillig die Taschenbücher in die Mülltonne.

Aber mit dem Problem des Gruppendrucks in der Schule begann eine neue Periode der Furcht für mich. Es war eine Furcht, die kein bestimmtes Objekt hatte; mehr eine geistliche Unruhe, die mich gelegentlich überfiel, vage und undefinierbar, wie ein winziger Stachel in der Seele. Eines Nachts fragte ich Gott, was dieses Gefühl zu bedeuten habe und was ich dagegen tun sollte. Dies ist die Botschaft, die ich erhielt:

Du hast Angst um Peter, weil du voll verdrängter Schuldgefühle ihm gegenüber steckst. Furcht entsteht üblicherweise aus Schuld. Du fühlst instinktiv – und ganz zu Recht –, daß du darin versagt hast, ihn gründlich in Zucht zu halten. Wo du versagst, muß Ich, Peters himmlischer Vater, diese Züchtigung durch harte und schwierige Umstände über ihn bringen.

Im Gebet erschien es mir dann, daß ich die folgenden Anweisungen erhielt:

1. Fernsehen und Filme: Du mußt sorgfältig darauf achten, was er sich ansieht. Plane im voraus. Sorge dafür, so gut über Filme und TV-Programme informiert zu sein, daß du Peters Respekt in dieser Hinsicht gewinnst.
2. Sauberkeit und Sorge für seine Kleider: Bestehe darauf, daß er in diesem Punkt selbst Verantwortung übernimmt.
3. Geld, Taschengeld etc.: Du hast in dieser Sache viele Fehler gemacht. Du mußt dir die Zeit nehmen, zu Mir zurückzukommen, um diese Dinge durchzudenken.

Über Monate hinweg verbesserte sich das Verhältnis zwischen Peter und mir beträchtlich. Kinder blühen auf, wenn sie fest am Zaum gehalten werden, und ich bekam täglich Gottes Führung, wie ich konsequente Zucht anwenden sollte.

Dann klingelte eines Morgens früh das Telefon. »Hier spricht Detektiv C. vom Achten Revier, Dezernat für Kinder und Jugendliche. Ihr Sohn, Peter John Marshall, und drei andere Jungen haben letzte Samstagnacht Ärger bekommen. Ihnen wird vorgeworfen, Eigentum der Schule gestohlen zu haben, zwei Äxte und einen Feuerlöscher, und die Scheinwerfer von zwei Schulbussen zertrümmert zu haben.«

Ich begann zu zittern, als er sprach. Als er mir sagte, ich sollte mit Peter John um halb vier Uhr am Nachmittag im Revier Acht erscheinen, war meine Kehle so trocken, daß ich kaum sprechen konnte.

Kein Familienmitglied war greifbar, also rief ich mehrere Freunde in der Kirchengemeinde an und bat sie um Unterstützung im Gebet. Ich bat Peter, von der Schule daheimzubleiben, damit wir die Angelegenheit durchsprechen konnten. Er zog sich trotzig in sich selbst zurück und gab nur die dürren Tatsachen bekannt. Er und ein paar Freunde hatten Unfug in der Umgebung der Schule und ein paar Hinterhöfen in der Nähe getrieben. Sie hatten nicht vorgehabt, das Eigentum anderer zu zerstören. »Ehrlich!«

Später, als ich still für mich betete, wurde mir klar, daß sich mein Stolz regte; ich machte mir allzu große Sorgen darüber, wie die schlechte Publicity sich auf meinen Ruf als Christin auswirken würde. So viele Menschen hatten Peter Marshalls Familie in den Himmel gehoben. Würde diese Negativpropaganda der Sache Christi schaden?

Peter und ich saßen von halb vier Uhr bis halb sieben Uhr auf dem Revier Acht. Während wir unruhig darauf warteten, daß die beiden Männer von der Abteilung für Kinder und Jugendliche auftauchten, betrachtete ich müßig unbedeutende Details: Den Schmutz in den Ecken des Raumes; das traurige, schockierte Gesicht des Vaters eines der anderen Jungen, dessen Augen wie die eines verwundeten Tieres aussahen; die leuchtendbraunen Augen des Vertreters der Schule, dessen Name ironischerweise ebenfalls Peter lautete. Sein schwarzes Haar war von grauen Streifen durchzogen, und er trug Tennisschuhe an einem Wintertag.

Einer der Jungen, der Sohn des Mannes, dessen Augen so viel verrieten, legte den Kopf auf den Tisch und weinte ganz leise. Seit er ein ganz kleiner Junge gewesen war, hatte er den Wunsch gehabt, an die Militärakademie in West Point zu gehen. Wenn diese Sache in seinem Führungszeugnis auftauchte, würde er es nie schaffen.

Peters Gesicht war angespannt. Es war schon sehr lange her, seit ich gehört hatte, wie er Haltung annahm und *Sir* sagte. Seine helle Haut war von einer Röte überzogen, die nicht weichen wollte. Er kaute an seinen Fingernägeln, noch lange, nachdem keine Spur von einem überstehenden Nagel da war, an dem er hätte kauen können. Als schließlich die Entscheidung fiel, die Jungen laufen zu lassen, weil sie zuvor noch nie festgenommen worden waren, war er erleichtert, aber zutiefst ernüchtert.

Ich war von der Art und Weise beeindruckt gewesen, wie der District of Columbia mit diesen Ersttätern umging. Jeder Junge mußte gemeinsam mit seinen Eltern vor einem Richter erscheinen. Als Peter und ich vor einem freundlichen Beamten erschienen, wies der Richter zu meiner Überraschung von sich aus auf die Sache hin, die zu erwähnen meinen Stolz zu sehr verletzt hätte.

»Peter, dein Vater hatte einen großen Namen in ganz Washington. Du hast ein stolzes Erbe. Beschmutze es nicht.«

Danach wurde mir klar, daß die Mauer zwischen Peter und mir zum Teil auch von meinen Händen gebaut worden war. Ich hatte versagt, als es darum ging, Peter Einblick in die Tiefen meines Geistes zu gewähren. Unsere gesamte Beziehung hatte sich zu sehr auf der Ebene der alltäglichen Angelegenheiten abgespielt, all den Oberflächlichkeiten eines Lebens zwischen einer Mutter und ihrem sechzehnjährigen Sohn.

War es zu spät, etwas daran zu ändern? Ich wollte es versuchen. Die innere Stimme wies mich an, die Tiefen meines eigenen Lebens und meiner Gefühle vor Peter zu öffnen und mit ihm zu teilen. Ich hatte keine Ahnung, wieviel er davon verstehen würde. Meine Sache war es nur, zu gehorchen; Gott würde für die Kommunikation sorgen.

Ein christlicher Ratgeber sagte mir, Peter brauche männliche Autoritätsgestalten in seinem Leben; es empfehle sich daher eine christliche Knabenschule für sein Abschlußjahr in der Oberschule.

Als ich um Gottes Führung in dieser Sache betete, antwortete der Herr:

Du hast im Augenblick getan, was du konntest. Die Zeit ist da, wo du deinen Sohn aufgeben mußt. Andere werden die Rolle der Eltern in seinem Leben übernehmen. Du mußt das als natürlich akzeptieren und Mir vertrauen.

Mein Herz war schwer, als wir an diesem Septembertag den Wagen beluden, um nach Massachusetts zu fahren. Peter hatte seinen Führerschein gemacht und bestand darauf, selbst zu fahren. Er war jetzt über ein Meter achtzig groß und überragte mich so sehr, daß seine Körpergröße mich beinahe einschüchterte.

Während wir fuhren, sprachen wir nur wenig miteinander. Wie gewöhnlich hörte er sich ein Baseballspiel im Radio an.

Als es an der Zeit war, unsere Hotelzimmer am nächsten Morgen zu verlassen, versuchte ich, meine Gefühle nicht zu zeigen – nicht weil ich mich davor fürchtete, was in meinem Herzen war, sondern weil ich Peter John nicht in Verlegenheit bringen wollte.

»Dies ist ein bedeutsamer Tag für uns beide. Wäre es dir recht, daß wir zusammen beten und Gott um seinen Segen dazu bitten?«

Peter nickte ein wenig ungeduldig, also machte ich das Gebet kurz. Der Augenblick hing im leeren Raum und verging. Aber ich hatte das unmißverständliche Gefühl, daß wir, als wir beteten, nicht zu zweit, sondern zu dritt waren – der »Große Peter« nahm teil an dieser Fürbitte vor Gottes Thron, und wir blieben über Barrieren, die keine Barrieren waren, hinweg vereinigt.

Ich war ein wenig enttäuscht, als ich sein Zimmer in der Schule sah – etwa Baujahr 1890, die Täfelung aus heller Eiche, der Fußboden abgetreten von Generationen von Knabenfüßen, zwei kleine Fenster, die das üppig wuchernde Efeu beinahe verdunkelte.

Aber Peter schien es nichts auszumachen. Er hatte eben seinen Zimmergenossen kennengelernt, Bruce, und ihn sympathisch gefunden – einen Blondschopf wie er selbst und ebenfalls im Abschlußjahr. Der Raum würde ihnen beiden gehören, ihnen ganz allein. Was kümmerte sie da die Täfelung aus dem 19. Jahrhundert und der abgetretene Fußboden?

Ich stellte mich auf die Zehenspitzen, um meinen hochgewachsenen Sohn zu umarmen, und ging hinaus, die abgetretenen, unebenen Stufen hinunter.

Ein weiterer Lebensabschnitt war zu Ende gegangen. Ich hatte mich von meinem Gatten trennen müssen. Auf eine sehr reale Weise hatte ich mich gerade eben auch von meinem Sohn getrennt. Nun begann er sein eigenes Leben.

Als ich wegfuhr, dachte ich: Wohin kehre ich jetzt zurück? In ein leeres Haus? Größere Einsamkeit als je zuvor?

Ein plötzliches Gewitter zog auf, die Scheibenwischer des Wagens, die unruhig über die Windschutzscheibe zuckten, schienen den Takt meiner konfusen Gedanken zu schlagen. Zehn Minuten später endete das Unwetter so rasch, wie es aufgekommen war. Ich fuhr der untergehenden Sonne entgegen, und die Sonne verwandelte die Regentropfen auf der Windschutzscheibe in glitzernde Lichtkügelchen.

Dann erschien zu meinem Erstaunen ein Regenbogen. Jede grandiose Farbe des Spektrums zeigte sich in seinem riesigen, vollkommenen Bogen.

Der Regenbogen der Verheißung! Ich konnte meine Furcht vergessen, in ein leeres Haus zurückzukehren. Er würde da sein.

In die Welt hinaus

Als es an der Zeit war, mich um Peters Hinterlassenschaft zu kümmern, war ich in vieler Hinsicht immer noch ein kleines Mädchen. Ich hatte meinen Ehemann angebetet und mich in jeder Hinsicht an ihn angelehnt. Wie so viele behütete Frauen, die jung geheiratet haben, hatte ich niemals eine Steuererklärung ausgefüllt, einen Wagen zur Überprüfung gebracht, einen Anwalt konsultiert oder versucht, aus einer Versicherungspolice klug zu werden. Fahrpläne und Flugpläne waren mir ein Rätsel. In meiner Haushaltskasse stimmte nur selten die Bilanz. Ich hatte niemals Geld investiert und war erst drei Monate Auto gefahren, als Peter starb. Ich hätte niemals auch nur erwogen, allein mit dem Auto wegzufahren.

Nun mußte ich mit all diesen praktischen Angelegenheiten und noch viel, viel mehr zu Rande kommen.

Wir waren versichert, aber nicht ausreichend. Ich hatte keine Ahnung, wo Peter John und ich leben sollten, wenn wir das Pfarrhaus verließen. Ich hatte nie gelernt, meinen Lebensunterhalt selbst zu verdienen. Ich hatte geheiratet, als mein Abschlußdiplom vom College noch druckfrisch war, ja bevor ich die Lehrberechtigung erworben hatte. Die Anpassung, die mir jetzt bevorstand, bedeutete daher in jeder Hinsicht eine Anpassung.

Meine Konfrontation mit der Zukunft begann etwa eine Woche nach dem Begräbnis. Drei Männer, alle drei Freunde von Peter, kamen eines Abends an und teilten mir die erschreckenden Tatsachen mit. Sie waren freundlich und hilfsbereit, aber entschlossen, meine trostlose finanzielle Situation offen darzulegen. Einer von ihnen, ein erfahrener Versicherungsangestellter, hatte alles fein säuberlich in einem Diagramm ausgearbeitet.

»Ich empfehle Ihnen, daß Sie Dr. Marshalls Versicherung so lange wie möglich beibehalten. Es wird schließlich noch acht Jahre dauern, bis Peter ins College geht.«

»Wieviel Einkommen werden wir jeden Monat haben?« fragte ich.

»Hundertsiebzig Dollar pro Monat während der ersten acht Jahre. Danach verringert sich das Einkommen beträchtlich.«

»Sie müssen den Tatsachen ins Auge sehen, Catherine«, mischte sich der zweite Geschäftsmann ein. »Das wird nicht ausreichen, um den Wagen weiter zu unterhalten. Sie sollten ihn lieber verkaufen.«

»Und Sie sind wohl kaum kräftig genug, um mit einem Job zurechtzukommen«, fügte der zweite Freund hinzu. »Es ist erst zwei Jahre her, seit Sie wieder gesund wurden. Und überhaupt – welche Arbeit könnten Sie schon annehmen?«

Ich rang nach Luft. »Ich – ich weiß es nicht genau. Ich habe sofort geheiratet, nachdem ich das College abgeschlossen hatte. Ich habe ein Magisterdiplom, aber ich könnte nicht als Sekretärin arbeiten. Ich kann keine Stenographie.«

Die drei Männer empfanden echte Sympathie für mich. Dennoch waren sie der Meinung, daß ich als familienerhaltende Witwe eine klägliche Figur machte. Ich konnte es ihren Augen ansehen, ich fühlte es in der Art, wie sie sich dem Thema »Finanzen« annäherten.

»Ich glaube, Sie verstehen nicht ganz, wie verzweifelt Ihre Situation ist«, beharrte einer. »Hundertsiebzig Dollar pro Monat reichen in Washington nicht einmal aus, um das Lebensnotwendigste zu bezahlen.«

»Das Häuschen auf Cape Cod stünde noch zur Verfügung«, fügte ein zweiter hinzu. »Ich denke, Sie sollten es so rasch wie möglich verkaufen.«

Die drei Männer wirkten betrübt, als sie mich an diesem Abend verließen. Offenbar erschien ich ihnen nicht furchtsam genug. Sie hatten den Verdacht, es sei ihnen nicht gelungen, mich davon zu überzeugen, daß mir eine Krise bevorstand.

Sie hatten recht. Es war jedoch weniger meine Weigerung, ihre düsteren Zukunftsbilder zu akzeptieren. Als Peter starb, hatte sich eine schützende Decke über meine Gefühle gebreitet, nun fühlte ich, wie dasselbe Schutzschild meinen Glauben an die Zukunft aufrechterhielt. Es war nicht mein eigenes Tun; jemand anderer beschützte mich. Ihre Furchtpfeile, so gut sie auch gemeint gewesen waren, hatten nur den Schutzwall getroffen und waren abgeprallt.

Ich hatte jedoch diesen eifrig bemühten Freunden nicht widersprochen, denn Zahlen und Tatsachen hatten alles bestätigt, was sie gesagt hatten. Da standen die Fakten, alle in säuberlichen Reihen und Grafiken zu Papier gebracht. Wie konnten Zahlen lügen? Dennoch fühlte ich irgendwie, daß sie tatsächlich logen. Irgend etwas fehlte.

Als ich später allein in meinem Zimmer stand, starrte ich aus dem Fenster auf das Mondlicht, das auf rauschende Baumwipfel fiel. Ein strahlender Stern blitzte auf wie ein Solitär. Als ich dort am Fenster stand, wußte ich plötzlich, was der fehlende Faktor war. Meine drei Freunde, die meine vielen Schwächen und Mängel gesehen hatten, die es so gut mit mir gemeint hatten, hatten die Rechnung ohne Gott gemacht.

Ich erinnerte mich, wie oft Peter diese selbe Haltung bei seinen Kirchenfunktionären angetroffen hatte. Er kam oft in trauriger und zorniger Stimmung von einer Kirchenratssitzung nach Hause. »Catherine, was man ihnen auch zur Genehmigung vorlegt, ihre Litanei ist immer gleich: ›Aber Dr. Marshall, wo sollen wir das Geld dazu hernehmen?‹ Wo bleibt ihr Glaube an Gott?«

Aber entweder Gott war da – *Ich bin der ich bin,* eine Tatsache, die schwerer wog als alle Zahlen und Diagramme – oder Er war es nicht. Wenn Er da war, dann war es zweifellos nicht »realistisch«, die Rechnung ohne ihn zu machen. Im Gegenteil, das konnte die gefährlichste Fehlkalkulation überhaupt werden.

Gott war mir in Peters Krankenzimmer an dem Morgen, als er starb, gegenübergetreten. Ich hatte Seine Gegenwart gefühlt. Und die Worte, die Er so klar und deutlich zu mir gesprochen hatte, als ich den Raum verließ, waren in feurigen Lettern in mein Herz gebrannt: *Seine Güte und Gnade und Seine große Treu' werden folgen dir dein Leben lang.* Es war Sein persönliches Versprechen an mich. In den kommenden Tagen – und all den kommenden Jahren – sollte ich mich an dieses Versprechen klammern.

Nun stand ich also einer jener Krisen gegenüber, einer Kreuzung auf meinem Lebensweg. Ich mußte in ein neues Leben hineingehen, aber welchen Pfad sollte ich einschlagen? Einen Entschluß konnte ich augenblicklich fassen: Ich weigerte mich, in Armut zu leben. Mutters Lektionen hatten in dieser Hinsicht tiefe Spuren hinterlassen. Warum sollte ein Königskind bereit sein, in Armut zu leben?

Also forderte ich für Peter John und mich jenes großartige Versprechen ein, das die Phantasie anfeuert und die Kreativität zu lebhafter Bewegung antreibt ...

Denn wir wissen, daß denen, die Gott lieben, alle Dinge zum Besten dienen; denen, die nach Seinem Vorsatz berufen sind (Römer 8,28).

Wie oft hatte Peter, wenn er dieses Versprechen von der Kanzel zitierte, darauf hingewiesen, daß Gott dieses »Gute« niemals auf geistlichen Segen begrenzt hatte; daß Er genau wisse, wie sehr wir auch eine Wohnung und Kleider und Nahrung brauchen.

Aber nun hob der Geist dieses Versprechen hervor wie ein Scheinwerfer – Sein *rhema* für mich in diesem Augenblick –, »denen, die nach Seinem Vorsatz berufen sind«.

Ich spürte, wie ein Kribbeln meine Wirbelsäule durchrann. Wagte ich die Hoffnung zu hegen, daß Er mich tatsächlich zu einem besonderen Zweck berief, daß Er eine besondere Aufgabe hatte, die ich erfüllen sollte?

Abenteuerlust erwachte in mir. Es würde aufregend sein, herauszufinden, was Gott mit meinem neuen Leben anfangen wollte. Ich war überzeugt, daß auch für alle meine wirtschaftlichen Bedürfnisse gesorgt sein würde, wenn Sein Plan für mich erst in seiner Gesamtheit enthüllt sein würde.

Inzwischen lernte ich noch andere Dinge, die ich in kommenden Jahren mit denen teilen wollte, die einen lieben Menschen verloren hatten, sei es nun durch Tod oder Scheidung. Zum einen: Keine wichtige Entscheidung sollte in den Wochen unmittelbar nach der Krise getroffen werden. Es muß genügend Zeit sein, sich von dem Schockzustand zu erholen.

Ich hatte insofern Glück, als ich nicht an Ort und Stelle eine Entscheidung treffen mußte, wo mein Sohn und ich wohnen sollten. Wir konnten fast zehn Monate weiterhin im Pfarrhaus leben, während die Kirche nach einem neuen Pastor suchte. Während dieser Monate halfen mir vertraute, geliebte und einst mit Peter geteilte Besitztümer, meine wunde Seele zu trösten: Peters abenteuerliche Bilder von der See an den Wänden unseres Heims, die abgegriffenen Spiele im Spielschrank. Die Spaziergänge mit Jeff, unserem Cockerspaniel, auf der üblichen Route bedeuteten für mich nicht zusätzlichen Schmerz, sondern Balsam für die Seele.

Als nächstes stellte ich fest, daß die mechanischen Tätigkeiten im Zusammenhang mit einer Trennung tatsächlich hilfreich sind, so grausam sie anfangs auch erscheinen mögen. Anfangs erscheinen diese praktischen Aktivitäten als ein unerwünschtes Eindringen in Kummer und Gram. Der verletzte Mensch blickt in die Welt hinaus und fragt sich, wie es möglich ist, daß andere Menschen in den Straßen und Läden ihren Geschäften nachgehen, als wäre nichts geschehen. Wie ist es möglich, fragt man sich in solch einem Augenblick, daß man sich dazu zwingt, Kleiderschrank und Schreibtisch auszusortieren, sich um Geschäftsangelegenheiten und Versicherungsfragen zu kümmern, mit Dutzenden Telefonanrufen und persönlichen Nachrichten fertigzuwerden und mit der liebenden Sorge von Freunden und Familie zurechtzukommen.

Die Wahrheit ist, daß das leere Herz nach beschäftigten Händen verlangt. Ich lernte, daß diese notwendigen, alltäglichen Tätigkeiten eine therapeutische Wirkung haben und auf eine seltsame, süße Weise den Schmerz lindern.

Eine Eintragung in meinem Tagebuch aus dieser Zeit zeigt einen gangbaren Weg auf:

Ich verwende einen Teil meiner Stillen Zeit dazu, zu hören, was der Herr für mich zu tun hat. Er hat mich darauf hingewiesen, daß Er tatsächlich einen Plan für mein Leben hat. Könnte es sein, daß mein Traum, Schriftstellerin zu werden, Teil dieses Traumes ist? Ich muß für alles offen sein, das dazu führen könnte: Briefe, Einladungen, dem Rat von Freunden gegenüber.

Wenige Tage später schrieb ein Freund: »Ich und Tausende andere hoffen sehr, daß du dich darum kümmern wirst, daß Peters Predigten veröffentlicht werden.« Bald erreichten mich von allen Seiten Bitten und Aufforderungen, Peters Predigten und Gebete der Öffentlichkeit zugänglich zu machen.

Nachdem ich keine Kontakte im Verlagsbereich hatte, war meine Antwort das folgende Gebet: »Herr, wenn das Dein Plan ist, dann öffne die Türe dazu. So werde ich es wissen.«

Innerhalb von sechs Wochen hatte ich Briefe von drei Verlegern in der Hand, die alle dieselbe Frage stellten: Hätte ich Interesse daran, ein Buch von Peter Marshalls Predigten und Gebeten herauszugeben? Es schien, als hieße Gottes Antwort: *Geh.*

Nachdem ich mich mit verschiedenen Freunden, die auf diesem Gebiet Erfahrung hatten, beraten hatte, wählte ich die Fleming H. Revell Company in New York. Ein Vertrag wurde ausgearbeitet, demzufolge ich mich verpflichtete, mindestens zwölf der Predigten meines Ehemannes für ein Buch zu bearbeiten, das im Spätherbst 1949 herauskommen sollte. Ein kleiner Vorschuß wurde ausgezahlt, der mir half, die Lebenskosten für die nächsten sechs Monate zu decken.

Peter hatte rund sechshundert komplette Predigtmanuskripte hinterlassen, die in drei abgegriffenen, schwarzweißen Kartonschachteln archiviert lagen. Das geplante Buch konnte höchstens fünfzehn oder zwanzig davon enthalten. Mein Problem hieß: Nach welchen Gesichtspunkten sollte ich meine Auswahl aus den sechshundert treffen?

Während die Verleger bei Fleming Revell mit Begeisterung der Publikation von Peters Predigten entgegenblickten, wußte ich, daß sorgfältigere Überlegungen ihrerseits und die Reaktionen der beinharten Vertreter ihre Begeisterung rasch gedämpft hätten. »Liebende Witwe veröffentlicht Predigten des Gatten« hörte sich nicht gerade nach einem Bestseller an.

Eine schlampige oder überstürzte Arbeit meinerseits hätte das ganze Projekt zum Absturz gebracht oder bestenfalls einen schlecht verkäuflichen Band hervorgebracht. Aber als ich mich an die Arbeit machte, breitete sich in mir die tiefe Befriedigung und innere Zufriedenheit derer aus, die genau die richtige Berufung gefunden haben.

Es war nicht so, daß ich mich völlig an mein Witwendasein gewöhnt hätte. Tatsächlich war das erst der Anfang. Aber trotz der Leere in mir war es, als sei ich endlich an dem Platz angekommen, an dem Gott mich jetzt haben wollte.

Die Arbeit des Zusammenstellens, die männliche Kraft, die aus den Predigten sprach, Peters außergewöhnliches Geschick im Umgang mit der englischen Sprache, sein Humor, seine Überzeugung, daß die Menschen in diesen Predigten Nahrung für ihre hungrige Seele finden würden, die Erinnerungen an Peters Persönlichkeit, die wie Leuchtfunken aus den maschinengeschriebenen Seiten aufblitzten, das Gefühl, Papier und Bleistift in der Hand zu halten – all das war reine Freude. Und allmählich begann ich zu verstehen, daß vieles, was in den vergangenen Jahren geschehen war, eine Vorbereitung für diese Arbeit gewesen war.

Die erste Auflage von 10 000 Exemplaren von *Mr. Jones, treten Sie vor Ihren Herrn* war noch vor dem offiziellen Verkaufsdatum ausverkauft. Weitere Auflagen waren verkauft, kaum daß sie die Druckerei verlassen hatten. Als man mir sagte, das Buch stünde auf der Bestsellerliste der *New York Times,* war ich nicht so beeindruckt, wie ich hätte sein sollen. Bald darauf begann ich mit der Arbeit an einer Biographie, *Ein Mann namens Peter,* die an fünfzig aufeinanderfolgenden Wochen auf der Bestsellerliste stehen und erfolgreich verfilmt werden sollte.

Es war nicht zu übersehen, daß Gottes Güte und Gnade mir folgten.

Einsamkeit

Die Jahre unmittelbar nachdem Peter John in die Internatsschule ging (erst in Mount Hermon, dann in Yale), waren die schwierigsten meines Witwendaseins.

Der Gedanke daran, allein zu leben, erschreckte mich nicht. Wie die meisten SchriftstellerInnen bin ich tagsüber gerne über lange Strecken hinweg allein. Aber es ist ein Unterschied zwischen Alleinsein und Einsamkeit.

Einsamkeit ist ein brennender, schmerzlicher Wunsch im tiefsten Herzen, sein Leben mit jemand anderem zu teilen. Es gibt gesunde Beziehungen alleinstehender Menschen auch außerhalb der Ehe, in denen diese Leere Befriedigung findet. Meine Frage lautete: Welche Lebensweise hatte Gott für mich geplant?

Während der ersten Jahre nach Peters Tod war ich überzeugt, daß es mir unmöglich sein würde, jemals wieder zu heiraten. Es hätte bedeutet, daß etwas Kostbares, das mein Mann und ich miteinander geteilt hatten, verletzt würde. Aber als die Jahre vorübergingen, begann ich in dieser Sache zu beten. Ich sagte Gott, daß ich nicht einmal wußte, wofür es rechtens wäre, zu bitten, daß ich die Entscheidung, ob ich jemals wieder heiraten würde, völlig Ihm überlassen wollte.

Aber das war ein Hintertürchen, eine schlampige Art des Gebets. Ich sollte mich doch besser kennen und wissen, wonach ich im tiefsten Herzen verlangte. Dann hatte ich wenigstens etwas, das ich Ihm vorlegen und seiner Billigung oder Mißbilligung aussetzen konnte.

Meine wachsende Einsamkeit wurde mir schmerzlich bewußt, als ich abends an einem Mutter-Tochter-Bankett teilnahm, bei dem ich nach dem Abendessen eine informelle Rede halten sollte. Bevor ich an die Reihe kam, erhob sich ein junger Bariton und sang ein paar

Evergreens. Der letzte Titel war »Trink mir mit deinen Blicken zu«.

Ich hatte die Worte aus Ben Johnsons Gedicht schon oft und oft singen gehört. Sie erweckten keine besonderen Erinnerungen in mir, und sie hatten niemals auch nur entfernt sentimentale Gefühle in mir wachgerufen ...

Trink mir mit deinen Blicken zu
und sag mir: Ich bin dein,
laß einen Kuß im Glas zurück,
so frag ich nicht nach Wein.
Der Durst, der meine Seel' verzehrt,
will Nektar, süß und rein ...

Gegen Ende des Liedes fühlte ich plötzlich, wie ich mich verkrampfte. Ich spürte, daß meine Hände, die unter dem Saum des Tischtuchs versteckt lagen, das Abendtäschchen in meinem Schoß umklammerten, bis mir die Finger wehtaten.

So geht das nicht weiter, dachte ich. Ich sah mich nach etwas weniger Gefühlsgeladenem um, auf das ich mich konzentrieren konnte. Mein Blick schweifte über die Szene vor mir – die Mütter in ihren Sonntagskleidern mit ihren Töchtern an der Seite, die alle aufmerksam dem jungen Sänger lauschten. Ich bemerkte die Frisur eines rothaarigen Teenagers. Ich konzentrierte mich mit voller Absicht darauf und versuchte herauszufinden, wie der Friseur den Effekt glatter, nach innen gewendeter Wellen erzielt hatte.

Als die letzten Noten des Liedes verklungen waren, hatte die Spannung in meinen Händen nachgelassen, der Kloß in meiner Kehle war verschwunden. Ich brachte es wieder fertig, aufzustehen und schaffte es sogar, ein wenig Humor in meine Rede zu legen.

Aber das Erlebnis hatte mich auf eine Tiefe der Einsamkeit in meinem Herzen hingewiesen, die mir bislang nur unterschwellig bewußt gewesen war. Jahre nach Peters Tod war meine Wanderung durch das Tal immer noch ein ständiger Kampf gegen das Selbstmitleid. Einige Paare in unserer Straße pflegten abends gemeinsam spazierenzugehen. Manchmal, wenn ich sie so sah, dachte ich: *Wäre Peter noch bei mir, dann wären wir beide das jüngste Paar in der Nachbarschaft.* Oder ich saß im Theater und sah, wie ein grauhaariger Mann nach der Hand seiner Frau griff und krümmte mich innerlich vor Neid.

Es kostete einen hohen Preis, die Hand nach einer neuen Beziehung auszustrecken. Ein Teil dieses Preises besteht darin, daß wir wenigstens eine bescheidene Ehrlichkeit uns selbst gegenüber an den Tag legen müssen. Genießen wir es auf eine perverse Weise, uns im Mitleid der anderen zu suhlen? Wie wichtig ist es uns, Kontakte mit anderen Menschen zu knüpfen? Denn wenn wir ganz ehrlich sind – es hat auch seine Vorzüge, allein zu sein.

Wenn ich mir alle diese Fragen ehrlich beantwortete, kam ich zu dem Schluß, daß die Nachteile eines einsamen Lebens schwerer wogen als die zweifelhaften Vorteile. Der erste Schritt, den ich tat, war, mich selbst ein wenig aufzufrischen. Da ich öfters in der Öffentlichkeit erscheinen mußte, mußte ich große Sorgfalt auf meine Kleidung legen. Ich entdeckte eine Spezialistin, die sich meine gegenwärtige Garderobe ansah, meine Figur und meine Gesichtszüge und mir guten Rat für zukünftige Einkäufe gab.

Dann fing ich an, einige der Einschränkungen, die meine Eltern mir in den Jahren des Heranwachsens auferlegt hatten, in aller Stille zu überprüfen, wie weit sie noch gültig waren. Unser Elternhaus war so von Liebe erfüllt gewesen, daß die Tabus, mit denen sie Aktivitäten wie öffentliche Tanzveranstaltungen und Kartenspiele belegten, mich nicht viel gekümmert hatte – damals. Aber jetzt, als Witwe im weltmännischen Washington, geriet ich in Verlegenheit, wenn mich jemand zum Tanzen aufforderte oder ich eine Einladung zum Bridgespiel ausschlagen mußte.

Die Antwort lautete, diese sozialen Strategien zu entwickeln – und ich tat es. Ich nahm Tanzstunden. Dann setzte ich mich mit drei Freundinnen in einen stillen Winkel, um die hohe Kunst des Bridgespiels zu erlernen. Wir breiteten die Lehrbücher auf einem Beistelltischchen aus und lernten das Spiel gemeinsam, indem wir es spielten.

Sieben Jahre nach Peters Tod tobte ein Kampf in mir. Während meine Vernunft sich mit meinem Witwendasein abgefunden hatte, war ich emotionell bereits auf dem Wege, mich auf ein neues Leben vorzubereiten. In meinem Tagebuch taucht um diese Zeit folgende Eintragung auf:

> *Gott will, daß ich glücklich bin. Gott will, daß Peter John ein gut angepaßtes und glückliches Kind ist. Gott hat mich gemacht, wie ich bin; ich bin für Glück und Liebe geschaffen. Ich glaube nicht, daß Er will, daß ich den Rest meines Lebens allein bleibe.*

Seltsam, aber sobald ich die inneren Türen öffnete, schwangen auch äußere Türen auf. Männer begannen mich um Verabredungen zu bitten, eine ganze Reihe von Männern. Witwer – einer ein Schuldirektor, ein anderer ein Versicherungsmakler. Ältere Junggesellen – ein reicher kalifornischer Zitronenfarmer, ein Professor aus Washington, ein Börsenmakler aus Texas.

Und dann war da Howard, ein großer, schlanker, distinguiert wirkender Geschäftsmann und Witwer. Ich faßte augenblicklich Zuneigung zu ihm. Er lud mich zum Mittagessen ein, dann zum Abendessen, dann übers Wochenende auf seinen großen Familienbesitz in South Carolina, wo seine Schwester ihm den Haushalt führte. Ich war beeindruckt, und Howards zwei Söhne schienen mich zu mögen.

Howard erhielt einen Regierungsposten in Washington und zog in ein Büro im Pentagon ein. Als wir einander öfter trafen, fielen mir jedoch einige beunruhigende Eigenschaften an ihm auf.

Er ging jedem Gespräch über das Christentum aus dem Wege. Ich spürte, daß sein Glaube eine Art anerzogener bürgerlicher Wohlanständigkeit war, dem nichts Persönliches anhaftete. Er schien übermäßig viel Wert auf die Äußerlichkeiten des Lebens zu legen – Essen, Trinken, Kleider, Autos und so weiter. Er war unruhig und fühlte sich unbehaglich, wenn ich mit meinen Büchern Aufmerksamkeit erregte. Aber sein Charme, seine Würde und sein staatsmännisches Verhalten, wo es um wichtige Fragen ging, und sein warmherziges, liebevolles Wesen sprachen mich an. Dann hörte ich mehrere Monate lang nichts mehr von ihm.

Dann, im Juni, kam ein Brief von Howard – genaugenommen nur eine kurze Notiz. Er heiratete wieder. Die Frau war die Tochter eines Generals, eine Witwe mit drei kleinen Kindern.

Als der Brief ankam, war ich der Meinung, ich hätte die ganze Sache bereits ad acta gelegt. Meine emotionelle Reaktion überraschte mich jedoch – ich stürzte in tiefe Niedergeschlagenheit. Ich fand es beinahe unmöglich, mich wieder auf meine Arbeit zu konzentrieren. Die Tatsache, daß ich eine gefragte Autorin war und oft gut besuchte Vorträge hielt, erschien mir bedeutungslos. Ich war eine 42jährige Witwe, an der das Leben vorbeiging.

Ich lernte Jim beim Kirchgang kennen. Er stammte aus Wyoming und war Kunststoffabrikant, verheiratet, mit zwei kleinen Kindern. Er hatte häufig geschäftlich in Washington zu tun.

Jim war ein viriler, warmherziger Mann mit einem fröhlichen Sinn für Humor und einem scharfen Verstand. Obwohl er da und dort in der Politik von Wyoming mitmischte, war er ein Naturmensch, der seine Freude an der Jagd und an sportlicher Betätigung hatte.

Ich war begeistert, als er Peter John zu einem zweitägigen Jagdausflug einlud oder lange Stunden mit ihm beim Zielschießen verbrachte. Die beiden Männer schienen großen Gefallen aneinander zu finden.

Dann begann Jim, hin und wieder zu Besuch zu kommen, und nachdem er Peter besuchen kam, erschien es mir nur natürlich, ihn zum Essen einzuladen.

Mit der Zeit begann Jim, mich nach meinem Leben und meinen Aktivitäten zu fragen, und ich stellte fest, daß ich ihm offen und ehrlich gestand, wie einsam das Leben der sogenannten christlichen Prominenz zuweilen sein konnte. Er erzählte mir seinerseits von gewissen Schwierigkeiten in seiner Ehe. Anfangs hatten Jims Eheprobleme sich keineswegs schlimm angehört; jetzt schienen sie immer gravierender zu werden, je länger er darüber redete.

Das hätte Alarmglocken in meinem Kopf schrillen lassen sollen, denn ich wußte nur zu gut, daß eine alleinstehende, ungebundene Person des anderen Geschlechts nicht der Mensch war, den Jim sich als Eheberater hätte aussuchen sollen. Statt dessen lauschte ich voll Mitgefühl. Jims Fähigkeit, über sich selbst zu lachen, wiegte mich in einen Schlummer falscher Sicherheit. Das schien mir zumindest auf eine gewisse gesunde Objektivität hinzuweisen.

Ich werde Jim helfen, zu erkennen, wie wichtig es ist, daß er diese Differenzen mit seiner Frau klärt, sagte ich mir. Und ich sprach mit ihm beinahe streng darüber, wie wichtig es war, sobald wie möglich nach Wyoming und zu seiner Familie zurückzukehren.

Dann, eines Abends, nachdem Peter bereits in sein Zimmer gegangen war, platzte Jim heraus: »Catherine, ich habe mich in dich verliebt.«

Ein Kaleidoskop von Gefühlen überflutete mich: Überraschung, Bestürzung, Sorge, Furcht und ja, Verlangen. Aber ich wußte, daß es ausgelöscht werden mußte – und zwar rasch.

»Ich bin verblüfft, Jim. Und – nun, dankbar. Aber es kann nicht recht und richtig sein.«

»Ich glaube, es könnte richtig sein, Catherine. Aber nicht bevor ich ein freier Mann bin. Ich habe vor, die Scheidung einzureichen.«

Ich protestierte und er argumentierte. Als er an diesem Abend fortging, wurde mir klar, daß er fest entschlossen war. Ich wußte, was ich am nächsten Morgen zu tun hatte: Den Wecker stellen, um 6.30 Uhr aufstehen und zerknirscht vor den Herrn treten.

Ich tat es mit Furcht und Zittern, dann wartete ich. Ich spürte, wie solche Liebe und Freundlichkeit von Ihm ausströmten, daß mir die Tränen wie eine Flut aus den Augen stürzten. Ich wußte, ich mußte rücksichtslos ehrlich mit meinen Gefühlen umgehen. Ich spie den letzten bitteren Rest der Gefühle aus, die ich noch für Howard hegte, dann nahm ich den Kugelschreiber zur Hand und analysierte, was ich für Jim fühlte:

Die Augenblicke, in denen wir beisammen waren, hatten eine besondere Würze, einen besonderen Charakter. Vielleicht geschieht das häufig, wenn man wirklich in der Gegenwart lebt. Aber die Gemeinschaft hat den Geschmack von etwas, das man nicht behalten darf. Es ist, als wandelte man durch einen Garten und fängt plötzlich den Hauch eines Duftes auf, den man nicht ganz festhalten oder identifizieren kann, weil man nicht in diesen besonderen Garten gehört und sich dort nicht länger aufhalten darf.
Jims Freundschaft hat viel für mich getan. Ich habe mich in diesen Tagen viel lebendiger gefühlt als lange Zeit zuvor. Es ist, als hätte seine Berührung meines Lebens meine Emotionen, meine potentielle Wärme aus langem, langem Schlaf erweckt.

Aber Jim wird zu seiner Familie zurückkehren. Er muß. Für mich heißt es »Hände weg!«, was meine emotionelle Haltung zu ihm angeht.

Dann schrieb ich Jim einen Brief, der *finis* unter die ganze Sache schrieb. Ich stellte klipp und klar fest, daß Gott niemals eine Beziehung zwischen mir und Jim billigen würde, die auf Kosten seiner Frau und seiner Kinder ging.

Als ich den Brief in den Kasten warf, war mir zumute, als hätte ich einen Zehn-Kilo-Sack von den Schultern plumpsen lassen. Am nächsten Morgen empfand ich eine Welle kreativer Vitalität, die ich seit Monaten nicht mehr erlebt hatte. Beichte und Wiederherstellung hatten meinen Geist befreit, und ein Sturzbach von Worten ergoß sich auf das Papier.

Das ganze letzte Jahr hindurch habe ich mich geschlagen und frustriert gefühlt. Und das ist gewiß nicht Gottes Wille. Hier zähle ich auf, wie ich meiner Einsamkeit erlaubt habe, mich niederzudrücken:

1. *Das Salz, die Würze sind aus meinem Leben verschwunden. Nichts, nicht einmal der Riesenerfolg von »Ein Mann namens Peter« kann mich noch begeistern. Der »Erfolg« hat sich in meinem Mund in Asche verwandelt.*
2. *Im Lauf der letzten Jahre habe ich anderen Menschen gegenüber eher eine wachsende Kälte im Herzen gefühlt als eine zunehmende Liebe und Wärme. Die Kranken zu besuchen war eine lästige Pflicht – keine Freude darin.*
3. *Ich habe mich immer mehr mit mir selbst beschäftigt. Vielleicht ist diese Beschäftigung mit mir selbst der wirkliche Grund der Niederlagen.*
4. *Ich habe Befriedigung in materiellen Dingen gesucht und nichts Dauerhaftes hier gefunden.*
5. *Ich wurde in der Tretmühle des Alltagslebens immer verdrießlicher. Langsame Fahrer, tollpatschige Verkäuferinnen, Parkplatzwächter reizten mich viel leichter als früher zum Zorn.*
6. *Ich weiß, daß Gott wünschte, ich sollte jeden Morgen eine Stunde früher aufstehen, um zu beten und in der Bibel zu lesen, habe das aber nicht konsequent durchgehalten.*

7. *Ich habe beinahe völlig versagt, was die täglichen kleinen Abtötungen angeht – kleine Verleugnungen des Selbst, von denen ich damals wußte, daß sie richtig gewesen wären.*
8. *Ich habe oft nicht die innere Kraft gehabt, Peter John zu züchtigen oder ihm etwas zu verweigern, obwohl ich wußte, daß ich es hätte tun sollen.*
9. *Zusätzlich zu all diesen Fehlern habe ich oft ein ganz unsinniges Gefühl der Überlegenheit über andere Menschen.*

Wenn ich morgens in meinem Schlafzimmer Stille Zeit hielt, ging ich sogar soweit, die Beziehung zu Howard anhand meiner Tagebücher noch einmal zu überprüfen. Ich sah, daß das, was ich geschrieben hatte, nur selten Enthüllungen Gottes enthielt, ob wir Seiner Meinung nach zueinander paßten. Die meisten meiner Anmerkungen waren meinen eigenen Wünschen entsprungen. Ich war so beeindruckt von der vornehmen Haltung, der äußeren Erscheinung, dem Reichtum dieses Mannes gewesen, daß ich beschlossen hatte, er müßte der Richtige sein.

Er war nicht der Richtige für mich, und Gott hätte es mir gesagt, wäre ich zu Ihm gekommen, Herz und Hirn weit offen für Seinen Rat. Monate später, als ich die Beziehung mit Gottes Hilfe von neuem betrachtete, konnte ich leicht erkennen, wie schlecht wir sowohl geistlich als auch emotionell zusammengepaßt hatten.

Da war es kein Wunder, daß die Geschichte mit Jim so verworren war.

Jim war absolut nicht zufrieden mit meinem Brief. Einige Wochen später flog er ostwärts nach Washington, fest entschlossen, unsere Beziehung fortzusetzen.

Aber die Stille Zeit am Morgen hatte mich gestärkt und mir meinen klaren Blick zurückgegeben. Und darüber hinaus lernte ich, wie man den Versuchungen der Einsamen widersteht: Gib zu, daß du es aus eigener Kraft nicht schaffst. Dann tritt beiseite und laß Jesus die Sache in die Hand nehmen.

Als ich das tat, erhielt ich die innere Wegweisung: Rufe deinen Pastor an und triff dich mit ihm. Als ich den Pastor, Gordon Cosby, am Telefon erreichte, zögerte ich nur eine Minute lang. Dann erzählte ich ihm die ganze Geschichte.

»Bring Jim hierher, und wir werden darüber beten, nur wir drei«, antwortete er.

Was für eine großartige Antwort auf mein Gebet! Jim war bereit, mitzukommen. Also machten wir einen Termin für ein Treffen in der Erlöserkirche aus.

»Es ist nicht notwendig, daß ich euch beiden eine Predigt halte«, sagte Gordon zu Jim und mir. »Ihr seid hierhergekommen, weil ihr beide wissen wollt, was Gottes Wille für euch ist. Ich rechne euch das sehr hoch an. Jesus hat immer die Antwort auf all unsere Bedürfnisse.«

Er lehnte sich in seinen Sessel zurück, lächelte und entspannte sich. »Wie dankbar sollten wir Christen sein! Ohne Jesu' Todesschmerzen am Kreuz gäbe es keine Reinigung für irgendeinen von uns, keine wunderbare Verwandlung der Ungerechtigkeit in unserem Innern in Gerechtigkeit. Das Blut, das an diesem Kreuz vergossen wurde, rettet buchstäblich unser Leben.«

»Das ist es, was das Sakrament des Heiligen Abendmahls für uns bedeuten sollte. Ich schlage vor, daß wir all dies im Abendmahl an den Fuß des Kreuzes Jesu bringen. Wie steht es mit dir, Jim? Bist du bereit, dein Verlangen, deinen Willen in dieser Sache dorthin zu legen?«

Jim nickte; seine Augen waren feucht.

Nun blickte Gordon mich an. »Catherine?«

»Ja, ich würde es gerne tun.«

Brot und Wein warteten auf dem kleinen Altartisch in Gordons Büro. Niemals waren die Worte so bedeutungsvoll gewesen: »Das ist der Leib, der für euch hingegeben wurde ... Dies ist das Blut des neuen Bundes, das für euch und die vielen vergossen wurde zur Vergebung der Sünden. Trinket alle davon.«

Wir fühlten die Gegenwart Jesu in diesem kleinen Raum. Als wir am Schluß des kurzen Gottesdienstes niederknieten, segnete Gordon uns beide.

»Jim und Catherine, ihr seid gute Freunde und wollt das auch bleiben – Freunde. Gott hat euch beiden besondere Talente gegeben und hat einen Plan für euer beider Leben. Jim hat Pflichten gegenüber seinem Gott, seiner Familie und seinem Geschäft. Gott hat Catherine einen Sohn gegeben, den sie erziehen muß, und einen Dienst durch die Bücher, die sie schreibt. Beide müssen beschützt werden. Geht getrennte Wege. Aus freier Gnade ist euch verziehen worden, geht erfrischt und wiederhergestellt nützlichen und schöpferischen Tätigkeiten nach.«

Dann half Gordon uns aufstehen und umarmte uns beide.

Wenige Monate später hörte ich, daß Jim zu seiner Frau und seinen Kindern zurückgekehrt war.

4

Die zweite Heirat

Wenn ich auf dieses Ereignis zurückblicke, bin ich immer noch überwältigt angesichts der übernatürlichen Wege, auf denen Gott Catherine und mich zusammenführte. Nach den Grundsätzen reiner Logik waren wir ein schlecht zusammenpassendes Paar. Catherine war im Jahre 1959 eine landesweit bekannte Autorin von solchem Format als Christin, das heiratsfähige Männer einschüchterte. Ich war der wenig bekannte Herausgeber eines geistlichen Magazins und alleinerziehender Vater, der versuchte, drei kleine Kinder aufzuziehen.

Warum sollte Catherine im Alter von 44 Jahren, während ihr eigener Sohn sich seinem zwanzigsten Geburtstag näherte, Kinder im Alter von drei, sechs und zehn Jahren annehmen und ihr Traumhaus in Washington aufgeben, um in eine New Yorker Vorstadt zu ziehen?

Was mich anging, so hoffte ich im Alter von 40 Jahren auf ein neues Leben mit einer aufregenden jüngeren Frau. Ich suchte ganz gewiß nicht nach einem geistlichen Superstar, viereinhalb Jahre älter als ich, dessen romantische erste Ehe in einem Bestseller geschildert worden war.

Dennoch gibt es Zeiten, wo Gott von uns verlangt, daß wir die Logik über Bord werfen. Sowohl Catherine als auch ich hatten Gott jeder für sich gebeten, den Heiratsvermittler zu spielen.

Loslassen

Nachdem Gordon Crosby seinen privaten Abendmahlsgottesdienst für Jim und mich abgehalten hatte, ereignete sich etwas Seltsames. Ich hörte auf, an eine zweite Heirat zu denken. Nicht, daß die Sehnsucht danach ausgelöscht gewesen wäre, die Sache wurde mir einfach um vieles weniger wichtig. Meine Perspektive hatte sich verändert. Das hatte natürlich der Herr bewirkt, und es kam dazu, weil ich imstande war, die ganze Angelegenheit in seine Hände zu legen.

Eines Morgens schrieb ich das Folgende in mein Tagebuch:

Ich soll als erstes »das Königreich Gottes« suchen, wo es um eine Wiederheirat geht. Sollte das Gottes Wille für mich sein, dann soll ich in jedem Mann, der in Frage kommt, erst diese inneren Qualitäten des Herzens und der Mentalität suchen, die zu Gottes Königreich gehören. Aber was ist mit mir? Welche inneren Qualitäten sollte ich haben, um mich als Ehefrau wieder zu qualifizieren?

Am nächsten Tag schrieb ich folgendes:

Um noch einmal auf die Frage zurückzukommen, die ich gestern stellte: Auf meiner Wunschliste scheinen auf: Weiblichkeit, persönliche Wärme, Vitalität, Interesse an anderen Menschen und die Sehnsucht, anderen zu geben. Eine gewaltige Bestellung!
Aber heute morgen hörte ich, daß es ganz definitiv Gottes Wille ist, daß ich diese Eigenschaften an den Tag lege. Ich soll nicht um sie bitten, sondern glauben, daß das Gebet bereits beantwortet ist, daß Gott sie mir auf Seine eigene Weise und zu der Zeit, die Ihm gefällt, schenken wird.

Kurz darauf rief mich der Rektor eines Colleges im Mittleren Westen an und fragte, ob er mich im Lauf einer Reise nach Washington, die in Kürze stattfinden sollte, treffen könnte. Ich hatte einige Jahre zuvor in seinem Haus gewohnt, als ich die Eröffnungsrede hielt. Als ich gehört hatte, daß seine Frau gestorben war, hatte ich ihm ein Beileidsschreiben geschickt.

Er rief mich an, als er in Washington ankam, und lud mich zum Abendessen ein. Inzwischen kannte ich Männer gut genug, um zu wissen, daß sie eine Frau gewöhnlich zum Mittagessen einladen, wenn es um Geschäfte geht, zum Abendessen, wenn es sich um eine mehr persönliche Angelegenheit handelt.

Der Universitätsdirektor erschien in einem geliehenen Cadillac und hielt meine Hand einen Augenblick länger als nötig fest, als wir uns an der Tür begegneten. Er war ein kleiner Mann, knapp ein oder zwei Zoll größer als ich, etwa 55 Jahre alt, mit schütterem Haar, ein zwanghafter Schwätzer. Während des Abendessens in dem teuren Restaurant erfuhr ich alles über sein College: Die zwei Millionen Dollar Schulden, die wachsende Zahl der Studenten, das Baseballteam, das schon viele Pokale gewonnen hatte, die neue Bibliothek, die Probleme mit einigen Mitgliedern der Fakultät.

Aber der Strom von Worten übertünchte eine überraschende Nervosität für einen Mann in seiner Stellung. Er war offenkundig persönlich an mir interessiert und hatte vor, es mir zu sagen, bevor der Abend vorüber war.

Und genau das tat er auch, als er später am Abend in meinem Wohnzimmer saß. Er machte mir einen Heiratsantrag. Es gab keinen Versuch, eine romantische Stimmung aufzubauen; es wäre eine Vernunftheirat gewesen, die beiderseitigen Interessen diente. Er wollte mir ein Heim und finanzielle Sicherheit bieten, dafür sollte ich die First Lady auf dem Universitätsgelände sein.

Ich fühlte mich von seinem Angebot berührt und geehrt. Aber ich lehnte es ab, mit so wohlgesetzten Worten, wie ich nur konnte. Für mich war eine Ehe ohne Romantik undenkbar.

Im Laufe desselben Jahres lehnte ich noch zwei weitere Heiratsanträge ab. Was geschah? Es konnte nur eine Antwort geben. Ich hatte meine intensive Sehnsucht nach einer Wiederverheiratung aufgegegeben, suchte nun Gott anstelle eines Ehemannes, und das hatte mich auf eine Weise entspannt, die Männer anziehend fanden. Ich konnte nicht analysieren, wie ich im einzelnen anders wirkte als zuvor, außer, daß ich nun mehr auf mein Gegenüber einging und mir weitaus weniger Gedanken um mich selbst machte. Und da mein Maßstab nun hieß: »Zuerst das Reich Gottes!«, hörte ich auf das Wort des Herrn, der mir Rat gab, wie ich mich jeder einzelnen Person gegenüber verhalten sollte.

Eines Tages kam ein Telefonanruf von Leonard LeSourd, dem geschäftsführenden Direktor eines Magazins namens *Guideposts,* der mich zum Mittagessen einladen und die Idee für einen zukünftigen Artikel mit mir besprechen wollte. Die Sache hatte keine besondere Bedeutung für mich. Ich hatte schon früher für *Guideposts* geschrieben und hatte Len eines Abends kurz getroffen, als ich zu einer Gruppe junger Erwachsener an der Marble Collegiate Church in New York City sprach.

Während des Mittagessens in einem Restaurant in Georgetown redeten wir über viele verschiedene Themen. Auf eine lässige, vertraute Weise stellte Len mir allerlei Fragen, die mich selbst betrafen – offenbar auf der Suche nach einem Thema, das Stoff für einen neuen Artikel hergab. Wir fanden eines, beendeten das Essen, und er fuhr mich heim.

Als er den Wagen vor meinem Haus anhielt, machte er aus heiterem Himmel eine faszinierende Bemerkung. »In meinen zwölf Jahren bei *Guideposts* habe ich eine Menge über den christlichen Glauben gelernt. Ein Aspekt erscheint mir ebenso verwirrend wie faszinierend.«

»Was ist das?«

»Der Heilige Geist. Niemand redet viel darüber, am wenigsten die Prediger. Da ist ein Geheimnis und Macht. Eines Tages möchte ich über diese Kraft in meinem Magazin schreiben.«

»Der Heilige Geist ist eine *Person,* Len«, erwiderte ich leise.

Er sah mich neugierig an. »Dann kennst du Ihn also?«

»Nicht so gut, wie ich es gerne hätte.«

Damit war das Gespräch beendet, und Len half mir beim Aussteigen und begleitete mich zur Tür. Kein einziges Mal während der zwei

Stunden, die wir zusammen verbrachten, kam mir der Gedanke, er könnte andere als professionelle Gründe für seine Einladung zum Lunch gehabt haben.

Aber der Brief, den Len mir einige Monate später, im Sommer 1959, schrieb, hatte nichts Geschäftsmäßiges an sich.

»Ich würde dich gerne näher kennenlernen«, schrieb er. »Wie gefällt dir dieser Gedanke? Wir suchen uns einen Tag aus, und dann schreibst du auf deinen Kalender die fünf Buchstaben S-P-A-S-S. Ich hole dich morgens in meinem Auto ab, und wir verziehen uns an die Küste oder in die Berge oder sonstwohin.«

Zwischen den Zeilen des Briefes war deutlich zu lesen: »Wenn du Interesse hast, diese Beziehung fortzusetzen, dann nimm jetzt dein Herz in die Hände. Wenn nicht, sagst du es mir am besten gleich.«

Mir gefiel diese Art, die Dinge anzugehen. Wir vereinbarten einen Tag Anfang August. Len telefonierte am Abend zuvor aus Washington und ließ mich wissen, daß er mich am nächsten Morgen um zehn Uhr dreißig abholen würde. Er war entzückt, als ich vorschlug, ein Picknick zu veranstalten.

Der nächste Morgen erwies sich als ein herrlicher, nicht zu heißer Sommertag. Als ich Len an meiner Eingangstür begrüßte, stellte ich fest, daß es mir leichtfiel, mich in die abenteuerlustige Stimmung zu versetzen, die er vorgeschlagen hatte. Ich fragte nicht, wohin wir fuhren; er ließ keine Andeutung fallen. Während er mir half, den Lunch in einen Picknickkorb zu packen, fühlte ich seine Neugier, wie meine Lebensumstände aussehen mochten.

»Peter John und ich haben hier schon einige Jahre gelebt«, teilte ich ihm aus freien Stücken mit, »das heißt, wenn Peter aus Yale nach Hause kommt. Wir haben gerne hier gewohnt, aber ich baue jetzt ein neues Haus in Bethesda, in dem ich besser arbeiten kann.«

»Was paßt euch hier nicht?«

»Wir haben nicht genug Möglichkeiten, uns zurückzuziehen. Peters Freunde kommen und gehen den ganzen Sommer hindurch. Ich mag sie gerne, aber es gibt hier auch so viele andere Unterbrechungen und nicht genug Platz für meine Sekretärin. Außerdem wollte ich immer schon mein eigenes Traumhaus bauen. Es ist bereits halb fertig.«

»Ich verstehe.« Len sah nachdenklich aus. »Nachdem Peter neun Monate im Jahr in Yale ist, könnte es in deinem Traumhaus recht einsam für dich werden.«

»Ja, das ist möglich.«

Len stellte den Picknickkorb in den Kofferraum seines Wagens, und wir nahmen auf den Vordersitzen Platz.

»Was hast du lieber«, fragte er lässig, »Meer oder Berge?«

»Ich würde die Berge wählen.«

»Welche Richtung?«

Ich dirigierte ihn auf den Skyline-Drive, der in westlicher Richtung führt. Während wir fuhren, betrachtete ich diesen Redakteur in seinen Vierzigern neben mir. Er war mittelgroß; dunkles Haar, das allmählich grau wurde; schlanke, athletische Gestalt. Seine graublauen Augen waren offen und warm; die Lider oft von einem Netzwerk feiner Lachfältchen umgeben. Er war ein guter Unterhalter, interessiert, aber entspannt. Auch ich entspannte mich. Es würde ein guter Tag werden.

Während wir die Route 193 in Richtung Route 7 entlangfuhren, kamen wir an ein Hinweisschild: Great Falls-Park.

»Was ist das?« fragte Len.

»Ein sehr hübsches Plätzchen am Potomac, wo man picknicken und auf den Felsen spazierengehen kann.«

»Laß es uns ausprobieren.«

Wir parkten, stiegen aus und schlenderten am Wasser entlang. Da der Boden felsig und uneben war, griff Len nach meiner Hand und hielt sie auch weiterhin fest. Später tranken wir Limonade an einem Erfrischungskiosk und setzten dann unsere Fahrt in Richtung Westen fort.

Als wir den Skyline-Drive erreichten und in südlicher Richtung fuhren, war es bereits an der Zeit, daß wir uns nach einem Picknickplätzchen umsahen. Len wählte einen grasbewachsenen Hügel unter einem großen, schattigen Baum. Er holte eine Decke aus dem Kofferraum seines Wagens und breitete sie aus, so daß wir uns darauf niedersetzen konnten. Dann, als ich anfing, das Essen aus dem Picknickkorb zu holen, kehrte er noch einmal zu seinem Auto zurück, um einen weiteren Gegenstand zu holen. Eine Ukulele!

Als ich aus dem Augenwinkel sah, wie Len damit daherkam, hoffte ich sehr, mir nicht ein Country Music-Konzert anhören zu müssen. Ich habe nichts gegen Country-Rhythmen. Manchmal machen sie Spaß. Aber im großen und ganzen ziehe ich doch klassische Musik vor.

»Ich tanzte ... mit meiner Liebsten ... den Tennessee-Walzer ... « sang Len durch die Nase. Ich krümmte mich ein wenig, trotz meiner Bemühungen, ein ausdrucksloses Gesicht beizubehalten.

Nach einigen Takten legte Len die Ukulele weg und lachte verlegen.

»Du bist kein Country Music-Fan, was, Catherine? Ich habe mir das Spielen selbst beigebracht – nicht allzu gut, fürchte ich. Und ich habe keine Singstimme. Und außerdem würde ich ohnehin lieber reden als singen.«

Ich seufzte vor Erleichterung und machte eine geistige Notiz: Entweder war Len außergewöhnlich aufmerksam oder ich sehr leicht zu durchschauen – oder vielleicht ein wenig von beidem.

Es ist kaum zu glauben, daß zwei Leute elf Stunden lang in einem fort reden können und dennoch den Eindruck haben, daß sie kaum angefangen haben, über all die Dinge zu reden, die sie interessieren. Aber als Len mir eine gute Nacht wünschte, hatte ich immer noch keinen wirklichen Hinweis darauf, daß er ernste Absichten hatte.

Gewiß, ich spürte, daß ihn bestimmte Entdeckungen überraschten, vor allem, daß ich keineswegs die lilienweiße, zwei Handbreit über der Erde schwebende Heilige war, die manche Leute in mir sahen. Wir wußten jetzt auch, daß wir beide Suchende waren, Kämpfer, die sich mühsam auf dem Pfad der Erkenntnis christlicher Wahrheit vorwärtstasteten. Wir waren beide Reporter, beide daran interessiert, Szenen, Dramen, Persönlichkeiten, neue Entdeckungen über Menschen und ihre Gottesbeziehung auf Papier einzufangen. Wir hatten ein offenes, ehrliches Gespräch geführt, das uns beide tief berührte.

Lens familiäre Situation freilich machte mich argwöhnisch. Seit mehreren Jahren versuchte er, allein drei kleine Kinder aufzuziehen; er war offenkundig daran interessiert, eine Frau zu finden, die diese Last mit ihm tragen wollte. Es fiel mir schwer, mich in dieser Rolle zu sehen.

Er wollte es nicht sagen

Ich hatte nicht mit Lens Hartnäckigkeit gerechnet, den häufigen Telefonanrufen, die unserem Ausflug in die Berge folgten. Als Len mich einlud, übers Wochenende in seine kleine Stadt Carmel, New York, zu kommen, um seine Kinder kennenzulernen, stellte ich zu meiner Überraschung fest, daß ich akzeptierte. *Das wenigste, was ich tun kann,* sagte ich mir, *ist, mir die Sache einmal anzusehen.*

Am Freitagnachmittag holte Len mich in New York am La Guardia-Airport ab. Während der Fahrt nach Carmel erzählte er mir, daß ich an diesem Wochenende nur seine beiden Söhne, Chester, sechs Jahre alt, und Jeffrey, drei Jahre alt, kennenlernen würde. Die zehnjährige Linda war im Ferienlager. Mrs. Goutremont, die ältliche Haushälterin, würde als Anstandsdame fungieren.

Das *Guideposts*-Gelände in Carmel umfaßte das Bürogebäude des Magazins (eine ehemalige Mädchenschule) und ein weitläufiges, schindelgedecktes weißes Haus mit acht Zimmern, das frühere Heim des Schuldirektors, in dem Len und seine Kinder wohnten.

Ein Picknick-Tisch war auf dem ausgedehnten Rasen unter einem Walnußbaum aufgestellt. Der winzige Jeffrey begrüßte mich mit einem breiten Lächeln, schelmischen blauen Augen und einer Umarmung. Chesters große, traurige braune Augen starrten mich argwöhnisch an; dann streckte er eine zögernde Hand aus. Während des keineswegs exquisiten Abendessens – fettiges kaltes Huhn, Coleslaw, Kartoffelchips und Wassermelonen – schien Chesters Argwohn immer mehr zuzunehmen. Plötzlich stieß seine Hand einen mit Milch gefüllten Pappbecher um. Ich wich rasch aus und konnte gerade noch vermeiden, daß der ganze Segen in meinen Schoß platschte.

Als Len seinen Sohn daraufhin scharf anfuhr, stürzte Chester vom Abendbrottisch davon. Auf den scharfen Befehl, zurückzukommen und sich hinzusetzen, fiel der kleine, braunäugige Junge zu Boden und überließ sich schreiend und um sich tretend einem wilden hysterischen Anfall.

Mit einer raschen Bewegung riß Len seinen Sohn in die Höhe, warf ihn sich über die Schulter wie einen Kartoffelsack und trug ihn ins Haus. Wenige Minuten später kehrte der erboste Vater allein zurück.

»Chester wird in seinem Zimmer bleiben, bis er bereit ist, sich zu entschuldigen«, erklärte er. »Er scheint eine Abneigung gegen Fremde zu haben, vor allem Frauen, bis er sie näher kennenlernt.«

Jeffrey hatte sich unterdessen eng an mich geschmiegt. Offenbar hungerte er nach Liebe.

»Nun, eine Eroberung habe ich jedenfalls gemacht«, sagte ich.

»Zwei«, erwiderte Len grinsend.

Nach dem Abendessen gesellte sich ein Ehepaar aus der Nachbarschaft auf ein paar Runden Bridge zu uns, und ich hatte Mühe, mit den drei erfahrenen Spielern mitzuhalten. *Ich bin fürs Bridge ungefähr so begabt wie Len fürs Ukulele-Spielen,* dachte ich im stillen.

Die Nachbarn gingen wieder, die Kinder schliefen, Mrs. Goutremont hatte sich in ihr Zimmer zurückgezogen. Len schlug vor, wir sollten noch einen Spaziergang durchs Gelände machen. Plötzlich versiegte sein Redestrom, als er sich abrupt zu mir neigte und mich sanft küßte. Dann kicherte er ziemlich verlegen.

»Wir sind genau unter Mrs. Goutremonts Fenster, und ich wette, sie hat uns im Auge.«

Ich warf einen raschen Seitenblick auf das Fenster. Es war dunkel. »Wieso weißt du das?«

»Ich weiß es nicht. Aber sie ist sehr, sehr neugierig, was uns betrifft.«

»Warum?«

Er gab keine Antwort, sondern führte mich statt dessen an die andere Seite des Hauses, wo sich die Veranda befand. Zwei Gartenstühle standen dort nebeneinander, und wir setzten uns nieder.

»Der Zwischenfall mit Chester tut mir leid«, begann er.

»Alles ist in Ordnung. Während du in der Küche warst, kam dein Sohn herunter und sagte, es täte ihm leid. Ich glaube, wir sind jetzt Freunde.«

Len seufzte. »Das ist gut. Chester sucht nahezu völlige Sicherheit bei mir. Er scheint jeden, der zu Besuch kommt, als Bedrohung zu betrachten.«

Er sprach voll Stolz über seine beiden Söhne und seine Tochter. »Sie sind so gute Kinder. Und klug. Es war schwer, sie in den vergangenen Jahren ohne Mutter durchzubringen. Mrs. Goutremont ist unsere sechste Haushälterin.«

Als Len über seine Kinder sprach, sah ich, daß er das Herz eines Vaters hatte, und mir gefiel, was ich sah. Er war ein fürsorglicher Mann, voll Zuneigung, ein gemütlicher Gesellschafter und menschlich gereift. Er ging ruhig an Probleme heran, dachte Situationen sorgfältig durch und handelte mit Entschlossenheit.

Nachdem ich, was Len betraf, zu so schmeichelhaften Schlüssen gekommen war, ließ er prompt meine Seifenblasen platzen. Er sprach über seine Zukunftsträume, und dann hörte ich ihn plötzlich sagen: »Und ich sehe uns beide zusammen.«

»Wie siehst du uns?« fragte ich überrascht.

Selbst im Mondlicht konnte ich sehen, daß auch Len einen verblüfften Eindruck machte.

»Ich hatte nicht vorgehabt, diesen Weg zu gehen.« Er hielt inne; es war offenkundig, daß er mit sich kämpfte. »Ich stelle fest, daß ich andauernd Dinge sagen will, die dir wohl sehr impulsiv erscheinen. Irgendwie muß ich – ich sehe uns beide zusammen, Catherine. Da spielt etwas Übernatürliches mit, das ich nicht verstehe.«

Er hielt wieder inne und schüttelte mit einem beinahe benommenem Ausdruck den Kopf. »Vor ein paar Monaten fühlte ich mich so elend. Ich sagte Gott, ich könnte es alleine nicht mehr schaffen und schrie nach Hilfe zu Ihm. Unmittelbar nach diesem Gebet ging mir dein Name, Catherine, durch den Sinn. Das muß Gott getan haben.«

»Wie kommst du darauf?« fragte ich. »Ich meine, warum muß es gerade Gott gewesen sein?«

»Weil ich aus eigenem Antrieb niemals gedacht hätte, daß du – nun, mein Typ wärst.«

»Alles, was du über mich weißt, stammt aus meinem Buch über Peter Marshall?«

Len nickte. »Welcher Mann will schon nach einem berühmten schottischen Prediger die zweite Geige spielen? Dir muß doch bewußt sein, daß *Ein Mann namens Peter* deine Ehe zu einer der berühmtesten Liebesgeschichten unserer Zeit gemacht hat.«

Er hielt inne und rang neuerlich nach den richtigen Worten. »Ganz offen gesagt, ich hatte gedacht, du wärst zu ätherisch, zu geistlich. Aber der Herr schien mir zu sagen, daß das ein bloßes Vorurteil sei, daß ich es niemals wirklich wissen würde, ehe ich nicht genau recherchiert hätte. Also habe ich es getan. Dieses erste gemeinsame Mittagessen war ein Versuch, dein professionelles Äußeres abzukratzen. Ich bin an diesem Tag nicht sehr weit gekommen. Es war dieses kurze Gespräch über den Heiligen Geist, das wir führten, bevor wir uns voneinander verabschiedeten – das bewahrte mich davor, aufzugeben.«

Er ergriff meine Hand und schloß die seine darum. »Alle meine Vorurteile verflüchtigten sich an dem Tag, den wir zusammen auf dem Skyline-Drive verbrachten. Als ich am nächsten Tag nach New York zurückfuhr, dankte ich während der ganzen Heimfahrt dem Herrn. Ich bin überzeugt, Er hat uns zusammengeführt und wir sind die Richtigen füreinander.«

Eine lange Pause folgte.

»Aber ich habe eigentlich nicht vorgehabt, so schnell die Karten auf den Tisch zu legen«, fuhr er fort. »Ich versuche, vorsichtig an die Dinge heranzugehen und nicht so herauszuplatzen wie jetzt.«

Ich sagte einen Augenblick lang nichts. Meine Gedanken überschlugen sich. Das kam auf einen Heiratsantrag heraus. Indem er sich so verletzlich machte, riskierte Len, daß er grausam verwundet wurde.

Schließlich fand ich meine Stimme wieder. »Len, du erstaunst mich. Das ist erst unsere zweite Verabredung. Wie kannst du dir so bald so sicher sein, was uns angeht? Ist dir nicht klar, daß du dich mit dem, was du da gesagt hast, auf sehr dünnes Eis begibst? Das Eis könnte jeden Augenblick einbrechen. Warum bringst du dich absichtlich in eine solche Lage?«

Er lächelte zerknirscht. »Ich verstehe es auch nicht. Vielleicht steckt eine tiefe Sehnsucht dahinter, dir gegenüber vollkommen ehrlich zu sein.«

»Das schätze ich sehr, und es berührt mich auch. Aber Len, es ist zu früh, daß ich dir eine Antwort geben könnte. Du bist mir zu schnell.«

Erst später erkannte ich: Indem er den Regungen seines Herzens folgte statt der sonst üblichen vertrackten, doppeldeutigen Annäherungen hatte Len, ohne es zu wissen, den direkten Zugang zu meinem Herzen gefunden.

Ein Wochenende in Maine

Ein paar Tage nach meiner Rückkehr nach Washington war Len wieder am Telefon. Er wollte, daß ich mit ihm über den Labor Day nach Christmas Cove in Maine fuhr, um seine Eltern kennenzulernen. Als ich mich noch fragte, was wohl herauskommen würde, hatte ich schon den Mund geöffnet und hörte mich sagen: »Ja, das ließe sich machen.«

Wiederum landete ich auf dem Flughafen La Guardia in New York, wo Len mich erwartete. Während der sechsstündigen Fahrt nach Maine machte Len mich mit den Eigenheiten seiner Eltern vertraut. Sein Vater war sieben Jahre lang Methodistenpastor gewesen, bevor er sich der Pädagogik zuwandte. Nun war er Leiter der Kommunikationsschule an der Universität Boston. Seine Mutter war, während sie Len und seine Schwester Patricia großzog, sehr aktiv in Frauenclubs und kirchlichen Organisationen gewesen.

Eine Zeitlang hatten Lens Eltern jedes Jahr eine große Reise gemacht und nur den Sommer in Maine verbracht. Aus Europa hatte seine Mutter interessante Gegenstände für den »Santa Claus Shop« mitgebracht, den sie vor Jahren eröffnet hatte. Der Laden war ein Favorit der Sommerbesucher im Gebiet von Christmas Cove.

»Mutter ist sehr beeindruckt, daß ich dich nach Maine bringe. Sie wird dich mit einer Menge Leute bekannt machen wollen«, sagte Len unbehaglich. »Ich sagte ihr, wir wollten allein sein, um miteinander reden zu können.«

Len hätte schon ein sehr ungewöhnlicher Mann sein müssen, dachte ich, um einer gesellschaftsbewußten Mutter den Hahn abdrehen zu können.

Wir erreichten das mit grauen Schindeln gedeckte Cottage der LeSourds an der Bucht von South Bristol, Maine. Die erfrischende

Salzluft erweckte nostalgische Erinnerungen an »Waverly«, unser Cottage in Cape Cod. Lens Eltern begrüßten mich herzlich. Der Zusammenstoß mit seiner Mutter erfolgte jedoch fast augenblicklich.

»Ich weiß, du hast gesagt, du wolltest keine Parties, Leonard«, begann sie bald, nachdem wir den Wagen ausgeladen hatten. »Aber Mrs. Stuart bestand darauf, uns alle morgen abend zum Hummeressen einzuladen. Leonard, ich konnte es ihr einfach nicht abschlagen.«

»Das tut mir leid, Mutter«, antwortete Leonard leise. »Du wirst Mrs. Stuart sagen müssen, daß wir bereits andere Pläne gemacht haben. Morgen abend fahren Catherine und ich nach Boothbay hinüber.«

»Aber Leonard, ihr könnt Sonntag abend nach Boothbay fahren.«

Leonard schüttelte den Kopf. »Wir fahren morgen abend nach Boothbay, Mutter. Ich werde das Mrs. Stuart erklären, falls du es wünschst, Mutter. Und bitte – keine weiteren Überraschungen mehr.«

Mrs. LeSourd protestierte noch ein Weilchen, aber es nützte ihr nichts. Dann schluckte sie ihre Enttäuschung hinunter und machte keine weiteren Versuche, uns zu verplanen.

Lens Festigkeit war eine Erleichterung. Das letzte, was ich wollte, war ein Muttersöhnchen. Sein Plan sah vor, daß wir uns seinen Eltern vorstellen wollten, dann würden wir für uns sein, uns in der Sonne entspannen und Zeit für Gespräche haben. Wir brachen am nächsten Morgen auf und setzten uns auf die Felsen bei Pemquid Point. Um drei Uhr nachmittags wurde uns plötzlich klar, daß wir das Mittagessen vergessen hatten und zu lange in der Sonne geblieben waren. Meine Beine waren hummerrot vor Sonnenbrand.

Während der nächsten drei Tage setzten wir unser beinahe pausenloses Gespräch an kühleren Orten fort. Obwohl Len von Natur aus ein lässiger, entspannter Typ zu sein schien, konnte er auch sehr entschlossen auftreten.

»Wir sind Erwachsene in mittleren Jahren, Catherine«, drängte er mich. »Wir haben einen Punkt erreicht, wo wir rasche Entscheidungen fällen können. Ich fühle es, daß der Herr uns zusammengeführt hat. Er hat mir eine Liebe zu dir geschenkt, die mich überwältigt, und ich bin bereit und voll Verlangen, dich so rasch wie möglich zu heiraten.«

»Len, du hast vielleicht eine Botschaft von Gott bekommen, aber Er hat zu mir noch nicht gesprochen«, war meine Antwort. »Ich glaube, ich bin in dich verliebt, aber ich bin noch nicht so weit, daß ich eine Entscheidung über eine Ehe treffen könnte. Hab Geduld mit mir.«

Als ich nach dem Labor Day-Wochenende wieder in Washington war, gingen die Wellen meiner Gefühle hoch. Ich stand vor der endgültigen Frage: Sollte ich den Rest meines Lebens vollkommen meiner schriftstellerischen Arbeit widmen – oder beinhaltete Gottes Plan für mich auch eine zweite Heirat?

Wenn ich Len heiratete, würde ich in das Gebiet von New York ziehen müssen, in dem seine Arbeitsstätte lag. Das würde bedeuten, daß ich mein unvollendetes Traumhaus zum Verkauf anbieten mußte. Ich würde Washington verlassen müssen, alle meine Freunde, meine Familie und mehr als zwanzig Jahre Erinnerungen.

Eines Morgens stellte mir diese stille, kleine Stimme in meinem innersten Herzen einige bohrende Fragen:

Du hast recht, wenn du die Kosten überschlägst und dir gut ansiehst, welche größeren Änderungen durch eine zweite Heirat notwendig würden.

Gibt es da nicht gewisse Bereiche in deinem Leben, in denen sich Erstarrung einzuschleichen beginnt? War dir nicht klar, daß Ich dir nicht nur einen Mann senden würde, der deinem Bedürfnis nach Liebe und Romantik entgegenkommt, sondern der selbst ungeheure Bedürfnisse hat?

Als ich darüber nachdachte, wurde mir klar, daß in einer ersten Ehe am Anfang die Romantik üblicherweise alles einnebelt und beherrscht. Erst später, tief in der Beziehung, werden die gegenseitige Verpflichtung und die dazugehörige Verantwortung ebenso wichtig – wenn die Ehe Erfolg haben soll.

Aber in zweiten Ehen, wenn wir bereits älter sind, hat Verantwortung und Verpflichtung bereits am Anfang große Bedeutung.

Die Frage war, ob ich bereit war, so viel Verantwortung auf mich zu nehmen, nicht nur für einen Ehemann, sondern auch für drei

Kinder. Ein Teil meiner selbst war erregt und aufgewühlt; der andere Teil wollte die Flucht ergreifen. Nun begann ich beinahe verzweifelt um Hilfe und Führung zu beten.

Als Len nach Washington kam, um meine Familie und meine Freunde kennenzulernen, begegnete Peter ihm anfangs mit Argwohn. Aber ich merkte bald, daß Lens erstaunliche Kenntnisse aller Sportarten Eindruck auf ihn machten.

Len und ich waren zum Abendessen bei meiner Schwester, Em, ihrem Mann, Harlow, und ihren beiden Töchtern, Lynn und Winifred, eingeladen. Er fuhr mit zur Evergreen-Farm in Virginia, um meine Eltern kennenzulernen. Dort trafen wir uns auch mit meinem Bruder Bob, seiner Frau Mary, und ihren drei Kindern Bobby, Mary Margaret und Johnny. Für Len war es eine schwere Zeit, als er so vielen forschenden Augen ausgesetzt war. Mir gefiel die Art, wie er sich betrug: kein Versuch, Eindruck zu machen, kein Buhlen um Akzeptanz.

Wir machten noch einige weitere Reisen hin und her ... um Linda kennenzulernen, Lens zehnjährige Tochter, und um mit Norman und Ruth Peale zu sprechen, alten Freunden von mir und noch älteren Freunden der Familie LeSourd. Len arbeitete nun seit mehr als dreizehn Jahren für *Guideposts,* das die Peales begründet hatten. Norman und Ruth bestätigten mir alles, was ich bereits über ihn gehört hatte: Begabter Herausgeber, hingebungsvoller Vater, geistlicher Sucher.

Die Zeit war gekommen, und ich wußte es: D-Day – *Decision Day.* Der Tag der Entscheidung war da.

Ich flog von Washington zurück nach New York. Als ich in dem heißen, stickigen Flugzeug saß und auf den Abflug wartete, sah ich Schwärme von Vögeln am Ende der Rollbahn flattern und wirbeln. *Genau wie meine unruhigen, verwirrten Gedanken,* dachte ich.

Als ich meinen Sicherheitsgurt zuschnallte, wurde mir etwas klar: Ich hatte gedacht, ich sehnte mich nach einer neuen Liebe. Aber jetzt, wo die Liebe mir ins Gesicht schaute, hatte ich Angst. Warum wollte ich fliehen? Was versuchte mein Herz mir zu sagen? War es vielleicht deshalb, weil diese Romanze den Vorgaben in meinen Träumen nicht völlig entsprach? Len bat mich, nicht nur ihn zu lieben, sondern mit dem Kinderaufziehen von neuem zu beginnen. In meinem Alter!

»Herr, Du sagst es mir doch immer rundheraus«, hauchte ich. »Was soll ich tun?«

Ich dachte sehnsuchtsvoll an das neue Haus, das in Washington für mich gebaut wurde und beinahe fertig war. Neben meinem Schlafzimmer, und abgeschlossen vom Rest des Hauses, befand sich ein etwas tiefergelegener Raum – ein Allerheiligstes, in dem ich schreiben würde. Aber ich würde allein in diesem Haus wohnen, die kurzen Feiertage ausgenommen, in denen Peter aus Yale heimkehrte.

Zwei Wege lagen vor mir, und ich stand auf dem Scheideweg. In dem Haus, das da gebaut wurde, würde ich viele Artikel und Bücher produzieren. Dort würde ich ein behagliches, beschütztes Leben haben – ja, vermutlich aber auch ein einsames.

Und wenn ich den anderen Weg wählte, würde ich Hals über Kopf in ein turbulentes Leben stürzen. Es bedeutete, eine Mutter für Jeffrey zu sein, diesen kleinen Lausbub, der stets irgendwelche Streiche ausheckte; für Chester mit seinen riesenhaften braunen Augen und seiner Leidenschaft für Baseball; für Linda, die sich der Pubertät näherte – und ich hatte nicht die geringste Erfahrung darin, eine Tochter aufzuziehen! Ich würde darum kämpfen müssen, überhaupt genug Zeit zum Schreiben zu haben ... Jemand anders würde seine Freude an diesem wunderschönen, versenkten Raum neben dem Schlafzimmer haben.

Meine Gedanken wandten sich wieder Ihm zu.

»Herr«, setzte ich mein Bitten fort, »tust Du nicht zuviel des Guten? Erst kürzlich sagte ich Dir, ich sei bereit, mich wieder dem reißenden Strom des Lebens anzuvertrauen, aber muß es gleich so viel Leben sein?«

Und dann erinnerte ich mich an eine Predigt, die Peter Marshall gehalten hatte, mit dem anziehenden Titel: »Beten ist ein gefährliches Geschäft«. Mit einer Klarheit, die ich nicht für möglich gehalten hätte, kehrten verschiedene Sätze in meine Gedanken zurück:

Es ist ein gefährliches Geschäft, für etwas zu beten, es sei denn, Sie meinen es von ganzem Herzen ehrlich. Sehen Sie, Gott könnte Ihren Bluff für bare Münze nehmen und Sie darauf festnageln!

Und dann wieder mag es sein, daß Gott von einem Beter etwas for-

dert. Die Antwort auf ein bestimmtes Gebet könnte mit einer wirklichen Anstrengung verbunden sein ... vielleicht sogar mit einem Opfer. Gottes Methode bei der Antwort auf fast jedes Gebet ist die Technik: Rein ins Rote Meer, und es wird sich teilen. Man muß Glauben haben, um sich auf ein solches Abenteuer einzulassen, und Mut auch!«

Mein Gebet um eine neue Ehe hatte sich als eines dieser gefährlichen Gebete erwiesen. Ich hatte geblufft, und Gott nahm mich beim Wort.

Ich holte tief Atem, denn dieser Augenblick hatte etwas Lichtvolles an sich, das ich sofort wiedererkannte. Ich hatte es schon früher erlebt. Es hatte nichts mit der überirdischen Inspiration zu tun, die so viele Menschen mit der Vorstellung »von Gott eine Botschaft erhalten« verbinden. Es war keine Vision in rosa Wolken. Um ehrlich zu sein, es war eher, als würde man mit einem nassen Lumpen ins Gesicht geschlagen. Oder abrupt auf der Erde abgesetzt und scharf angefahren, sich gefälligst auf die Füße zu stellen und sich wie ein erwachsener Mensch zu benehmen.

Plötzlich sah ich die Wahl, vor die Gott mich stellte, klar vor mir. Ja zu sagen bedeutete Anpassung, Engagement. Dennoch sah ich: Wenn ich den anderen Weg wählte, wandte ich mich ab von den Herausforderungen des Lebens. Dieser andere Weg war bequemer, aber er würde mich den Kontakt mit anderen Menschen mehr und mehr vermissen lassen. Er konnte auch den langsamen, verweichlichenden Verfall der wirklichen Person in mir bedeuten, der Seele, die Gott geformt und modelliert und oft so schmerzlich gemeißelt hatte.

Das Flugzeug bewegte sich jetzt und wurde rasch schneller. Wir hoben von der Rollbahn ab und stiegen in einem steilen Winkel auf. Die Sonne schien auf den silbrigen Flügeln und wurde in nadelspitzengroßen brillanten Lichtreflexen gespiegelt.

In diesem Augenblick wußte ich, daß ich Ja zum Leben sagen würde.

Wir heirateten am 14. November 1959 in der Presbyterian Church in Leesburg, Virginia. Mein Sohn Peter war mein Brautführer. Niemals wurden die Bande der ehelichen Gemeinschaft durch so viel Geistlichkeit geknüpft: Mein Vater, ein Pater der Episkopalkirche,

Lens Vater, ein Pastor der Methodisten, und Norman Vincent Peale, der unser beider Pastor war – alle drei taten Dienst bei der Zeremonie und verwendeten das denkwürdige Ritual des Hochzeitsgottesdiensts, von dem auch Peter Marshall immer Gebrauch gemacht hatte. Einen Teil davon hatte er selbst geschrieben.

Linda hatte Augen wie Sternchen, als sie sich an Peter John heranmanövrierte, ihren neuen, ein Meter achtzig großen Bruder. Chester hatte mich inzwischen akzeptiert. Jeffrey, hatte Len entschieden, war noch zu jung, um an der Zeremonie teilzunehmen, aber er wartete voll Eifer darauf, seine »neue Mami« wiederzusehen.

Am frühen Nachmittag, nach dem Hochzeitsempfang in Evergreen Farm, würden Len und ich nach Los Angeles fliegen, dann nach Hawaii, um dort unsere Flitterwochen zu verbringen.

Als wir von der Kirche zur Farm zurückfuhren, erfuhren Len und ich, daß Chester die Zeremonie nicht miterlebt hatte. Er hatte neben seiner Großmutter LeSourd gesessen, und in einem Augenblick, in dem ihre Aufmerksamkeit ganz auf die Hochzeitszeremonie gerichtet war, war er lautlos aus der Kirchenbank geglitten und hatte sich auf geheimnisvolle Weise dem Zugriff seiner Großmutter entzogen. Den Rest des Gottesdienstes hatte Chester damit verbracht, daß er unter den Kirchenbänken von der ersten bis letzten Reihe hindurchkroch, wobei er sich zwischen den Füßen der Hochzeitsgäste hindurchwand und den Boden mit seinem besten Paar Hosen aufwischte.

Damals lachten wir über diese lächerlichen Kapriolen eines kleinen Jungen.

Es hätte eine angemessene Warnung sein sollen für das, was uns noch bevorstand.

Zwei zerbrochene Familien verschmelzen

Als Len und ich von unserer Hochzeitsreise zurückkehrten, fand ich es zutiefst befriedigend, wieder in die Rolle der Hausgestalterin zu schlüpfen. Wir fanden ein Haus in Chappaqua, New York, und begannen unsere beiden Familien ineinander zu verschmelzen. Am Anfang wartete die Aufgabe auf uns, unsere Besitztümer zu verbinden und zu entscheiden, was wir in das neue Heim mitnehmen wollten, was aussortiert werden mußte, welche Lücken zu füllen waren. Es war eine Herausforderung und ein Vergnügen, diese Fusion durchzuführen.

Der Hof forderte mich heraus, ihn hübsch zu gestalten. Ein Stück New Yorker Granit im Vordergarten schrie danach, in einen Felsgarten verwandelt zu werden. Eine steinerne Mauer, die sich quer über die gesamte Front des Grundstücks erstreckte, verlangte nach einem jahreszeitlichen Schmuck. Bald brütete ich über Mutter-Kind-Katalogen und Gartenbüchern.

Die Kinder beobachteten all das fasziniert. Linda war bezaubert von ihrem eigenen Zimmer und der Gelegenheit, mir bei der Auswahl von Farben und Details zu helfen. Die Jungen freuten sich darüber, daß sie an Ort und Stelle Spielgefährten im Nebenhaus entdeckten und viel Freiraum hatten, um herumzustreifen.

Aber man braucht mehr als ein Haus, wie reizvoll es auch sein mag, und Besitz, und sogar mehr als einen wunderschönen Hof, um daraus ein Heim zu machen. Denn was ist ein Heim anderes als Menschen und die Interaktion zwischen ihnen?

Die Szene unseres ersten gemeinsamen Familiendinners hat sich auf ewig in mein Gedächtnis eingeprägt. Wir saßen um den Abendbrottisch, zwei Erwachsene und drei Kinder; Peter war im Internat.

Ich hatte liebevoll eine Mahlzeit vorbereitet, die den Kindern meiner Meinung nach schmecken würde – Hackbraten, Prinzeßkartoffeln, Brokkoli, einen grünen Salat. Lens Gesicht strahlte vor Glück, als er das Essen sah.

Aber als Chester mit seinen großen braunen Augen das Essen auf seinem Teller betrachtete, schnitt er ein Gesicht, sprang plötzlich vom Stuhl auf und floh die Treppe hinauf. Oben schlug er die Schlafzimmertür krachend hinter sich zu.

»Laß ihn gehen, Catherine«, sagte Len.

Dann, als er mein niedergeschmettertes Gesicht sah, erklärte er zerknirscht: »Meine Kinder sind nicht an vielseitiges Essen gewöhnt. Meistens habe ich sie mit Hamburgern, Hot Dogs und Brathähnchen aus dem Drive-in ernährt.«

Len ging hinauf und versuchte Chester zu überreden, er möchte an den Tisch zurückkehren. Er fand den kleinen Jungen im Bett, die Laken über dem Kopf. Als er sich unter Tränen weigerte, wieder hinunterzukommen, befahl mein neuer Ehemann ihm streng, zu Bett zu gehen. Er würde überhaupt kein Abendessen bekommen. Ich war zutiefst niedergeschlagen bei dem Gedanken, daß Chester hungrig zu Bett gehen mußte. Die Freude am Essen war uns allen verdorben.

Und der katastrophale Abend war noch nicht vorbei. Lindas Widerstand gegen ihre neue Stiefmutter machte sich an diesem ersten Abend bemerkbar, als sie sich weigerte, in Pantoffeln auf den kalten Hartholzböden zu gehen; sie sagte, sie sei im Haus immer barfuß gegangen. Ich verstand nur zu gut, wie es gewesen sein mußte, das einzige weibliche Wesen im Haus zu sein. Nun konkurrierte sie plötzlich mit mir um Lens Zeit und Zuwendung.

Die beiden Jungen hatten darum gebeten, ein gemeinsames Zimmer zu bekommen, aber sie begannen sich augenblicklich zu balgen wie Bärenjunge. Als das Gerangel weiterging, nachdem die Lichter gelöscht waren, quartierte Len Jeffrey in ein anderes Zimmer aus. Der kleine Bursche schluchzte sich in den Schlaf.

Als ich an diesem Abend auf Kissen gestützt im Bett saß und las, wanderte meine Aufmerksamkeit von dem Buch über Kinderpsychologie zu den anstehenden Problemen.

»Geschwisterrivalität«, nannte es der gelehrte Autor. »Eltern, bleibt gelassen und ruhig«, lautete sein Rat. »Das geschieht in jeder Familie. Denken Sie einfach daran, daß es vorübergehen wird.«

Oh, sicher, lauteten meine rebellischen Überlegungen. *Bis zum Sankt-Nimmerleins-Tag ist es ganz sicher vergangen!*

Ich konnte die Szene so deutlich vor mir sehen: Der bebrillte Kinderpsychologe, der in seinem winzigen Büro vor seiner Schreibmaschine saß, die Türe sicher verschlossen gegen Kinder aller Altersstufen, und munter seine Worte der Weisheit in die Tasten tippte für uns Eltern, die im dicksten Schlachtgetümmel lebten.

Später in dieser Nacht, nachdem Len und ich erschöpft in den Schlaf gesunken waren, weckte uns das schrille Klingeln des Telefons.

»Mama, ich bin wegen Geschwindigkeitsüberschreitung auf dem Merritt Parkway festgenommen worden. Ich bin auf der Polizeiwache.«

Wir erklärten uns bereit, ihm die Kaution zu schicken.

Aber alle diese Ärgernisse waren nur oberflächliche Symptome, die Spitze eines Eisbergs an Schwierigkeiten. Tag für Tag tauchten neue Probleme auf, die mit unserer erweiterten Familie zu tun hatten – Lens Eltern und meine, dazu die anderen Verwandten, dazu das emotionale Trauma der Kinder, die in den vergangenen Jahren von sechs Haushälterinnen betreut worden waren. Auch Peter litt noch in mancherlei Weise unter dem Verlust und dem Schock, den der Tod seines Vaters vor zehn Jahren für ihn bedeutet hatte.

Wie macht man zerbrochene Familien wieder ganz? Wie kann eine Gruppe von Individuen mit ganz unterschiedlichem Hintergrund, anderen Lebenserfahrungen und aus verschiedenen Altersgruppen überhaupt jemals eine Familie werden? Ich hatte keine Antworten, aber ich kannte jemand, der sie hatte.

So fing ich an, in der Morgendämmerung aus dem Schlafzimmer zu schlüpfen, während Len und die Kinder noch schliefen, um eine Stille Zeit des Zwiegesprächs und des Bibelstudiums zu halten und meine Gedanken in dem allgegenwärtigen Tagebuch niederzuschreiben. Zum Beispiel:

Unser allererster Schritt, wenn es um die Lösung eines Problems geht, muß darin bestehen, unsere persönlichen Schwierigkeiten entschlossen als Gottes Schulungszimmer zu betrachten, ein Schulungszimmer für die Wahrheiten, die Er uns lehren will, und die ungeheuren Reichtümer Seiner Glorie, die Er in unser Leben ausgießen will – wenn wir es nur zulassen. Er muß den ganzen Weg hindurch unser Lehrer sein. Was von uns verlangt wird, ist der offene Sinn des eifrig Lernenden und die Bereitschaft, uns die Zeit zu nehmen und ihm Tag für Tag praktische Fragen vorzulegen.

Während dieser morgendlichen Stillen Zeiten dämmerte mir die Erkenntnis einer Tatsache, der ich nicht ins Auge blicken wollte: Len war einer jener Männer, die überzeugt sind, daß ihre Frau viel »geistlicher gesinnt« ist als sie, daß sie irgendwie mehr christliches Know-how hat. Len wies gerne darauf hin, daß ich mich im Gebet besser ausdrücken könnte. Es erschien ihm daher ganz selbstverständlich, daß ich die geistlichen Angelegenheiten im Haus übernahm, während er sich um die Erziehung der Kinder, die Finanzen und dergleichen kümmerte.

Ich wußte bereits aus meinen Briefkontakten, wie viele, viele Frauen es schwierig finden, mit ihren Ehemännern auch nur über religiöse Themen zu sprechen, geschweige denn sie als Führer auf diesem Gebiet anzuerkennen. Wie konnte ich Len dazu bringen, zu verstehen, daß »geistliches Leben« nicht weniger seine Verantwortung als die meine war?

Herr, was soll ich in dieser Angelegenheit tun? schrie ich zum Himmel.

Irgendwie erhielt ich die Antwort, daß es keinen Sinn haben würde, deshalb an einem Mann herumzunörgeln. Meine Anweisung lautete, Morgen für Morgen meine Stille Zeit abzuhalten, nichts darüber zu sagen, mich aber im übrigen zu weigern, die geistliche Verantwortung für den Haushalt zu übernehmen. Ich erhielt die Zusicherung, daß Gott sich dann um alles kümmern würde.

In der Zwischenzeit brauchte ich diese Stille Zeit mit Ihm so dringend! Ich war aus dem großstädtischen Washington in eine typische amerikanische Vorstadt verpflanzt worden. Chappaqua war und ist eine weithin verstreute Gemeinde im County Westchester, die den Spitznamen »das Schlafzimmer New Yorks« trägt. Jeden Wochentag bestiegen Len und die anderen Männer von Chappaqua den Frühzug nach New York-City und kehrten abends um dreiviertel sieben oder später erschöpft zurück. Während dieser langen Tage mußten die Frauen die ganze Verantwortung für die Familie tragen, einschließlich der anscheinend endlosen Chauffeurdienste für die Kinder.

Ein typischer Morgen war etwa der folgende: Ein lauter Schmerzensschrei aus dem Schlafzimmer der Jungen setzte mich in Trab. Chester rieb sich das Bein. »Jeff hat mich gebissen!« Und tatsächlich, Chesters Bein trug Bißspuren.

»Dafür wirst du bestraft«, sagte ich streng zu Jeff.

»Aber Chester hat mich zuerst getreten. Willst du sehen, wo?«

Das wollte ich eigentlich nicht, aber Jeff zeigte es mir trotzdem. Im selben Augenblick tauchte Linda im Nachthemd und mit bloßen Füßen im Flur auf.

»Linda, der Boden ist kalt. Zieh deine Pantoffeln an.«

»Kann ich nicht, Mama. Krieg die Füße nicht hinein. Sie sind in der Waschmaschine eingegangen.«

Offenbar sollte es »einer von diesen Morgen« werden. Ich ging in die Küche, um das Frühstück vorzubereiten und Chesters Schulfrühstück einzupacken. Aber ich hatte meine Hausarbeit am vergangenen Abend nicht ordentlich gemacht: Ich mußte seine Lunchschachtel erst ausleeren, bevor ich sie füllen konnte. Ich entnahm ihr zwei Päckchen Kaugummi, drei Kieselsteine, ein Päckchen abgegriffener Baseballkarten und eine Mitteilung des Lehrers, die er abzugeben vergessen hatte.

An der Türglocke läutete es und kündigte einen eingeschriebenen Brief an. Das Telefon schrillte, Chester tropfte Konfitüre auf seine frisch gebügelte Schulhose und mußte sich umziehen. Peter, der zwischen den Semestern daheim in Yale war, rief mich an, er hätte einen Zahnarzttermin in New York und könnte keine frischen Unterhosen finden.

Linda und Chester rasten zum Bus und schlugen die Türe hinter sich zu. Durchs Fenster sah ich, daß sie den Bus erwischt hatten. Ich wandte mich um, um mir eine zweite Tasse Kaffee einzuschenken, und da lag Chesters Schulfrühstück auf der Arbeitsplatte. Nun ja – eine Fahrt mehr.

Ich sank in den nächstbesten Sessel und empfand das dringende Bedürfnis nach Kaffee. Während ich in kleinen Schlucken trank und versuchte, Ruhe und Überblick zurückzugewinnen, wandten sich meine Gedanken an den Allmächtigen. *Herr, was soll das alles heißen? Was hast Du Dir eigentlich dabei gedacht, als Du die Menschen in Familien zusammengepackt hast?*

Dann fiel mir ein, daß Er während Seiner Zeit auf Erden mit zumindest sechs anderen Kindern in einem bescheidenen Haushalt in Nazareth hatte zurechtkommen müssen. Es war mir ein Trost, zu wissen, daß Er ebenfalls die Erfahrung gemacht hatte, was Familien alles mitmachen, und daß Er Sympathie für uns empfand und nur darauf wartete, uns mit der Weisheit und dem Beistand, die wir so dringend brauchten, zu Hilfe zu kommen.

Das geistliche Oberhaupt

Mit der Zeit begann sich Len über mein frühes Aufstehen zu wundern.

»Was machst du bloß jeden Morgen?« fragte er mich eines Tages.

»Ich suche Gottes Antworten für den Tag. Ich weiß, daß Er sie hat, aber ich muß Ihn danach fragen und Ihm die Gelegenheit geben, mir Seinen Standpunkt klarzumachen und Seine praktische Hilfe anzubieten.«

»Das würde mir auch gut tun«, war Lens Reaktion. »Schließlich ziehen wir denselben Karren. Laß uns den Wecker dreißig Minuten früher stellen, so daß wir noch gemeinsam beten können.«

So begann ein Experiment, das unser Leben verändern sollte. Am nächsten Tag fand ich in einem Elektrogeschäft eine kleine, vier Tassen fassende Kaffeemaschine mit einer elektrischen Zeitschaltuhr. Am Abend bereitete ich das Kaffeeservice vor dem Schlafengehen vor und trug es ins Schlafzimmer. Am folgenden Morgen wurden wir von köstlichem Kaffeeduft geweckt statt vom schrillen Klingeln eines Weckers.

Wir tranken unseren Kaffee, und ich begann eine Stelle aus dem Brief an die Philipper zu lesen. Aber Len wollte erst beten.

»Du fängst an, Catherine«, sagte er schläfrig.

»Aber wie sollen wir darüber beten, daß Linda keinerlei Interesse daran zeigt, zu studieren?« fragte ich.

Eine Diskussion begann. Sie wurde so hitzig, daß die Zeit vorbei war, bevor wir mit dem eigentlichen Gebet angefangen hatten.

Nachdem wir einige Morgen auf ähnliche Weise hinter uns gebracht hatten, war Len ganz meiner Meinung, daß wir mehr Zeit brauchten. Unsere Aufstehzeit verschob sich von 6.30 Uhr auf sechs

Uhr. Um morgens die Disziplin zum Aufstehen aufzubringen, mußten wir früher zu Bett gehen. Wir stellten uns die Frage, was Vorrang hatte. Die gemeinsame Stille Zeit am Morgen wurde bald von einem Experiment zu einem gemeinsamen Gebetsabenteuer.

Inzwischen hatte Len, der allzeit Methodische, sich ein kleines braunes Notizbuch gekauft, fünf mal sieben Zoll groß und mit losen Blättern. Er begann die Gebetsbitten niederzuschreiben und versah jede mit dem Datum. Wenn die Antworten kamen, wurden auch diese niedergeschrieben, ebenfalls mit dem entsprechenden Datum und einer Beschreibung, wie es Gott gefallen hatte, dieses ganz bestimmte Bedürfnis zu erfüllen. Rasch wurde aus dem Notizbuch ein richtiges Logbuch des Gebets.

Nicht nur das, sondern wir hatten auch einen wunderbaren Weg gefunden, die Kommunikation zwischen Mann und Frau zu vertiefen. Wir hatten bereits herausgefunden, daß die Zeit vor dem Schlafengehen eine gefährliche Zeit war, um mit heiklen Themen anzufangen. Wenn wir erschöpft von der Hektik des Tages waren, flammte leicht Streit auf. Aber wenn wir uns dieselben Themen am nächsten Morgen in einer Atmosphäre des Gebets vornahmen und Gott einfach baten, uns Seine Weisheit zu schenken, dann lösten sich die Zwistigkeiten in nichts auf, und wir fanden uns mühelos auf derselben Wellenlänge.

Von den hunderten Gebetsbitten in Lens braunem Notizbuch wurden die folgenden am häufigsten wiederholt:

1. Eine Haushaltshilfe möge gefunden werden, damit Catherine an ihrem Roman *Christy* weiterarbeiten kann.
2. Peter möge es aufgeben, in Yale den Playboy zu spielen und Gottes Plan für sein Leben finden.
3. Linda möge aufhören, zu Hause und in der Schule gegen die Autoritäten zu rebellieren.
4. Chester möge lernen, sich zu beherrschen und die neue Situation in seinem Heim zu akzeptieren.
5. Es möge sich ein Weg finden, wie Jeff über Nacht ohne Windeln auskommen könnte.

Morgen für Morgen häuften sich auch die Bitten, die von außerhalb unserer vier Wände kamen: Ein Nachbar starb an Krebs, ein enger Freund war in eine Ehebruchsaffäre verwickelt, ein Geschäftspartner hatte Alkoholprobleme, Eltern in unserem Bekanntenkreis baten uns, für jugendliche Ausreißer zu beten, und so weiter und so fort. Wir machten die Erfahrung, daß konkrete Gebetsanliegen auch konkrete Antworten bringen, die alle in Lens braunem Notizbuch niedergeschrieben wurden.

Ich hatte versucht, bei einem Kinderarzt im nahegelegenen Mount Kisco einen Rat für Jeffs Windelproblem zu bekommen. Der Rat lautete: »Mrs. LeSourd« – und die Stimme des Arztes triefte von Sarkasmus –, »vergessen Sie es! Bis er ins College kommt, ist er sicherlich trocken.«

Was hatte es für einen Sinn, diesen Mediziner an die vergeudete Zeit zu erinnern, an die zusätzliche tägliche Wascharbeit von drei bis sechs Windeln und Laken? Aber was wir auch versuchten, die Sache machte uns weiterhin Kopfzerbrechen.

Im Sommer besuchten wir meine Eltern in Evergreen Farm in Virginia, und ich spürte einen inneren Antrieb, den bodenständigen Rat des Landarztes zu suchen.

Nachdem er mir bis zum Ende zugehört hatte, sagte der Arzt mit mitfühlendem Blick: »Ich habe oft mit dem Problem des Bettnässens zu tun, und Sie haben mein vollstes Verständnis. Aber Catherine, Sie machen es Jeff zu einfach. Ihm fehlt überhaupt nichts, außer daß er einfach zu faul ist, auf die Toilette zu gehen, wo er so angenehm mit vielen weichen Windeln gepolstert ist.

Ich schlage Ihnen folgende Lösung vor: Dichten Sie das Bett gut ab. Nehmen Sie alle Windeln weg. Wappnen Sie sich, Jeff ein paar unbehagliche nasse Nächte durchleiden zu lassen.

Aber nehmen Sie dem Ganzen durch Lob und Lohn die Spitze. Hängen Sie eine Monatskarte, auf der die Tage eingezeichnet sind, an die Wand neben seinem Bett. An jedem Morgen, an dem Jeff es geschafft hat, die Nacht über trocken zu bleiben, kleben Sie einen großen goldenen Stern auf den Kalender und überhäufen ihn mit Lob.«

Es wirkte. Und wir dankten Gott und dem Landarzt für seinen Humor und seinen gesunden Menschenverstand.

Aber hätten wir nicht solcherart die Gebetsbitten wie auch die Antworten aufgeschrieben, so hätten wir diese Dinge als »Zufälle« betrachtet oder angenommen, es wäre auf jeden Fall so gekommen. Das Gebets-Logbuch erwies sich als wunderbarer Antrieb für unseren Glauben.

Len und ich lernten zweifellos einiges über das Beten, als wir die praktischen Fragen des Alltagslebens vor Gott brachten.

Beispielsweise wurden nicht alle Gebete auf die Art und Weise beantwortet, die wir erwartet hatten. Wir stellten fest, daß das Beten nicht darin besteht, Gott eine Wunschliste zu überreichen und zuzusehen, wie wundervolle Antworten auf rosigen Wolken vom Himmel herabgeschwebt kommen. Und Sein Timing ist ganz offenkundig nicht das unsere; die meisten Antworten kamen langsamer, als wir erwartet hatten, und oft in Bruchstücken. Und was Gott uns in diesen frühen Morgenstunden zu sagen hatte, war zweifellos bedeutsamer als alles, was wir Ihm zu sagen hatten.

Seinen Anweisungen gemäß stellten wir folgende Hausordnung auf:

1. Die Mahlzeiten werden stets zur selben Zeit eingenommen und zumindest das Abendessen sollte, wo es möglich ist, von der Familie als Gemeinschaft eingenommen werden. Das Dinner sollte zum Brennpunkt des ganzen Tages werden. Jedes Kind lernte bald, das Tischgebet zu sprechen und wurde ermutigt, persönliche Gedanken und Bedürfnisse in Worte zu fassen. Am Ende der Mahlzeit lasen Len oder ich einen Text aus der Bibel vor und beschlossen die Mahlzeit dann mit Gebet, an dem wiederum jedes Kind teilnehmen konnte, und sei es auch nur mit einem Satz.
2. Die Kinder gehen regelmäßig zur selben Zeit schlafen, am Wochenende etwas später.
3. Während der Schulwoche gibt es abends kein Fernsehen für die Kinder. Am Wochenende werden TV und Kino sorgfältig überwacht.
4. Lindas endlose Telefongespräche mit Freundinnen werden auf die Zeit von 15.30 bis 18 Uhr nachmittags beschränkt. Keine Verabredungen mit Jungen, ehe sie sechzehn ist.

5. Am Wochenende wird Zeit für Familienausflüge und/oder häusliche Spiele reserviert. (Wir hatten einen von Spielen überquellenden Schrank.)
6. Am Sonntag gehen wir als Familie zur Kirche.
7. Len und ich kontrollieren gemeinsam die Hausaufgaben der Kinder. Lebhaftes Interesse am Elternkreis und allen schulischen Angelegenheiten ist angesagt.
8. Wir hören uns die Klagen der Kinder über Schulangelegenheiten aufmerksam an, weisen jedoch darauf hin, daß der Lehrer oder Schuldirektor immer die höchste Autorität ist.
9. Körperliche Züchtigungen gehören zu unserem gemeinsamen Leben; die Strafe entspricht dem Versprechen; Prügelstrafen (die von Len verabreicht werden) sind keineswegs ausgeschlossen.

Es war nicht leicht, all das immer durchzusetzen. In der siebten Klasse war Linda ein hochintelligentes, sommersprossiges Mädchen mit der Begabung einer großen Schauspielerin. Wie alle in ihrem Alter versuchte sie zu schnell erwachsen zu werden. Len und ich gewöhnten uns an den Aufschrei: »Ihr versteht mich einfach nicht!«

Natürlich konzentrierten sich die meisten Anmerkungen in unserem Gebetsbuch in diesen frühen Jahren auf unsere Kinder. Im Lauf ihrer Erziehung lernten wir allmählich, daß Gott weitaus mehr Interesse daran hatte, uns zu einem geduldigen Warten auf seine Antworten zu erziehen als daran, daß wir uns, ohne auf Ihn zu achten, blindlings in unsere eigenen Pläne stürzten.

Geduld? Was war besser geeignet, uns Geduld zu lehren, als der Versuch, den Kindern Manieren und Sauberkeit einzubläuen? An drei Abenden von fünf schallte es durchs Haus: »Jungs, das sollen saubere Hände sein?« »Jeff, die Ellbogen vom Tisch.« »Chester, versuch gar nicht erst, die Möhren unter dem Salatblatt zu verstecken.« Von Len: »Linda, willst du dir mit den Haaren die Zähne putzen? Nimm die Haarenden aus dem Mund.«

So viel Übung im Vergeben! Da war zum Beispiel die Sache mit Jeffrey, der immer wieder Tintenpatronen in den Hosentaschen vergaß und eine ganze Füllung der Waschmaschine verdarb. Sooft ich die Familienwäsche wusch, tauchte jedes einzelne weiße Kleidungsstück mit marine-blauen Masern aus der Trommel auf. Vergebung. Vergebung!

Dann war da Chesters Vergeßlichkeit. Er konnte seine Jacke nicht anziehen, weil er sie in der Tennishalle vergessen hatte, sein Pullover war in Donns Haus zurückgeblieben, und er konnte unmöglich seine Hausaufgaben machen, weil er seine Bücher in der Schule vergessen hatte.

Eines Spätnachmittags warf ich einen Blick aus dem Vorderfenster und sah Linda in dem frisch gepflanzten Felsgarten knien. Ich konnte nicht glauben, was ich mit eigenen Augen sah: Sorgfältig, ja methodisch zog sie – erst den einen, dann den anderen, erst die eine, dann die andere Seite – die neugekauften weißen Turnschuhe durch den Gartenschmutz. Mein lauter Protest hatte nur ein vernichtendes »Aber Mama, alle tragen schmutzige Turnschuhe. Ich kann nicht in neuen weißen zur Schule gehen!« zur Folge.

Und da war Jeffreys seltsame Besessenheit mit – man möchte es nicht glauben – Schuhbändern. Eines Morgens forderte ihn die Kindergärtnerin auf, aufzustehen und ein Gedicht aufzusagen. Jeff versuchte, auf die Füße zu kommen. Aber wie konnte er aufstehen, wenn er zuvor die Schuhbänder seiner Boots sorgfältig an den Gürtel geknotet hatte?

Dann war da der Nachmittag, an dem ich ihn zu einem Schläfchen niederlegte. Kurz darauf schallte ein verzweifelter Schrei aus dem Schlafzimmer. Ich fand Jeff in einer Falle unter dem Bett. Seine Schuhbänder waren kreuz und quer durch die Sprungfedern des Bettrost gezogen und sorgsam verknotet.

Aber durch all das lernten wir, daß Kinder – obgleich sie sich Zucht und Ordnung widersetzen – sich insgeheim nach der Sicherheit einer festen Führung sehnen und ohne diese verwirrt und ruderlos sind. Jahre später gestanden uns unsere Kinder, daß sie insgeheim erleichtert gewesen waren, weil wir ihnen nichts hatten durchgehen lassen.

Linda bemerkte, als sie schon älter war, immer wieder: »Mir tut die arme So-und-So leid. Sie kann machen, was sie will. Ich glaube, ihren Eltern ist es einfach egal.«

Im Lauf der Zeit erkannte ich, wie die Antwort eines ganz besonders bedeutsamen Gebetes vor meinen Augen Gestalt annahm –

nämlich, daß Len seinen Platz als geistliches Oberhaupt unserer Familie einnehmen möge.

Seine erste Erkenntnis war die Feststellung, daß die beiden Jungen sich in beinahe jeder Hinsicht nach seinem Vorbild richteten. Das war besonders auffallend, wo es z. B. um Sport ging. Len hatte seine Söhne gelehrt, einen Baseballschläger zu schwingen, sobald sie stark genug waren, ihn aufzuheben. Er blätterte jeden Morgen eifrig in den Sportseiten der Zeitung. Sobald Jeffrey und Chester lesen konnten, studierten auch sie die Sportseiten.

Wenn der christliche Glaube für sie Bedeutung haben sollte, so erkannte Len, dann würden sie das von ihrem Vater lernen müssen. Andernfalls würden die beiden Jungen zu dem Schluß kommen, daß Glaubensdinge Frauensache sei und sich nicht weiter darum kümmern.

Auf diese Offenbarung hin machte Len gewissermaßen auf dem Absatz kehrt. Ab sofort war Schluß damit, daß er die geistlichen Dinge mir überließ. Er wurde derjenige, der die Familie zum Gebet am Tisch zusammenrief. Als die Jungen beobachteten, wie ihr Vater spontan ein Gebet sprach und sie aufforderte, es ihm gleichzutun, reagierten sie schon nach kurzer Zeit darauf und beteten ohne jede Verlegenheit laut.

Eines Abends gingen wir in ein überfülltes Restaurant zum Abendessen. Ich hatte eben nach der Gabel gegriffen, als Chester leise sagte: »In der Schule sprach unser Lehrer heute über das Tischgebet. Er sagte, wir sollten es auch nicht auslassen, wenn wir auswärts essen gingen.«

Eine Pause folgte, während der Len und ich uns ansahen.

Len nickte zustimmend. »Dein Lehrer hatte absolut recht, Chester. Wir hätten das die ganze Zeit schon tun sollen.«

Rund um den Tisch neigten wir alle leicht den Kopf. Mit gedämpfter Stimme dankte Len Gott für das Essen. Jeffs Geplauder setzte sofort wieder ein, kaum daß sein Vater ein leises *Amen* gesprochen hatte.

Wir dachten, wir hätten uns in dem überfüllten Speisesaal außergewöhnlich unauffällig benommen. Aber als wir mit der Mahlzeit fertig waren, trat ein sympathisch wirkender junger Mann auf Len zu, beugte sich zu ihm, flüsterte ihm einige Sätze ins Ohr, lächelte und verließ uns.

»Was war los?« fragte ich neugierig.

Len sah nachdenklich aus. »Der Mann wollte mir nur sagen, er finde es großartig, wenn eine Familie sich nicht schämte, in der Öffentlichkeit zu beten. Ich habe das Gefühl, daß ich ein unverdientes Lob bekommen habe.«

Ein Teil der wundervollen Antwort auf dieses Gebet, dachte ich, während ich da saß, besteht darin, daß er selbst es oft nicht bemerkt, wie weit er gekommen ist. In dem Maß, in dem er das geistliche Oberhaupt des Haushalts wurde, gewann ich die Freiheit, die zweite Geige zu spielen, wie es in meiner Ehe mit Peter gewesen war. Ich betrachtete das in keiner Weise als Degradierung. Len und ich machten als Team weiter, überprüften einander und korrigierten einander zuweilen. Aber der Teamchef war mein Ehemann.

5

Die Lehrerin

Während unserer Verlobungszeit hatte Catherine mir ein wenig über den Roman erzählt, den sie schrieb. Er basierte auf den Erfahrungen ihrer Mutter als 19jährige Lehrerin in den Great Smokey Mountains von Tennessee. Obwohl ihre Mutter Leonora Wood hieß, hatte Catherine die Heldin und den Roman *Christy* genannt.

»Ich habe nie viel Belletristik geschrieben«, gestand Catherine mir ein. »Und du?«

»Eigentlich auch nicht«, gab ich zu. »Aber ich kenne mich ganz gut mit den Techniken aus.«

Ein paar Wochen nach unserer Eheschließung übergab Catherine mir die ersten 52 Seiten des Manuskripts von *Christy*. Ich las es mit zunehmender Enttäuschung. Es enthielt gute Beschreibungen, die Leute aus den Bergen wurden farbig geschildert, aber es fehlte an Handlung. Zwischen den Charakteren baute sich keine Spannung auf. Daß Catherine sorgfältig recherchierte, trat im Dialog schmerzlich zutage: Der Dialekt war kaum zu entziffern.

Unsere Beziehung als Schriftstellerin und Herausgeber wurde also früh einer Zerreißprobe ausgesetzt, dachte ich. Sollte ich ehrlich sein? Oder ihr lieber sagen, was sie hören wollte?

Ich holte tief Atem und wies auf die Vorzüge des Buches hin, aber auch auf seine Mängel. Catherine hatte keine Freude an der Kritik (wer hätte die schon gehabt?), aber sie war Berufsschriftstellerin.

Nach einem intensiven Gespräch stimmte sie mir zu, daß drastische Korrekturen angebracht waren.

Perfektionistisch, wie sie war, schrieb sie das erste Kapitel von Christy achtzehn Mal um. Später sagte sie: »Ich danke dir, daß du ehrlich warst. Andernfalls hätten wir niemals zusammenarbeiten können.«

Christy, ein Roman in Ich-Form, war eine wichtige und lehrreiche Erfahrung für Catherine. (Sie arbeitete neun Jahre daran, von dem Tag im Jahre 1958, an dem sie mit den Recherchen begann, bis zur Veröffentlichung im Jahre 1967.) Es war auch eine lehrreiche Erfahrung für mich und Elizabeth Sherill, ihre Verlegerin. *Christy* wurde augenblicklich ein Bestseller und ist inzwischen in mehr als acht Millionen Exemplaren auf der ganzen Welt verkauft worden.

Gerüche

Jeder Montagmorgen konfrontierte mich mit Problemen, auf die mich keine Lehrerausbildung jemals hätte vorbereiten können. In erster Linie waren das – merkwürdigerweise – die Gerüche. Wie sollte ich mit dem Körpergeruch von Kindern zu Rande kommen, die eine Abneigung dagegen zeigten, während der kalten Monate ein Bad zu nehmen und die, falls sie überhaupt Unterwäsche besaßen, den Winter über wie darin eingenäht waren?

Sooft meine Schüler und ich die Kälte ertragen konnten, öffneten wir während des Unterrichts so viele Fenster wie nur möglich. Das half. Aber an manchen Tagen pfiffen die winterlichen Böen, die von den Bergen herabfegten, durch das Tal und schüttelten das Fachwerkhaus, als wäre es eine Ratte in den Fängen eines gigantischen Terriers; sie ließen die Balken erzittern und uns erschaudern und machten es unmöglich, das Fenster zu öffnen.

Morgens, während ich mich ankleidete, erkannte ich diese schlimmen Tage am schneidenden Pfeifen des Windes: Wir würden uns an diesem Tag dicht an den Ofen drängen müssen. Dann traf ich meine Vorbereitung, indem ich ein parfümgetränktes Taschentuch im Ärmel trug. Wenn dann einer der schwierigeren Schüler in meiner Nähe stand, um seine Lektion aufzusagen, konnte ich noch immer das Taschentuch herausziehen und meine Nase damit betupfen. Ich hoffte, daß keines der Kinder mein Manöver durchschaute.

Wieder und wieder ärgerte ich mich über meine überempfindliche Nase. An vielen Abenden, während ich in meinem Schlafzimmer die Lektionen des nächsten Tages vorbereitete, fiel mir irgendein Zwischenfall ein, der mich noch lange plagte: Wie ich vor Larmie Holt zurückgewichen war, als ich an seiner Seite hätte sitzen sollen, um seine Arbeit zu überprüfen. Da war dieser gewisse Blick in den Augen des Kindes gewesen, verwundert, ein wenig verletzt. Larmie hatte mich nicht verstanden. Wie konnte er auch!

Dann pflegte ich an meinem Bleistift zu kauen und auf und ab zu gehen, während ich über mein Dilemma nachgrübelte. Ich fragte mich, wie andere, die in ähnlichen Fallen gefangensaßen, zurechtkamen. All diese Missionare, die zu Hunderten aufs Missionsfeld gingen, mußten viel schlimmer dran sein als ich. Dennoch hatte ich keinen Missionar auf Heimaturlaub je von Problemen mit Unreinlichkeit und mangelnder Hygiene sprechen hören. Vielleicht war ihnen einfach das Thema zu heikel.

Dann war mir danach zumute, in Verzweiflung aufzuschreien: »Oh Gott, es könnte komisch sein, aber das ist wahrhaftig nicht der Fall, absolut nicht. Bitte – ändere meine Nase, oder hilf mir, die Kinder so rasch wie möglich sauberzukriegen.«

Das führte zu der Idee, in den täglichen Stundenplan eine Stunde über Hygiene oder Gesundheit einzubauen. Ich schickte nach Asheville um die entsprechenden Bücher. Man sandte mir jede Menge Material.

An einem Tag sprachen wir über die Haut, wie der Körper Schadstoffe durch die Poren ausscheidet und wie notwendig es ist, Schweiß und abgestorbene Hautzellen durch Waschen zu entfernen. Aber dann mußten wir die Sache praktisch angehen: *wie* badet man, wenn man nur einen Waschtrog oder einen Eimer vor dem offenen Feuer benutzen kann, und das gemeinsam mit einer großen Familie, die in einem Blockhaus mit nur ein oder zwei Zimmern wohnt, wie die meisten meiner Schüler.

An einem anderen Tag lernten wir reines Trinkwasser kennen, die Gefahren von Typhus und Bandwurm und wie man eine Quelle sauberhält. Damals erfuhr ich, wie oft die Kinder die Bergbäche als Toilette benützten, und mir wurde klar, daß ich meine Prüderie beiseiteschieben und frisch von der Leber weg sprechen mußte.

Ich bemerkte auch, wie die Kinder ihre »Frau Lehrerin« genau beobachteten, wie sehr sie sich danach sehnten, mir zu gleichen und wie sie mich auf vielfältige Weise kopierten. Ich bemühte mich also, es mit meiner eigenen Pflege noch genauer zu nehmen, trug jeden Tag frisch gestärkte und gebügelte Hemdblusen und sorgte dafür, daß mein Haar sauber und glänzend war.

Ich hoffte, daß einige dieser Anstrengungen auf meine Schüler abfärben würden – und so geschah es auch. Bald erkundigten sich Lizette Holcombe, Bessie Coburn, Ruby Mae und Clara Spencer, ob sie im Missionshaus ein Bad nehmen oder ihre Kleider waschen und bügeln dürften. Nachdem Miß Ida kein Interesse zeigte, wurde mein Zimmer zum hauptsächlichen Schauplatz solcher Aktivitäten. Und wenn die Mädchen sehnsüchtig kommentierten: »Frau Lehrerin, Sie riechen so gut«, dann ging ich noch einen Schritt weiter und stellte eine Dose mit veilchenparfümiertem Hautpuder für sie bereit.

Dann, nach einer gewissen Zeit, machte ich eine erstaunliche Entdeckung: Die Gerüche waren kein Problem mehr für mich. Es lag nicht daran, daß meine Hygiene-Lektionen einen so gewaltigen Unterschied gemacht hätten, und ich hatte mich auch nicht an die Gerüche gewöhnt, denn bei anderer Gelegenheit ärgerte mich meine närrische Nase wie eh und je.

Es lag eher daran, daß ich die Kinder kennenlernte und sie als Personen wahrnahm, nicht nur als Namen in meinem Zeugnisheft. Und im Zuge dessen vergaß ich meine Reaktionen und begann Liebe für sie zu empfinden. Ich nehme an, das hatte mit dem Grundgesetz zu tun, demzufolge eine Gemütsbewegung höherer Art eine solche niederer Art verdrängt, wenn wir nur der hohen Gemütsbewegung genügend Raum lassen. Für mich bedeutete das: Ich ließ die Liebe für die Kinder aus den Bergen zur Vordertüre herein, während meine zwanghafte Beschäftigung mit den Gerüchen zum Hintertürchen hinauskroch.

Ein anderes Problem war das jener Schüler, die ihren Altersgenossen in praktisch jeder Hinsicht hinterherhinkten. Es war nicht fair, daß ein großer Junge wie Lundy Taylor bei den Sechsjährigen in der ersten Klasse sitzen sollte, nurweil er nie zuvor in eine Schule gegangen war.

Aber genauso leid tat mir ein Kind wie Mountie O'Teale, dessen einziges wirkliches Problem das Familienleben der O'Teales war. Wenn Mountie zu sprechen versuchte, trat ein ernsthafter Sprachfehler zutage – ein stockendes Grunzen und Krächzen wie Tiergeräusche – mehr die Sprache einer Drei- oder Vierjährigen als die einer Zehnjährigen.

Mountie trug abgelegte Kleider, und ihr Haar war nur selten gekämmt. Und das kleine Mädchen lachte oder lächelte niemals, zeigte niemals die geringste Gemütsbewegung, weder Freude noch Schmerz. Sie schien innerlich so tot, daß ich nicht wußte, ob ihr überhaupt noch zu helfen war.

Dann erwischte ich eines Tages Creed Allen und ihren eigenen Bruder Smith dabei, wie sie sich über sie lustig machten. Auf dem Spielplatz bogen sie einen Sykamorenzweig bis zum Boden, lockten sie zu der Stelle und ließen den Zweig dann los, so daß er ihr ins Gesicht schnalzte. Es tat weh, und als sie zu weinen anfing, sangen sie im Chor:

»Maulfaule Millie
ist zum Reden zu faul,
stotter, stotter, Schnatterling
hat Murmeln im Maul.«

»Sieh nur, wie sie heult und sich die Augen ausflennt. Und wag's nicht, bei der Lehrerin zu petzen«, hörte ich sie zischen, um das Mädchen zu ärgern. »Aber die Lehrerin könnte dich ohnehin nicht verstehen, auch wenn du ihr was vorgackern würdest. Schnattermaul!«

Ich versuchte mich für gewöhnlich auf dem Spielplatz nicht zu oft einzumischen, also wartete ich ab, was geschehen würde. Nein, Mountie verpetzte die Jungen nicht, aber ich blickte sie an und sah, wie ihr das Elend aus den Augen starrte. Also *konnte* sie empfinden, konnte tiefe Gefühle empfinden. Plötzlich entdeckte ich wirkliche Intelligenz hinter der Mauer, die sie aufgerichtet hatte, um weitere Verletzungen abzuwehren. Die Chance bestand, daß Mountie das weiße Schaf in der Familie O'Teale war. Aber was konnte ich für sie tun? Wie konnte ich ihr helfen?

Vielleicht stellte mein Fragen und Grübeln und die Tatsache, daß ich Mountie inzwischen wirklich helfen wollte, eine Art Gebet dar. Gebete (das heißt, die Art von Gebeten, die um eine hilfreiche Idee zur Lösung eines konkreten Problems bitten) waren mir immer noch relativ neu.

Wie das auch sein mochte – wenig später, als ich am Fenster meines Schlafzimmers stand und den Blick über die Szenerie gleiten ließ, kam mir ganz klar der Gedanke: Warte auf eine Gelegenheit, etwas Besonderes für Mountie O'Teale tun zu können, etwas, das ihr Freude macht.

Die Gelegenheit kam schon am nächsten Tag. Zum ersten Mal bemerkte ich, daß der schäbige Mantel, in dem das kleine Mädchen immer zur Schule kam, keine Knöpfe hatte. Also eilte ich in der großen Pause ins Missionsgebäude hinüber, wählte ein paar große Knöpfe aus Miß Idas Knopfschachtel sowie eine Nadel und Faden. Während ich mein Mittagessen aß, nähte ich die Knöpfe an, dann hing ich Mounties Mantel sorgfältig an den Kleiderständer, wo ich ihn gefunden hatte.

Nach Schulschluß, während ich gerade meinen Schreibtisch aufräumte, hörte ich plötzlich ein Kichern am hinteren Ende des Raumes. Ich blickte auf und sah, daß es Mountie war.

»Mountie, was ist so spaßig?«

Sie kam zu meinem Schreibtisch gehüpft, stand da und deutete strahlend und aufgeregt auf die Knöpfe. »Sehen Sie meine Knöpfe an! Sehen Sie meine Knöpfe an!«

»Mountie, was sagst du da?«

»Frau Lehrerin, sehen Sie! Sehen Sie meine Knöpfe an! Meine hübschen Knöpfe!«

Ich konnte kaum glauben, was ich hörte. Trotz des Gackerns und des Gekichers, das die Tonleiter auf und ab lief, sprach das Kind zum ersten Mal verständlich. Es war, als sähe ich zu, wie sich etwas in ihr öffnete. Ich jubelte mit ihr und verließ die Schule in solcher Aufregung, daß ich am liebsten allen Leuten davon erzählt hätte.

Nachts dachte ich über diesen Durchbruch nach, und da kam mir der Gedanke, daß Mounties Sprachfehler vielleicht gefühlsbedingt war. Vielleicht brauchte sie nichts dringender als die Zusicherung, daß sie eine wirkliche Person war, daß jemand sie um ihrer selbst willen liebte.

Zwei Tage lang dachte ich darüber nach, wie ich ihr das am besten demonstrieren könnte. Schließlich beschloß ich, ihr ein Geschenk zu machen – den leuchtendrotend Schal, den meine Mutter für mich gestrickt hatte. Das Geschenk mußte unter vier Augen am nächsten Tag nach der Schule übergeben werden, damit die anderen Mädchen nicht neidisch wurden. Der Schal sollte Mountie klarmachen, daß sie für mich jemand ganz Besonderes war.

Und die Botschaft kam an, kein Zweifel. Diesmal lachte sie nicht nur entzückt, sondern umarmte und umarmte mich, führte im Schulzimmer einen improvisierten Tanz auf und schwenkte den Schal in der Luft. Dann übten wir ein ums andere Mal: »Sieh meine Knöpfe an.« »Ich mag den Schal.« »Schöner Schal.« »Oh, schöner roter Schal.« Und Herz und Hirn des Kindes öffneten sich immer weiter und weiter.

Mit jedem bißchen Ermutigung, das ich Mountie zukommen ließ, mit jedem Mal, wo ich ihr sagen konnte, daß sie Fortschritte gemacht hatte, strengte sie sich mehr an. Die Frau Lehrerin kümmerte sich um sie. Die Frau Lehrerin liebte sie. Hatte sie nicht die Knöpfe und den Schal zum Beweis?

Jetzt, wo das Innerste des kleinen Mädchens befreit war, begann sie zu funktionieren. Mountie O'Teale lernte erstaunlich rasch lesen. Später im Jahr machte ich Lesetests mit allen meinen Schülern. Ich traute meinen eigenen Noten kaum, als sich herausstellte, daß Mountie in ihrer Altersgruppe die besten Noten hatte.

Natürlich hatte sich der Sprachfehler noch keineswegs verflüchtigt; die emotionellen Blockaden gingen zu tief. Aber sie machte erstaunliche Fortschritte. Und dieses kleine Mädchen lehrte mich eine Menge darüber, was für ein Abenteuer der Beruf einer Lehrerin sein kann – und noch mehr: Was diese Kinder am meisten brauchten, war Liebe anstelle von einem Leben, das von Furcht und Haß regiert wurde. Die Erwachsenen, die dem Haß verfallen waren und ihn Tugend nannten, brachten bei ihren Kindern eine bittere Ernte ein.

Teil dieser Ernte war ein morbider Hang zur vorrangigen Beschäftigung mit den negativen Seiten des Lebens: Krankheit, Tod und Sterben. Ein krankhafter Umgang mit dem Tod war den meisten Kindern anzumerken. Das drückte sich auch in ihren Spielen aus.

»Laßt uns Beerdigung spielen« war eine Lieblingsbeschäftigung in der Pause. Mir erschien es als ein bizarres und langweiliges Spiel. Das einzig Positive daran war die Kreativität der Kinder und die Tatsache, daß sie mit sicherem Blick die Unehrlichkeit und Absurdität der Erwachsenen erfaßten.

Ein Kind wurde zum »Toten« bestimmt und legte sich ausgestreckt auf die Erde, die Augen geschlossen, die Hände, wie es sich gehörte, über der Brust gefaltet. Ein anderer war der »Prediger«, der Rest die »Trauergäste«. Ich erinnere mich an einen Tag, an dem Sam Houston Holcome der Tote war und Creed Allen, der sich immer als Hanswurst der Gruppe hervortat, zum Prediger bestimmt wurde. Creed, der mit zehn Jahren bereits ein Schauspieler von beachtlichem Können war, lieferte eine außergewöhnliche Darbietung. Ich stand halb versteckt im Schatten des Toreingangs und beobachtete sie.

Creed (bellte in dröhnenden Baßtönen): »Ihr solltet mal lieber aufhör'n, so niederträchtig zu sein, und ich sag euch auch warum! Preist den Herrn! Wenn ihr nich' bald aufhört, so verdammt mies zu sein, dann werdet ihr Bruder Holcome auf den Straßen, die mit Rubinen und so Zeugs gepflastert sind, niemals zu sehen bekommen, um ihm ›Guten Tag‹ zu sagen, denn man wird euch aufs Backblech legen und im Höllenfeuer rösten!«

Die Versammlung schauderte vor Entzücken, als hörten sie eine köstlich schauderhafte Gespenstergeschichte. Der Leichnam öffnete ein Auge, um sehen, wie die Trauergäste diesen Anpfiff aufnahmen; er seufzte zufrieden, als er sie zittern und beben sah, zuckte mit dem rechten Bein, auf dem ihn eine Fliege kitzelte, und faltete die schmutzigen Hände bequemer über der Brust.

Dann packte Creed sein rechtes Ohr mit seiner rechten Hand und spuckte. Allerdings verfügte er nicht über genügend Spucke, um einen eindrucksvollen Klecks zu machen. Also hielt der Prediger inne und wackelte wie wild mit dem Kiefer, um mehr Spucke zu sammeln. Wieder holte er aus. Ah, das war besser!

Die Predigt ging weiter: »Freunde und Nachbarn, wir blicken zum letzten Mal auf Bruder Holcombes Gesicht.« (Eindrucksvolle Pause) »Preist den Herrn! Wir werden ihn in diesem Leben nicht wiedersehen.« (Neuerliche Pause) »Preist den Herrn!«

Der kleine Prediger kam nun richtig in Fahrt. Er erinnerte sich an etwas, das er auf dem letzten Begräbnis gehört haben mußte. Zuerst ein kräftiger Spucker, ein weiteres Zerren am Ohr. »Ihr genießt euer

Leben jetzt, Leute. Ich hab es auch mal genossen. Aber seit ich fromm geworden bin, hab ich keinen Spaß mehr am Leben.«

An dieser Stelle zog ich mich hinter die Türe zurück, um nicht durch lautes Auflachen meine Gegenwart zu verraten.

»Und nun laßt uns alle das Lieblingslied unseres verblichenen Bruders singen:

Bin frei wie ein Vöglein im Himmelsraum,
mein Nestchen bau ich im Weidenbaum ...«

Und dann später: »Und nun wollen wir uns alle versammeln und uns ansehen, wie natürlich Bruder Holcombe aussieht.«

Jetzt waren die Trauergäste dran, ihren Part in der Handlung zu übernehmen, vor allem die Mädchen. Jede Menge Gekreische, Gestöhn und Gejammer folgte; sie taten, als wollten sie sich schluchzend auf den Sarg werfen und mit dem Toten reden.

»Oh Herr, er wird ein lieblicher Blumenstrauß im Himmel sein«, schrie jemand.

Plötzlich dröhnte mitten aus dem Knäuel die kräftige Stimme des Leichnams: »Hört bloß auf, mich zu kitzeln. Und mir ist sowieso der Boden zu hart. Laßt mich los. Ich bin noch kein lieblicher Blumenstrauß im Himmel. Ich will hier raus!«

Der Hunger nach Berührungen

Nachdem ich eine Weile unterrichtet hatte, erkannte ich, wie sehr meine Schüler nach einer Liebe hungerten, die sich in körperlicher Nähe ausdrückte. Sie langten ständig nach mir, berührten mich, drückten mich – wie der kleine Burl, der am ersten Tag des Unterrichts immer wieder an meinen Schreibtisch kam, seinen kleinen Körper dicht an den meinen drängte und die Stickerei auf meinem Mieder mit seinem plumpen Zeigefinger nachzeichnete.

Anfangs hatte ich die Bedeutung dieser Sehnsucht nach Berührungen nicht erkannt, ebensowenig wie ich gewußt hatte, wie weit diese Sehnsucht in die Kindheit zurückreicht. Aber dann stolperte ich förmlich über die Verbindung zwischen dem Bedürfnis nach Berührungen und der Lernfähigkeit der Kinder. Drei meiner Anfänger, Jake und Larmie Holt und Mary O'Teale hatten die größten Schwierigkeiten beim Lesenlernen. Wenn ich sie eins nach dem anderen auf den Schoß nahm und mit ihnen einen Abschnitt durcharbeitete, lernten sie doppelt so schnell. Sie mit Liebe zu überschütten schien Blockaden zu lösen, wie es mit Mountie geschehen war.

Natürlich war es bei 67 Schülern in allen Altersstufen unmöglich, ihnen allen soviel persönliche Aufmerksamkeit zukommen zu lassen. Es erschien mir auch nicht richtig, den langsamen, stupiden Kindern die meiste Zeit zu widmen, statt mich um die intelligenten zu kümmern. Ich fand eine teilweise Lösung, indem ich Hilfslehrer ernannte, die mir die Arbeit erleichtern sollten. Das waren meine ältesten und besten Schüler wie Bob Allen, John Spencer, Lizette und John Holcombe. Sie wiederum profitierten davon, die Jüngeren zu unterrichten.

In kürzester Zeit wurde es zur meistbegehrten Ehre in der Schule, zum Hilfslehrer ernannt zu werden. So sehr, daß ich für diese Kinder ein spezielles Abzeichen entwerfen mußte: Ein Stück dicker Stoff, der in Form eines Schildes ausgeschnitten wurde. Jedes Abzeichen war anders geschmückt, mit kleinen Stücken bunter Bänder oder glänzenden Knöpfen und Litzen von den Kleidern in den Spendensäcken der Mission.

Die Pause gab mir eine weitere Gelegenheit, diesen Hunger nach Berührungen bei mehreren Kindern zugleich zu stillen. Sooft ich auf die Spielwiese hinausging, schwärmten meine Kleinsten um mich herum, und jedes wollte sich an einem Finger festhalten.

Allmählich entwickelte sich daraus das »Fingerspiel«. Zehn Kinder konnten mitspielen, fünf auf jeder Seite, die alle einen Finger festhielten. Aber um sich nicht ineinander zu verwickeln, umzufallen und dabei einen Finger der Frau Lehrerin zu brechen, mußten wir ganz dicht aneinandergepreßt marschieren. Ich befand mich im Zentrum des Fächers, jedes Kind hielt eine Hand auf der Schulter des Vordermannes, und wir marschierten mit perfektem Rhythmus, perfekter Koordination. Wenn eines der Zehn aus dem Takt kam, fielen wir alle in einem Haufen übereinander. Aber ob wir perfekt dahinmarschierten oder einer über den anderen stolperten, immer gab es brüllendes Gelächter.

Das Fingerspiel erwies sich als ausgezeichnete Methode, um den Kindern beizubringen, wie wichtig Zusammenarbeit für ein harmonisches Zusammenleben ist. Damals war ich so neu in der Gegend, daß ich noch nicht erkannte, wie dringend notwendig auch die Eltern der Kinder diese Lektion hatten. Denn Zusammenarbeit fiel den Hochländern ungeheuer schwer, wenn es nicht gerade um den engsten Familienkreis ging.

In diesem Punkt ließen sie eher das Erbe des schottischen Hochlandes als das typische Verhaltensmuster der amerikanischen Pioniere erkennen. Denn ich war immer der Meinung gewesen, daß in den Tagen der Pioniere ein hoher Grad an Nachbarschaftshilfe und Kooperation notwendig gewesen war, um überhaupt überleben zu können; dazu gehörte die gemeinschaftliche Arbeit an Blockhütten und Scheunen, beim Roden des Landes und bei der Ernte, die gemeinsame Zuflucht in Wagenburgen und Forts gegen Angriffe der Indianer, das Staffettensystem beim Vorstoß nach Westen.

Aber in den Bergen – obwohl man sich gelegentlich zu gemeinsamer Arbeit zusammenfand – nährten viele Faktoren, darunter das Terrain selbst, die isolierten Täler und die Schwierigkeit, von einem Ort zum anderen zu gelangen, einen selbstsüchtigen Isolationismus. Jeder Haushalt, der da in seiner Talmulde saß, war auf sich selbst gestellt – und kam allein zurecht. Die Leute in der Gegend zeigten sich überaus mißtrauisch gegen jeden Anschluß an eine Gruppe oder Organisation. Manchmal fragte ich mich, ob sie überhaupt damit einverstanden waren, zu den Vereinigten Staaten von Amerika zu gehören.

Für die Schulmission zu arbeiten war oft, als versuchte ich einen Berg zu bewegen, indem ich mich mit der Schulter gegen den Berg stemmte. Ich hatte Mühe, die schlimmsten dieser Individualisten, die sich nichts sagen ließen und sich von niemandem führen ließen, zu mögen, von lieben gar nicht zu reden. Dann tröstete ich mich mit dem Gedanken: »Es ist schließlich mein gutes Recht, nicht alle Leute zu mögen.«

Es war ausgerechnet Klein-Burl, der mir zu dem Verständnis verhalf, daß es ganz im Gegenteil mein gutes Recht war, den Versuch zu unternehmen, alle Leute zu lieben – oder immerhin eine Anstrengung zu machen, das Gute in jedem einzelnen Menschen zu sehen.

Eines Morgens hatten wir unsere Leseübung unterbrochen, um die Vögel auf dem schuleigenen Futterplatz zu beobachten. Auf meinen Vorschlag hin hatte Mr. Spencer ihn für uns gebaut und auf einem Pfosten montiert, der nahe bei einem Fenster des Klassenzimmers stand. Als der Frühling näherkam, tauchten immer mehr und vielfältigere Vögel auf. Meine Schüler waren fasziniert. An diesem Morgen hatten wir eine Anzahl Meisen und einen Specht beobachtet. Dann tauchte ein Rotkehlchenpaar auf, das Männchen mit den leuchtendsten roten Federn, die ich je an einem Vogel gesehen hatte, und stopfte sich mit Krümeln und Sonnenblumenkernen voll.

Als ich diese herrlichen roten Federn betrachtete, rief ich aus: »Ist es nicht großartig, wie viele verschiedene Vögel es gibt, und jeder ist etwas ganz Besonderes! Gott muß ein Herz für sie gehabt haben, oder er hätte sie nicht so wunderschön gemacht.«

Dann konnte ich nicht anders, ich mußte hinzufügen: »Er liebt alles, was Er geschaffen hat – jeden Vogel, jedes Tier, jede Blume, jeden Mann und jede Frau, jeden einzelnen von euch – Er liebt euch ganz besonders herzlich.«

Klein-Burl beschäftigte sich nicht mehr mit dem Lesen, sondern saß an seinem Tisch und starrte zur Decke hinauf. Seine Stirnlocke ragte steif in die Höhe, sein komisches kleines Gesicht war zu einem Ausdruck intensivster Konzentration verzogen. Irgend etwas, das ich gesagt hatte, hatte tiefen Eindruck auf ihn gemacht; ich hoffte, er würde mich in seine geheimen Gedanken einweihen.

Ich beugte mich eben nieder, um frisches Papier aus der Schreibtischschublade zu holen, als ich Arme um meinen Nacken fühlte, die mich leidenschaftlich umarmten. Es war Klein-Burl. Er stellte seine nackten Füße auf meine größeren, verschränkte beide Hände hinter meinem Nacken, streckte sich, um mir voll in die Augen schauen zu können.

»Frau Lehrerin, Frau Lehrerin, wenn Gott uns alle liebt, Frau Lehrerin, dann will Er doch auch, daß wir alle einander lieben, eh?«

Ich starrte den Sechsjährigen voll Erstaunen an. »Ja, Klein-Burl, das ist wahr.« Jetzt und allezeit und in Ewigkeit.

Ich verzichtete also auf mein gutes Recht, manche Leute einfach nicht leiden zu können und mich von solchen Leuten fernzuhalten. Und damit gewann ich größeres Verständnis und wachsendes Mitgefühl, mehr Liebe für die Kinder und, mit der Zeit, auch für die älteren Leute. Und plötzlich erwachte ich und begriff, daß die üblen Gerüche im Schulzimmer kein Problem mehr darstellten.

Unruhestifter

Es wurde nie geklärt, welcher von den Jungen Murmeln im Ofen erhitzt und dann auf dem Boden verstreut hatte, in der Hoffnung, ein barfüßiger Schulkamerad würde sich einen heißen Fuß holen. Ich hatte Lundy Taylor im Verdacht, der älter und größer war als all die anderen Kinder, sich in der Schule langweilte und ständig für Unruhe sorgte.

Dann geschah es, daß ich zum Ofen hinüber ging, um das Feuer zu schüren. Kaum hatte ich das Eisengitter geöffnet und den Schürhaken hineingestoßen, als eine Serie von Explosionen wie das Abfeuern eines Maschinengewehrs mir Flammen und Funken ins Gesicht, auf mein Haar und meine Kleider spie. Mit einem unwillkürlichen Aufschrei fuhr ich zurück und schlug auf die Funken ein.

Ruby Mae, die mir am nächsten saß, stürzte auf mich zu und fegte mir mit hysterischen Bewegungen brennende Stückchen von irgendwas aus dem Haar. Als wir schließlich all die winzigen Brände ausgetreten hatten, sah ich, daß mein Kleid verschiedene verschmorte Stellen und durchgebrannte Löcher aufwies. Und so wie eine Stelle mich im Nacken juckte, wußte ich, daß ich dort eine Brandwunde hatte.

Ich stand mit knallrotem Gesicht und aufgelöstem Haar da und starrte meine Schulklasse an, so aufgebracht, daß ich einen Augenblick kaum ein Wort hervorbrachte. Schließlich fragte ich mit zitternder Stimme: »Was ist da explodiert?«

Lange Zeit herrschte Schweigen. Einige der Kinder konnten mir nicht ins Gesicht sehen. Schließlich meldete sich Joshua Bean Beck zu Wort. »'s waren Bucheckern, Ma'am, Bucheckern in der Asche. Sie werden heiß, und dann platzen sie und explodieren, wenn die Luft dazukommt.«

Ich öffnete den Mund, um die nächste offenkundige Frage zu stellen, aber Joshua Bean kam mir zuvor. »Nein, Ma'am, Frau Lehrerin. Das würd' ich Ihnen nicht antun. Ich nicht.«

Ich merkte, wie bereits eine Flut zorniger Worte aus meinem Mund quellen wollte. Ich biß mich auf die Lippen, zwang die Worte zurück. Im Bemühen, mich zu fassen, drehte ich mich rasch zur Tafel um und wollte mit den Ausspracheübungen fortfahren, die der Bucheckern-Trick unterbrochen hatte.

Aber ich hatte kaum ein paar Worte geschrieben, als ein gleichmäßiger Lärm aus dem Hintergrund des Klassenzimmers meine gequälten Gedanken störte. Ich drehte mich gerade noch rechtzeitig um, um zu sehen, wie Lundy den Mittelgang entlangstolzierte und Mountie O'Teale mit einem Stock in den Rücken stieß, wobei er laut vor sich hinmeckerte.

Es war eine bewußte Herausforderung. Das Grinsen auf seinem Gesicht und der heimtückische Blick in seinen Augen weckten den Verdacht in mir, daß er auch für die Bucheckern verantwortlich war. Aber natürlich konnte ich nicht sicher sein.

»Lundy«, sagte ich mit ungeheurer Anstrengung, ruhig zu bleiben, »hör auf damit und setz dich wieder auf deinen Platz.«

Der riesige Junge stand da und gaffte mich an, den Stock in der Hand, den Mund halboffen, die Augen leer. Dann loderte Feuer in seinen Augen auf.

»Ich laß mir von keiner Frau nich' sagen, was ich zu tun hab«, knurrte er. »Ich hör auf, wenn's mir Spaß macht.«

Einen Augenblick war ich verblüfft, dann übermannte mich die Wut. Der Sturm in meinem Herzen verlieh mir einen Mut, den ich normalerweise nicht gehabt hätte. Ich lief den Mittelgang entlang, auf das grinsende Gesicht zu. Die Tatsache, daß der Junge einen Kopf größer war als ich selbst, kümmerte mich jetzt nicht im geringsten.

»Du hörst auf, wenn ich es dir sage«, stieß ich beinahe kreischend hervor, »und ich sage es dir jetzt und hier.«

Dann streckte ich die Hand aus und packte seinen dicken Haarschopf mit aller Kraft, zerrte ihn hinunter und schüttelte ihn, während ich ihn auf den nächstbesten Stuhl stieß.

Das Reißen am Haar überraschte Lundy. Seine wäßrigen blauen Augen zwinkerten, um die Tränen zurückzudrängen. Aber im nächsten Augenblick sprang er auf, die Fäuste geballt, als wollte er auf mich losgehen. Die meisten Kinder waren aufgesprungen. Ich fühlte John Spencer an meiner Seite, wie er versuchte, sich zwischen Lundy und mich zu drängen.

»Lundy, bleib auf deinem Stuhl sitzen!« Eine strenge Männerstimme meldete sich von der Türe her. Es war David Grantland, der Mathematiklehrer, der zur nächsten Stunde kam. »Noch ein Wort von dir, und du kannst gegen mich antreten«, fügte er hinzu.

Der Junge kroch augenblicklich in sich zusammen. Dann fühlte ich, wie Davids Augen zu meinem Gesicht schweiften. Jetzt, wo die unmittelbare Krise vorbei war, zitterte ich plötzlich am ganzen Leib. Im Augenblick war David an meiner Seite und führte mich auf die andere Seite des Klassenzimmers.

»Setz dich«, flüsterte er. »Ich übernehme ein Weilchen den Unterricht. Um Lundy kümmern wir uns später.«

In dieser Woche kam Lundy nicht mehr zur Schule. Aber in der darauffolgenden Woche drang der Klatsch an meine Ohren, daß Lundys Vater, Bird's-Eye Taylor, es als Beleidigung der Familienehre betrachtete, daß ich seinen Sohn an den Haaren gerissen hatte, und Rache gegen »diese Lehrerin, die man ihnen aufgeschwatzt hatte«, plante. Ich glaubte nicht an das Gerede, aber der Zweck von Strafen bestand nun einmal nicht darin, Schüler aus der Schule zu verjagen. Als daher ein Tag auf den anderen folgte und Lundy immer noch nicht auftauchte, wußte ich, daß ich das Mißverständnis aufklären mußte – und ich fürchtete mich davor.

Eines Morgens wartete mein rothaariger Schatten, Ruby Mae, auf mich. »Frau Lehrerin, Sie kriegen Ärger mit Bird's-Eye. Mehr Ärger, als Sie sich vorstellen können.«

Es war ein herrlicher, sonniger Tag, viel zu hübsch, um über Probleme zu reden. »Was für Ärger?« fragte ich gleichgültig.

Ruby Mae schlang beide Arme um die eigene Brust und schauderte. »Weiß nicht genau. Aber er ist ein ganz schrecklicher Mann. Läßt sich von niemand was gefallen.«

»Aber ich habe Mr. Taylor noch nie gesehen.«

»Aber seinen Sohn haben Sie doch gesehen, als Sie ihm beinahe das Haar aus dem Kopf rissen.«

»Lundy hat es verdient. Und wer weiß, vielleicht ist sein Vater froh, daß irgend jemand es Lundy einmal so richtig gezeigt hat.«

Ruby Mae blickte mich an, als wäre ich ein Monstrum. »Woll'n Sie sagen, Sie hätten keine Angst?«

»Nein, hab' ich nicht.«

»Aber Frau Lehrerin, ob's nun sein Haar war oder das seines Jungen, das macht nicht den kleinsten Unterschied. Er ist stinksauer auf Sie und plant Rache.«

»Und wenn du mich fragst, findest du's schick, die ganze Sache mächtig aufzublasen.«

Ruby Mae war verblüfft, als sie mich so offen sprechen hörte. Dann sagte sie langsam: »Aber nun sehen Sie, Frau Lehrerin, was da in der Schule geschehen ist, wurde beim Weitererzählen immer noch ein bißchen schlimmer.«

»Davon bin ich überzeugt. Und paß bloß auf, daß du nicht – «

»Nein, mach' ich nicht. Aber ich fürchte, Mr. Taylor hat gehört, Sie hätten Dinge getan, die Sie gar nicht getan haben.«

»Oh, ich beginne zu verstehen.«

»Ja, Ma'am. Und er ist entschlossen, Dinge zu glauben, die gar nicht wahr sind.«

»Das entscheidet die Sache. Ich muß hingehen und ihm erklären, was wirklich vorgefallen ist.«

Nun verzerrte wirkliches Entsetzen Ruby Maes sommersprossiges Gesicht.

»O nein, Ma'am, das dürfen Sie keinesfalls tun. Sie bringen Ihr Leben in Gefahr. Frau Lehrerin, gegen den Mann haben Sie keine Chance. Der hat schon mehr als einen umgebracht. Und wenn er jemand nicht umbringen will, dann fällt ihm vielleicht grad ein Stein in die Hand.«

»Stein? Willst du damit sagen, er bewirft sie mit Steinen?«

»Ja, Ma'am, und wenn der Stein grad eine Stelle trifft, wo's tödlich ist, dann hat eben der Stein Schuld daran.«

Ihr Gesicht ließ erkennen, daß sie das keineswegs für spaßig hielt.

»Ruby Mae, du bist doch eine Plaudertasche! Du redest und redest, und ich habe nicht die geringste Vorstellung, was ich davon ernst nehmen soll.«

Sie grinste mich an. »Es stimmt alles, Ma'am. Ich halt nicht bloß Maulaffen feil. Aber bitte, gehen Sie hier in der Gegend niemals zu nah an irgend jemandes Haus heran, ohne am Rand des Hofes stehenzubleiben und laut zu rufen. Sie sollten das ernst nehmen.«

»Ist das so Brauch in der Cove?«

»Nun ja, genaugenommen ist es nicht gerade ein Brauch. Es ist bloß so, wenn Sie nicht rufen, werden Sie vermutlich angeschossen.«

Ich konnte Ruby Maes Geplapper vergessen, aber wenn ich mein Versprechen halten sollte, mich mit ganzem Herzen der Schule zu widmen, dann konnte ich die Angelegenheit Lundy nicht vergessen. Offenbar gab es nur eine Lösung: Ich mußte Mr. Taylor aufsuchen.

Ein Besuch bei Bird's-Eye

Die Blockhütte, die Bird's-Eye Taylor bewohnte, war der einsamste und ausgefallenste Ort, den ich je gesehen hatte. Sie war zwischen zwei Felsblöcken erbaut worden, die den Gipfel eines kleinen Berges bildeten, und erinnerte mehr an eine Festung als an ein Bauernhaus. Das letzte Stück des Aufstiegs war so steil, daß ich mein Pferd zwei- oder dreihundert Meter unterhalb der Hütte an einen Baum band und den Rest des Weges zu Fuß hinaufkletterte. Aber ich hielt zuerst einmal inne, um »Hallo« zu rufen, wie Ruby Mae es mir geraten hatte.

Die Hütte, die wie ein Adlernest auf den Felsen saß, hatte keinen Vorplatz. Von meinem Standplatz sah es aus, als trete man durch die Vordertür direkt in den leeren Raum.

Kaum war der Ruf aus meinem Mund ertönt, als sich die Tür auch schon mit der Gestalt eines Mannes füllte, der ein Gewehr in der Hand trug. Es ging zu schnell; er hatte mich während des ganzen Aufstiegs beobachtet.

»Ich möchte mit Ihnen reden, Mr. Taylor«, rief ich ihm zu. »Kann ich raufkommen?«

»Meinetwegen, kommen Sie rauf.« Aber es klang mürrisch.

Der Pfad war steil, festgetreten und schlüpfrig. Als ich näherkam, sah ich, daß sich vor der Tür eine ebene Fläche von ungefähr einem Meter im Quadrat befand. Bird's-Eye Taylor war nicht so groß, wie ich ihn mir vorgestellt hatte. Er war anders gebaut als sein Sohn, nicht einmal ganz mittelgroß und eher zart, zugleich aber schlank und aufrecht. Er trug ein schmutziges kariertes Flanellhemd über einem Paar schäbiger Hosen, die von Hosenträgern festgehalten wurden.

»Ich bin Christy Huddleston, die neue Lehrerin, Mr. Taylor.« Ich versuchte, es so klingen zu lassen, als sei an diesem Besuch nichts Außergewöhnliches.

»Was woll'n Sc von uns?« Der Ton war grobklotzig. Die Augen, die in die meinen blickten, waren hart und von einem wäßrigen Blau. Ein Schlitz von einem Mund saß in dem graustoppeligen Gesicht, das seit Tagen kein Rasiermesser mehr gesehen hatte. Er trug einen Filzhut mit einer Krempe, die rundum herunterhing, und einer Anzahl Löcher darin, die von einer großen Sicherheitsnadel zusammengehalten wurden.

»Ich wollte Sie einfach mal kennenlernen, Mr. Taylor. Und mit Ihnen über Lundy reden. Wir haben ihn in der Schule vermißt. Wir fragten uns, warum er nicht mehr kommt.«

»Das wiss'n Se.«

»Darf ich reinkommen?«

»Ist kein Ort für 'ne Frau. Bloß Lundy und ich wohnen hier.«

»Ich weiß. Ich verstehe. Aber ich würde gerne mit Ihnen sprechen.«

Er schien überrascht über die Hartnäckigkeit, die ich angesichts seiner betonten Kälte an den Tag legte, trat aber schließlich beiseite. »Dann komm'n Se rein und setzen Sie sich.« Erst jetzt sah ich Lundy hinter seinem Vater stehen.

Das Innere der Blockhütte war winzig und wirkte mehr wie eine Höhle als wie eine Hütte. Ein Kamin aus Feldsteinen befand sich im Hintergrund. Daran hingen schwarze Töpfe an Haken; Kochherd war keiner zu sehen. Ich hatte den Eindruck, daß sich irgendwo an den Wänden der Eingang zu einer Höhle unter den Felsplatten befand. Der Raum war nur mit dem Notwendigsten möbliert und seit langer Zeit nicht mehr aufgeräumt worden.

Mr. Taylor stieß mit einem Fuß einen geradlehnigen Stuhl an, so daß er über den Fußboden in meine Richtung rutschte, dann setzte er sich auf einem zweiten neben dem einzigen Tisch im Raum nieder.

»Hallo, Lundy.« Ich versuchte so viel Wärme wie möglich in meine Stimme zu legen. Der trollhafte Junge, der so viel größer als sein Vater war, war immer noch keinen Zoll von Mr. Taylors Seite gewichen. »Wann kommst du wieder in die Schule?«

»Weiß nicht.«

Die Schlitzaugen beäugten mich mit einem Ausdruck, als ziehe er mir die Kleider vom Leib. Zum ersten Mal hatte ich Angst und begriff, wie töricht ich gewesen war, mich in eine so schutzlose Position zu begeben. Und noch schlimmer, niemand im Missionshaus wußte, wo ich mich aufhielt.

»Kann's Ihnen genauso gut sagen«, sagte Mr. Taylor. »Hab' kein Vertrauen zu weiblichen Lehrern.«

Was sollte ich darauf antworten?

Ich begann unbeholfen: »Mr. Taylor, ich weiß doch, Sie wollen, daß Lundy in die Schule geht, damit er es später einmal im Leben leichter hat. Ich bin nicht gerade die beste Lehrerin auf Erden. Aber ich glaube, ich könnte Lundy das eine oder andere beibringen.«

Er ignorierte meine Rede und rieb sich mit der Hand das stoppelige Kinn. »Will meinen Jungen selbst durchprügeln. Brauch keine Weiberleute dazu.«

»Mr. Taylor, ich habe Lundy nicht durchgeprügelt.«

»Nicht verklopft?«

»Nein, hab ich nicht. Lundy ist größer als ich. Was meinen Sie, wie ich ihn verprügeln sollte?«

Lundy schob sich unauffällig in Richtung Tür. Die Hand seines Vaters schoß vor, um ihm einen Schlag zu verpassen, aber der Junge duckte sich. »Verfluchter Narr. Hast mich angelogen.«

»Ah, Paps, ich hab bloß – «

»Ich krieg' dich und versohl' dir den Hintern, bis dir die Hosen rauchen!«

Aber Lundy war schon zur Tür hinaus verschwunden.

»Seien Sie nicht zu streng mit ihm, Mr. Taylor. Lundy wollte nur herausfinden, wie weit er gehen könnte. Ich hatte ein bißchen Ärger mit ihm, weil er immer aufsteht und im Zimmer herumgeht, sich dahin und dorthin setzt und den jüngeren Schülern gemeine Streiche spielt. Schließlich mußte ich streng mit ihm reden. Und ich habe ihn am Haar gerissen.«

Zum ersten Mal zeigte Bird's-Eye Taylors Gesicht Anzeichen, daß er auftaute. Er schien es gar nicht für eine schlechte Idee zu halten, Lundy am Haar zu reißen.

»Lundy kommt schon in Ordnung. Ich hoffe, Sie schicken ihn bald wieder zur Schule.«

»Oh, Lordy! Glaub nich', daß die Schule bei Lundy was nützt. Kann sein, daß er'n bißchen bekloppt ist. Seine Mama war's.«

Vorsichtig fragte ich: »Wie meinen Sie das, Mr. Taylor?«

»Seine Mama kam in 'ne Klapsmühle. Jenseits der Staatsgrenze in North-Carolina. Bin von dort weggezogen. Deshalb zieh ich Lundy allein auf.«

»Ich verstehe. Nun, mir scheint, Sie könnten Hilfe gebrauchen. Dazu ist die Mission da – um zu helfen.«

»Se könn'n keine Milch aus'm Stein pressen.«

»Nein, aber geben Sie Lundy nicht auf. Er kann lernen.«

»Vielleicht. Vielleicht auch nicht. Sehn Sie mal, Kirchen und der ganze fromme Kram is' nichts für Leute wie uns. War immer'n Sünder. War aber niemals ein Heuchler. Hab' den Herrn niemals angelogen. Kein Pharisäer kann das Königreich des Himmels ererben. Weiß natürlich, daß es nich' genauso geschrieben steht.«

»Aber ich bin ebenfalls eine Sünderin. Jedermann ist das. Und soweit ich es verstehe, ist die Kirche eben dazu da – um Sünder zu erretten.«

»Brauch nich' gerettet werden. War immer ein Sünder. Werd' immer einer sein. Kann Kirchen nich' ausstehen.«

Es hatte anscheinend wenig Sinn, das Thema weiter zu verfolgen. »Mr. Taylor, ich muß jetzt wieder gehen. Sie werden Lundy wieder in die Schule schicken, ja?«

»Werd' drüber nachdenken.«

»Und kommen Sie doch gelegentlich einmal im Missionshaus vorbei. Wir würden uns gerne mit Ihnen anfreunden.«

Er gab keine Antwort darauf, aber dann sagte er langsam: »Hab keine Steine und niemanden, dem ich sie nachschmeißen kann.«

Was für eine wunderliche Bemerkung, dachte ich. Dann fiel mir ein, was Ruby Mae gesagt hatte – daß Bird's-Eye Taylor seine Feinde mit Steinen zu bewerfen pflegte.

»Nun, dann auf Wiedersehen«, rief ich über die Schulter zurück und eilte den Pfad hinunter, so schnell ich es wagte. Ich hatte das Gefühl, daß Lundy irgendwo in der Nähe lauerte und mich hinter einem Busch oder Baumstamm hervor im Auge behielt, aber ich wartete nicht ab, ob es stimmte.

Mehr als eine Woche verging. Dann blickte ich eines Tages von meinem Schreibtisch auf, und da stand zu meinem Erstaunen Lundy und blickte mich an. »Soll ich die Tafel für Sie putzen, Frau Lehrerin?«

Er schien wie verwandelt, nicht mehr so mürrisch und hinderlich. Es war ganz offenkundig, daß seine Einstellung zu mir sich geändert hatte. Er sah mich mit anderen Augen an; er kam an meinen Schreibtisch heran, sooft er es wagte; er hing nach Schulschluß herum, beäugte mich und schwatzte.

Ich spürte, daß der neue Lundy ein neues Problem für mich darstellen würde.

Fairlight

Ein warmer Hauch des Frühlings lag in der Luft, als ich den Berghang zur Hütte der Spencers hinaufstieg. Die Immergrünbüsche hatten lebhafte grüne Triebe, und die Weiden, die ihre Äste über den Bach beugten, waren ein wisperndes Netz grüner Spitzen. Hier und da zeigten in den Feldern des Tales duftende Büsche ihren gelben Blütenschmuck.

Es war ein Ort, den irgend jemand vor langer Zeit mit großer Sorgfalt ausgewählt haben mußte. Ich fühlte mich, als stünde ich am höchsten Punkt der Erde. Der stille Blick der Berge ruhte auf mir, Trivialitäten und kleine Bosheiten und billige Niedertracht verblaßten und verschwanden aus meinem Blickfeld. Das Haus der Spencers zu betreten war, als steckte man die Nase in ein Duftkissen voll Balsamtannennadeln oder Zedernholzsplitter.

Mrs. Fairlight Spencer hatte wilde Weinblätter in zwei alten irdenen Schüsseln arrangiert. Die Blätter waren zum Großteil noch bronzefarben und weinrot vom Winter, hie und da zeigte sich schon frisches Grün, und in eine angeschlagene Tasse hatte sie Veilchen und andere wilde Frühlingsblumen gestellt.

»Die allerersten«, sagte sie zu mir und streckte schmale Finger aus, um ohne jede Verlegenheit die Blumen zu liebkosen. »Die kleinsten Boten des Frühlings.«

Die Grazie der Bewegung und die langen, schmal zulaufenden Finger (obwohl sie rot und rauh waren und zersplitterte, abgebrochene Nägel hatten) fesselten meine Aufmerksamkeit. Ich stand da und dachte, dies sollten die Hände einer Dame sein, die einen Elfenbeinfächer schwang oder ihre Röcke aus Seide oder Satin glättete. Es waren die Hände einer Aristokratin, und da fand ich sie an einer Bergbewohnerin, die im tiefsten Hinterwald lebte.

Sie war eifrig bemüht, mir alles zu zeigen, einschließlich einer außergewöhnlichen Flickendecke, die auf einem Arbeitsrahmen nahe am Kamin aufgespannt war. Während ich die Flickendecke betrachtete, sah ich, daß es nicht das übliche, aufs Geratewohl zusammengestückelte Flickwerk war, sondern ein Mond-und-Sterne-Motiv. Als ich Mrs. Spencer danach fragte, deutete sie auf ein kleines Fenster, das sich rechts vom Kamin hoch oben in der Mauer befand.

»Sehen Sie diesen Ausguck? Er macht mir jede Menge Freude. Wenn ich mich einsam fühle, muntert es mich wieder auf, wenn ich dort hinaufschaue und die Sonnenscheibe sehe oder den Mond und die Sterne. Also habe ich dreimal in einer Nacht eine Idee aufgezeichnet – drei hübsche Bilder vom Neumond und einem Stern.«

Ich sah sie erstaunt an. »Mrs. Spencer, wollen Sie damit sagen, Sie hätten ein Bild des Neumonds in drei verschiedenen Positionen gezeichnet und dann auf Ihre Flickendecke kopiert?«

Sie nickte. »War nicht viel Arbeit. Macht Freude, den Sternenhimmel genau da auf meiner Bettdecke zu haben.«

Dann wechselte ihr Gesichtsausdruck. »Sehen Sie mal – Sie haben niemals zuvor mit einer Schule zu tun gehabt. Jede Menge Kinder für eine junge Frau. Kann ich irgendwas tun, um Ihnen zu helfen, vielleicht den Schulhof aufräumen? Ich bin eine geschickte Arbeiterin. Oder Ihre Ausgehkleider waschen? Ich bin jetzt an der Reihe, Ihnen einen Gefallen zu tun.«

Die Worte wurden mit sanfter Würde gesprochen, als würde mir ein Geschenk überreicht, und das war auch tatsächlich der Fall. Hier war eine Frau aus den Bergen mit fünf Kindern und einem Ehemann, so bitterarm, daß sie ihre Schuhe – falls sie überhaupt welche hatte – nur außerhalb des Hauses trug, und dennoch dachte sie an mich. Als ich eben antworten wollte, wurde mir noch etwas bewußt. Hinter diesem edlen Angebot steckte mehr, als man auf den ersten Blick entdeckte. Fairlight Spencer bot mir nicht nur an, für mich ein wenig zu waschen und zu bügeln; sie bot mir das Geschenk der Freundschaft an.

»Mrs. Spencer, das ist das netteste Angebot, das mir jemals jemand gemacht hat, seit ich von zu Hause fortgegangen bin. Sie haben recht. Siebenundsechzig Kinder sind eine schöne Handvoll, und ich brauche tatsächlich Hilfe.«

Ich hielt inne und suchte nach Worten, in denen keine Herablassung mitklang. »Ich akzeptiere Ihr wunderbares Angebot, wenn Sie mir erlauben, Ihre Freundin zu sein. Sehen Sie, Mrs. Spencer, ich bin weit weg von zu Hause. Manchmal sehne ich mich nach einer anderen Frau, mit der ich mich aussprechen kann. Und vielleicht kann ich auch etwas für Sie tun.«

Das Gesicht, das zuweilen, wenn es entspannt war, so spartanisch, so nach Pionierfrau aussah, war jetzt von einem Lächeln übergossen. »Ja, Sie könn'n mir helfen, Miz Christy.« Plötzlich war sie wieder scheu, ihre Stimme sank beinahe zu einem Flüstern herab. »Ich kann weder schreiben noch lesen. Würden Sie – würden Sie mir's beibringen? Das würde mir gefallen.«

Der Eifer in ihrer Stimme verlieh ihr eine so dramatische Eindringlichkeit, daß ich mir in diesem Augenblick nichts sehnsüchtiger wünschte, als dieser Frau das Lesen beizubringen. »Das würde ich sehr gerne tun, Mrs. Spencer. Könnten Sie zum Missionshaus hinunterkommen, vielleicht am Samstag?«

»Ganz sicher werd' ich dasein«, sagte sie voll Freude. »Ach, und würden Sie – würden Sie mich beim Vornamen nennen, ›Fairlight‹?«

Am Samstagmorgen tauchte Fairlight im Missionshaus auf, bevor ich noch mit dem Frühstück fertig war. Sie trug ein frischgewaschenes, blaukariertes Gingham-Kleid mit einem großen weißen Kragen und diesmal auch Schuhe. Ich führte Fairlight hinüber in das leere Schulhaus, wo wir unsere Lektion an zwei Tischen begannen, die Seite an Seite vor einem offenen Fenster standen.

Ich hatte eine Schachtel voll Materialien bereitgestellt und Fairlight konnte es nicht erwarten, zu sehen, was sich in der Schachtel befand. Aus Magazinen hatte ich einige Landschaftsbilder ausgeschnitten, die als Hintergrund dienen konnten; weiter gab es einige Figuren, Männer und Frauen, die auf einer Stütze aus Karton befestigt waren, damit man sie aufstellen konnte. Ich hatte das mit meinen Papierpuppen gemacht, als ich ein kleines Mädchen gewesen war. Es gab noch eine Kopie des Alphabets in großen, gut sichtbaren Buchstaben, wie ich es für meine Erstklässler verwendete; eine Bibel, ein neues, liniertes Heft und ein paar Bleistifte.

Für mich war es eine neuartige Erfahrung, eine Erwachsene lesen zu lehren, und ich wußte nicht, wie ich anfangen sollte. Es wäre ein Fehler gewesen, die Würde eines menschlichen Wesens wie Fairlight Spencer mit Füßen zu treten, indem ich die Lesebücher für die erste Klasse verwendete: »Mimi und Mama sind da.«

Dann war ich auch überzeugt, daß Fairlight bereitwilliger lesen lernen würde als die Kinder, und ich wollte ihr schon in der ersten Stunde vermitteln, daß Wörter Ideen repräsentieren. Und da ich von ihren Flickendeckenmustern und Blumenarrangements her wußte, daß sie eine kreative Frau war, würde sie zweifellos am schnellsten lernen, wenn ich ihre Phantasie anregen konnte. Mein Problem war, wie ich das erreichen sollte.

Ich hob die Bibel auf. »In diesem Buch stehen viele Worte.«

»Wie bald werde ich imstande sein, es zu lesen, Miz Christy?«

»Im Handumdrehen! Und ich sage Ihnen auch, warum. Jedes einzelne Wort in diesem Buch und alle Worte zusammen kommen mit nur 26 englischen Buchstaben aus – diesen hier. Wenn Sie also die 26 gelernt haben und wissen, wie man die Buchstaben zusammenstellt, um verschiedene Wörter zu formen, dann können Sie lesen. Ganz leicht!«

Ihre Augen leuchteten. »Das würde mir besser gefallen als alles andere auf der Welt.« Und schon richtete sie ihre Aufmerksamkeit auf das Alphabet.

Nachdem wir es zweimal laut vorgelesen hatten, konzentrierte sie sich so eifrig darauf, es zu lernen, daß sie meine Gegenwart beinahe vergaß. Also lehnte ich mich zurück und beobachtete sie. Ich fühlte instinktiv, daß ich es ihr überlassen sollte, das Arbeitstempo vorzugeben und, wenn sie wollte, auch das Reden zu übernehmen.

Schließlich seufzte sie und blickte mich an. »Ich glaube, ich hab's – A, B, C, D«, und so machte sie weiter, wobei sie nur einen einzigen Fehler machte.

Als nächstes stellten wir als Hintergrund das Bild einer sonnendurchfluteten Landschaft auf. »Nun, Fairlight, nehmen Sie sich eine der Papierfiguren aus diesem Häufchen da.« Sie wählte einen langweilig aussehenden Mann und stellte ihn vor die Landschaft.

Wir lernten *Mann* und meine eifrige Schülerin übte, das Wort aufzusagen und die Buchstaben zu formen. Bald machten wir weiter mit *Baum, Licht, Sonne, Gras, Himmel.*

An diesem Punkt stieß Fairlight auf die Verbindung zwischen dem Aussehen und dem Klang eines Wortes. Sie war so begeistert, als hätte sie einen Edelstein im Staub gefunden. Sie ließ das Wort *Himmel* ein ums andere Mal auf der Zunge zergehen und buchstabierte es wieder und wieder. Das ging weiter, bis wir unsere ersten zehn Wörter beisammen hatten.

Dann öffnete ich die Bibel beim ersten Kapitel der Genesis. »Nun, Fairlight, sehen Sie sich das an. Die Worte auf dieser Seite sind Ideen, die eine hinter der anderen einhermarschieren. Wie dieses: ›Und Gott sprach: Es werde Licht‹ – «

»L-i-c-h-t. Da ist es! Ich sehe es.« Ihr schlanker Zeigefinger berührte das Wort. »Oh, ich liebe das Licht! Sie nicht? Ich hasse die Dunkelheit.«

Es werde Licht ... Ich saß da und dachte darüber nach, daß ich es noch nie bei jemand so schnell dämmern gesehen hatte wie bei dieser Frau. Was für einen lebhaften Verstand sie hatte! Sie brauchte kaum einen Unterricht, nur eine Gelegenheit, das Licht leuchten zu sehen.

Ich lernte Fairlight Spencer immer besser kennen. Unsere Freundschaft erwuchs ganz natürlich aus dem Unterricht, den ich ihr erteilte.

Ich weiß nicht, wo die Rekordzeit fürs Lesenlernen liegt, aber vermutlich hat sich Fairlight den Pokal verdient. Drei lange Sitzungen, und sie hatte es geschafft. Sie übte die ganze Zeit, las alles Erdenkliche – die alten Zeitungen, mit denen die Wände der Spencer-Hütte tapeziert waren, die Teile des zerfallenen Wörterbuchs, die Familienbibel, sogar die Etiketten auf Dosen und Flaschen. Innerhalb weniger Wochen hatte sie, was das Lesen anging, mit den meisten Schülern in meiner Schule aufgeholt und borgte sich zwei oder drei Bücher auf einmal aus.

Ich fragte mich, ob Fairlights Familie nicht darunter litt; schließlich konnten sie Bücher nicht essen. Ich hätte mir keine Sorgen machen müssen. Die Mägen der jungen Spencers meldeten sich lautstark zu Wort, wenn ihnen Vernachlässigung drohte.

Aber Fairlight entwickelte geniale Methoden, um ihre Hausarbeit machen und gleichzeitig lesen zu können: Ein Buch stand aufgeschlagen auf dem Fensterbrett, während sie das Geschirr spülte; ein offenes Buch auf dem Stuhl neben ihr, während sie butterte oder spann oder Erbsen schälte oder die Fäden aus grünen Bohnen zog.

Am Anfang hatte ich gedacht, sie lesen zu lehren, sei bloß eine weitere »gute Tat«. (Zu meiner Schande muß ich es gestehen.) Aber Fairlight änderte die Situation rasch, und nun war ich ihr etwas schuldig. Ohne es zu wissen gewährte sie mir so kostbare Einblicke in ihr Herz und ihren Geist, daß ich binnen weniger Wochen diese Frau aus den Bergen lieben gelernt hatte.

Beispielsweise brachte sie mir bei, wie man die Zeit weise nützt und sein Leben genießt. Sie hatte einen Ehemann und fünf Kinder, für die sie alle kochte, putzte, wusch, sogar Kleider schneiderte, und das ohne alle modernen Bequemlichkeiten, sogar ohne fließendes Wasser. Unter diesen Umständen hätte man Fairlight keinen Vorwurf machen können, wäre sie bedrückt und voll Selbstmitleid gewesen – aber das war nicht der Fall. Sie fand oft Zeit unterm Geschirrabwaschen, um ihren Augen und ihrem Herzen Gelegenheit zu geben, die Schönheit eines Sonnenuntergangs zu genießen. Sie unterbrach ihre Arbeit, um die Kinder zu sich zu rufen und mit ihnen zusammen die finstere Schönheit der Gewitterwolken zu betrachten, die sich über den Berggipfeln türmten, während der Blitz wie ein Feuerwerk hinter ihnen sprühte.

»Es erhebt das Herz«, pflegte sie zu sagen, und das war Erklärung genug für jede Unterbrechung.

Sie fand immer Zeit, um eine Geschichte am Kaminfeuer zu erzählen, während die Kinder sich eng an sie kuschelten; fand immer Zeit, die Familie auf der Vorderveranda zu versammeln, um »dem Mond ein Ständchen zu bringen«.

Fairlight erzählte mir, wie sie es am ersten schönen Frühlingstag für recht und billig gehalten hatte, ihre Hausarbeit liegen zu lassen. »Das Haus steht seit hundert Jahren dort an Ort und Stelle. Es wird morgen auch noch dort stehen. Heute muß ich leben – « Und sie begab sich zu einer ganz bestimmten Stelle, die sie kannte. Dort kniete sie nieder, und mit ihren langen, schlanken Finger schob sie die toten, durchnäßten Blätter beiseite und spähte voll Staunen nach den ersten blühenden Schneeglöckchen aus. So, wie ich sie kannte, konnte ich mir vorstellen, wie sie den Blumen ein leises Lied sang.

Sie und ich waren derselben Meinung, daß wir nie zuvor das Ende eines Winters so genossen hatten, vielleicht, weil es ein so öder Winter gewesen war. Ich entdeckte jedoch, daß der Frühling in den Bergen nicht plötzlich kam, sondern auf Zehenspitzen, vorsichtig, mit häufigen Rückzügen und Rückzugsgefechten.

Dennoch, es kam der Tag, an dem die Flanken der Berge mit Gras und Blüten bedeckt waren und ich es nicht erwarten konnte, sie zu erforschen. Da Fairlight die besten Plätzchen kannte, waren wir oft zusammen in den Wäldern, manchmal wir beide allein, aber manchmal schleppte ich auch wie ein weiblicher Rattenfänger einen Schwanz von Kindern hinter mir her – die Spencer-Kinder und meine eigenen Schüler. Sie rannten uns voraus, schwangen an Baumästen oder wilden Lianen. Für meine Schüler waren alle Ausflüge mit der Frau Lehrerin »Spaßtage«.

Wir waren so oft im Wald, daß ich Fairlight fragte, ob eine Schulstunde oder ein Spaziergang sie nicht von ihrer Arbeit abhielt. Ich kann mich nur an zwei Gelegenheiten erinnern, bei denen es Hausarbeiten gab, die sie nicht unterbrechen konnte, wenn nicht etwas verderben sollte. Meistens antwortete sie: »Es ist ein schöner Tag. Wir können sicher ein Weilchen zusammensein.« Dann, schüchterner: »Ich kann gar nicht genug kriegen von Ihnen, Miz Christy.«

Den Hochländern wurde oft der Vorwurf gemacht, sie seien faul und unzuverlässig. Als ich sie näher kennenlernte, kam ich zu dem Schluß: Locker, ja; unzuverlässig – nun, einige waren es; habgierig – kaum jemals. Fairlights »Heute muß ich leben« faßte ihre Lebenseinstellung zusammen, eine Lebenseinstellung, mit der aggressive Menschen nichts anfangen konnten.

Dennoch, wer hat recht? Das menschliche Leben ist kurz. Jeder von uns hat nur eine begrenzte Anzahl von Jahren zur Verfügung. Sollen wir durch diese Jahre gehen, ohne mehr als die nötigste Zeit für unsere Freunde und Familien aufzubringen, mit Augen, die blind sind für die Schönheiten rund um uns, ganz darauf konzentriert, Geld und materielle Besitztümer anzuhäufen, wenn wir sie doch alle zurücklassen müssen? Ich begann mich zu fragen, ob die Werte der Leute aus den Bergen nicht zivilisierter waren als die der Zivilisation. Immerhin fand ich die Tatsache, daß es hier keine Habgier und kein Ellbogendenken gab, so erfrischend wie einen langen, kühlen Trunk des glitzernden Bergquellwassers.

Jetzt begriff ich, warum diese Leute aus den Bergen Fremden gegenüber so abweisend waren. Sie hatten die städtische Kunst nie gelernt, ihre Gefühle zu verbergen oder zu lächeln, wenn das Herz kalt ist. Freundschaften erschienen ihnen gefährlich, weil sie keinen Schutz dagegen aufgebaut hatten. Wenn sie einen Einblick in ihr Herz nehmen ließen, wie Fairlight es mir gegenüber getan hatte, dann öffneten sie seine verborgensten Kammern. Ich kannte sie erst seit vier Monaten, stand ihr aber näher als meinen eigenen Familienmitgliedern oder Freundinnen, die ich schon ein Leben lang kannte.

Durch Fairlights Augen lernte ich Freundschaft von einer Qualität her kennen, die kaum Ähnlichkeit mit den oberflächlichen Beziehungen in meiner Heimat hatte. Die Freundschaft, die man in den Bergen pflegte, war ein bedeutungsvolles Band zwischen zwei Menschen, dem etwas Ritterliches anhaftete. Es hatte mit dem Leben der Vergangenheit zu tun, als es kein zuverlässigeres Unterpfand gab als das verpflichtende Wort eines Mannes; als jede Verbindung, sei es Blutsverwandtschaft oder geschworene Freundschaft, stark und fest war, in der Vergangenheit geschmiedet, in die Zukunft hinausgreifend.

6

Mitarbeiterin bei Guideposts

Als Catherine und ich im Jahre 1959 heirateten, war sie die Herausgeberin der Zeitschrift *Christian Herald* und ich war geschäftsführender Direktor von *Guideposts.* Ich arbeitete seit 1946 für *Guideposts* und hatte mich vom einfachen Reporter in die höchsten Ränge hinaufgearbeitet. 1946 hatte *Guideposts* einige tausend Abonnenten, 1960 überschritten wir die Millionen-Marke.

Jede Redaktionssitzung von *Guideposts* war eine aufregende und faszinierende Sache und vollgespickt mit neuen Ideen. Ein Grund dafür war die bunte Mischung von Mitarbeitern – jung und alt, liberal und konservativ, schwarz und weiß, Katholiken, Protestanten und Juden. Verschiedene Ansichten trafen sich in einem gemeinsamen Brennpunkt: Wie kann jede einzelne Seite von *Guideposts* dem Leser von Nutzen sein?

»Was soll sich der Leser daraus mitnehmen?« Diese oft gestellte Frage half den Autoren zu entscheiden, was der Leser von einem bestimmten Artikel für einen Gewinn haben sollte.

Bei einigen Treffen veranstalteten wir Brainstorming-Sessions, um zu neuen Ideen für ein *Guideposts*-Buch, eine *Guideposts*-Weihnachtskarte, einen *Guideposts*-Film oder, bei einer besonderen Gelegenheit, einen Guideposts-Ausstellungsstand auf der New Yorker Weltausstellung zu entwickeln.

Eine Zeitlang arbeitete Catherine noch als Herausgeberin beim *Christian Herald,* aber dann fühlte sie sich unwiderstehlich zu den

Redaktionssitzungen von Guideposts hingezogen und schloß lebenslange Freundschaften mit den Redakteuren John und Elisabeth Sherill, Starr Jones, Van Varner, Glenn Kittler, Arthur Gordon, Sidney Fields, Dina Donohue, Fred Bauer und dem künstlerischen Direktor Sal Lazzarotti.

Als Catherine im Jahre 1960 freie Mitarbeiterin bei *Guideposts* wurde, entwickelte sie ihre Begabung, interessanten Geschichten in vielen Teilen der Welt auf die Spur zu kommen. Hier ist eine Auswahl aus den beinahe fünfzig Artikeln, die sie für die Zeitschrift schrieb.

Die schützende Macht

(*Guideposts,* November 1966)

Es ist offenkundig, daß die Furcht unter den Frauen unseres Landes von Jahr zu Jahr zunimmt. Jede Woche lesen wir über eine neue Gewalttat gegen unser Geschlecht. Man sagt uns, was wir tun sollten: Von dunklen Straßen fernbleiben, mit Ammoniak gefüllte Spritzpistolen in der Handtasche tragen, Spezialschlösser an unserer Haus- oder Wohnungstür anbringen und so weiter.

Einiges davon sind kluge Vorsichtsmaßnahmen. Dennoch gibt es Zeiten, wo all die Schutzmaßnahmen, die ein Mensch sich ausdenken kann, nichts gegen das nackte Böse in der Welt vermögen. Bei solchen Gelegenheiten brauchen wir einen zuverlässigeren Schutz – und das ist vielleicht der einzige wirkliche Schutz, über den wir verfügen.

Lassen Sie mich erzählen, wie einer Freundin von mir geholfen wurde, die in unserer Nachbarschaft in Florida lebt.

An einem strahlend sonnigen Morgen im vergangenen Juni machte sich Jean Klinger in ihrem Auto auf den Weg nach Delray Beach, um ihre Abschlußprüfung als Montessori-Lehrerin abzulegen. Als sie den Wagen vom Military-Trail in die Fourth Street lenkte, hielt sie die Zeit auf ihrer Uhr fest. Es war 8.50 Uhr. Gut. Sie würde um neun Uhr an der Schule sein.

Die Fourth Street in der Nähe des Military Trail ist ein einsames Stück Straße, ehe sie die Wohnbezirke erreicht. Es gibt dort nur wenige Häuser, da und dort liegen verstreut Farmen und Wochenendhäuschen.

Genau vor Jean Klinger fuhr ein hellfarbiger Kleinbus. Er wurde langsamer und hielt dann am Straßenrand. Ein Arm, der sich aus dem Fenster streckte, signalisierte Mrs. Klinger, sie sollte ebenfalls anhalten. Sie gehorchte instinktiv und fragte sich, was wohl mit ihrem Wagen nicht in Ordnung war.

Ein großer, stämmiger Mann in einem offenen Sporthemd kam auf ihren Wagen zu. »Lady, können Sie mir sagen, wie ich hier auf den Dixie Highway komme?«

Mrs. Klinger schöpfte keinen Verdacht. Schließlich war es heller Tag. »Tut mir leid. Ich wohne nicht in Delray. Ich fahre gerade nur zur Schule. Ich fürchte, ich kann Ihnen nicht weiterhelfen.«

Der Mann starrte sie eindringlich an. Er warf einen Blick nach allen Seiten, dann riß er plötzlich die Wagentür auf und preßte einen harten Metallgegenstand in Jeans Rücken. Als sie wie erstarrt dasaß, stieß er sie beiseite und kletterte neben ihr in den Wagen.

Jean stieß einen gellenden Schrei aus und drückte fest auf die Hupe. Aber kein Wagen, kein Fußgänger war in der Nähe, niemand hörte sie.

»Machen Sie das nicht nochmal oder ich bringe Sie um«, knurrte der Mann und stieß den metallenen Gegenstand fester in ihren Rükken. Furcht, Panik, Entsetzen überkamen sie ...

Jean gibt zu, daß sie immer schon eine ängstliche Frau war. Empfindsam, einfühlsam, lebhaft empfindet sie alles intensiver als andere. Schon vor langer Zeit suchte sie nach einer Möglichkeit, ihren Ängsten ins Auge zu sehen und sie auszumerzen. Ihre Suche führte sie zu Gott, und sie bat Ihn um Hilfe, sie von diesen Fesseln zu befreien. Sie wagte sogar zu bitten, Er möge ihr unter gewissen Umständen helfen, genau das zu tun, was sie am meisten fürchtete.

In ihrem Bibelkreis hatte sie ihrem Leiter eingestehen müssen, daß sie noch nicht gelernt hatte, mit ihren Ängsten umzugehen. Der Bibelkreisleiter gab ihr den Text eines Gebets, das bald aus Jean Klingers Leben nicht mehr wegzudenken war.

Das Licht Gottes umfließt mich.
Die Liebe Gottes umhüllt mich.
Die Macht Gottes beschützt mich.
Die Gegenwart Gottes wacht über mir.
Wo immer ich bin, ist Gott auch.

Als sie an diesem Junimorgen aufgestanden war, hatte sie, wie jeden Morgen, dieses Gebet der Zusicherung gebetet. Als sie sich nun mitten in der Krise befand, als sie neben dem bedrohlichen Mann in ihrem Wagen saß, als Panik und Entsetzen sie beinahe überwältigten, wurde sie auf dieses Gebet zurückgeworfen. Jean kann sich nicht an die genauen Worte erinnern, die sie gebrauchte, aber an den allgemeinen Sinn.

»Wie können Sie sich mir auf diese Weise aufdrängen?« schrie sie auf. »Sie sind ein Geschöpf Gottes. Sie wollen niemandem wehtun. Gottes Liebe ist in Ihnen. Gott will, daß Sie ein guter Mensch sind. Er sorgt für Sie. Und auch ich bin Sein Kind. Ich stehe unter Seinem Schutz. Seine Liebe und Sein Schutz umhüllen mich ...«

Als sie die Worte sprach, fühlte sie, wie Wärme sie durchströmte. Es war, als umhülle sie eine Art Aura wie ein sanftes Licht. Dann tauchte ganz klar das Gesicht des Bibellehrers in der Kirche vor ihr auf, einer der sanftesten und freundlichsten Menschen, die sie je kennengelernt hatte, ein Mann, den jeder, der mit ihm zu tun hatte, liebte. Nun erschien es ihr, daß Gott zu ihr sagte: »Du sagtest dem Mann, der neben dir sitzt, daß er Mein Geschöpf ist. Das ist wahr, aber damit du es auch wirklich begreifen kannst, überblende das Gesicht und die Gestalt dieses Mannes mit der deines Lehrers.«

Jean folgte dieser Anweisung und tatsächlich konnte sie sehen, wie Gottes Liebe ihren Entführer umhüllte.

Die Wirkung trat augenblicklich ein. Die Lust daran, sie zu bedrohen, schien dem Mann vergangen zu sein. Er zog den Gegenstand von Jeans Rücken weg. Sie sah, daß es nur ein Schlüsselbund war.

Der Mann startete Jeans Wagen, fuhr eine Weile schweigend weiter, während Schweißtropfen ihm übers Gesicht liefen. Er wirkte zusehends verwirrter. Dann fuhr er an den Straßenrand und hielt an.

»Steigen Sie aus«, befahl er. Rasch öffnete Jean die Tür und sprang hinaus. Der Wagen fuhr an und raste in wildem Tempo die Straße entlang.

Später fand Jean Klinger ihren Wagen unbeschädigt an der Stelle, wo sie zuerst aufgehalten worden war. Der Mann und sein Kleinbus waren verschwunden.

Als ich mit Jean sprach, sagte sie mir, sie sei froh, ihre Erfahrung mit mir teilen zu können, weil sie ihrer Meinung nach darauf hinweist, was der beste Schutz für Frauen ist.

Und ich bin ganz ihrer Meinung.

»Ich bin das Licht der Welt«, hat uns Jesus gesagt. Gelegentlich waren wir wohl der Meinung, es handle sich dabei nur um ein orientalisches Vorstellungsbild. Ob das stimmt? Die Erfahrungen einer wachsenden Anzahl von Frauen weisen darauf hin, daß Seine Gegenwart in unserer Zeit, Sein Name und Seine Person tatsächlich Licht, Schutz, Macht bedeuten – obwohl diese Macht heute kaum noch bekannt ist, kaum erforscht, kaum genutzt wird.

Jesus hat uns auch noch folgendes gesagt: »Wer Böses tut, haßt das Licht und meidet es, damit seine Taten nicht offenbar werden.« Für mich ist es bedeutsam, daß Jean eine Aura von Licht um sich fühlte und daß der Angreifer dieses Licht nicht durchdringen konnte oder wollte. Indem sie das Schutzgebet so häufig wiederholt hatte, hatte sie in diesem Licht gebadet; es war in dem Augenblick gegenwärtig, als sie um Hilfe rief.

Vielen Leuten, die ein Leben lang Christen sind, ist es möglicherweise nie in den Sinn gekommen, daß das Licht Jesu Christi solchen Schutz und solche Hilfe bedeutet. Wir neigen zum Materialismus, geben wir es doch offen zu. Daher glauben wir an die Wirksamkeit von materiellen Schutzmaßnahmen: Pistolen, Schlössern, Polizisten, Sirenen.

Während all das zweifellos seinen Wert hat, ist es offenbar nicht genug, denn nie zuvor wurden so viele Überfälle auf Frauen gemeldet. Es mag Situationen geben, wo uns wie Jean Klinger nur noch geistlicher Schutz bleibt. »Laßt uns daher die Werke der Finsternis ablegen und die Waffenrüstung des Lichts anlegen.«

Der Mann, der den Müßiggang nicht ertragen konnte

(*Guideposts*, September 1969)

Während der fünf Jahre, die ich in Florida lebte und arbeitete, waren mir die vielen pensionierten Paare aufgefallen, die in unserer Nachbarschaft wohnten. Anfangs erscheint diesen Leuten der Ruhestand so erstrebenswert, wie die Werbung es ihnen versichert. Der Himmel ist sonnig, die Restaurantbesuche machen Spaß, man hat Zeit auszuschlafen, zu plaudern, Zeit für Bridge, Tennis, Golf und Bootsfahrten.

Aber was dann? Bald überkommt sie eine gewisse Lethargie. In ihrem Kielwasser tauchen quälende Fragen auf: Braucht man uns überhaupt noch? Ist Glück mehr als Müßiggang und ein sonniges Klima? Gibt es keine nützliche Beschäftigung für uns?

Diese Fragen betreffen mehr als achtzehn Millionen pensionierte Amerikaner und weitere Millionen, die auf die Pensionierung zugehen.[1]

Paul Pepys ist ein Mann, ein Witwer, der den letzten Lebensabschnitt kreativ nutzt. Paul hat eine brillante Karriere als Geschäftsmann hinter sich – er war Vizepräsident einer großen Firma und Präsident einer anderen. Er war immer ungeheuer aktiv gewesen und viel in der Welt umhergereist. Aber als er die Sechzig erreichte, begann er sich zu fragen, worauf er sich in der Pension freuen sollte. Seine Gesundheit ließ nach. Dann überkam ihn, was er am meisten gefürchtet hatte: Vier Jahre vor der Zeit mußte er unfreiwillig in Pension gehen.

---

[1] Im August 1992 betrug die Anzahl der amerikanischen Pensionäre 25,5 Millionen.

»Eine Art Lähmung setzte ein«, erinnerte sich Paul heute. »Es schien mir, daß mich niemand mehr brauchte. Ich fing an, neunzehn Stunden am Tag zu schlafen. Wenn ich wach war, konnte ich mich kaum auf den Füßen halten.«

Nachdem er in wenigen Monaten 43 Pfund an Gewicht verloren hatte, lieferte man ihn ins Krankenhaus ein. Keine ernsthafte Erkrankung wurde gefunden. In ihrer Verzweiflung schenkte Pauls Schwester ihm eine Bibel und verschiedene Erbauungsbücher. In den Evangelien entdeckte Paul den ersten Lichtstrahl. Jesu Wort »Folge mir nach« kam ihm wieder und wieder in den Sinn. Aber wie sollte sein erster Schritt in der Nachfolge aussehen?

Als der Pfarrer einer Kirche am Ort ihm einen Besuch abstattete, fühlte Paul sich gedrängt, ihn zu fragen: »Haben Sie vielleicht irgendeine kleine Arbeit, die ich als meinen Beitrag leisten könnte – egal, was es ist?«

Der Pastor überlegte einen Augenblick lang. »Ja, wir brauchen jemand, der die Dateien für unser Kirchenbesuchsprogramm anlegen kann. Könnten Sie Montag anfangen?«

Paul sagte, das könnte er. Er überraschte seinen Arzt mit der Mitteilung, er müsse das Krankenhaus verlassen und in fünf Tagen zu arbeiten anfangen. Widerwillig stimmte der Arzt zu, ihn zu entlassen, riet Paul aber, die Dinge gemächlich anzugehen.

Der Rat war unnötig. Paul entdeckte, daß er kaum stehen konnte, geschweige denn gehen. Irgendwie fand er die Kraft, aufzustehen, sich anzukleiden und das Krankenhaus zu verlassen.

Am Montag um 9 Uhr morgens saß dieser ehemalige Präsident einer großen Industriefirma an einem kleinen Tisch im Büro der Kirche vor einem riesigen Stapel von 3 mal 5 Zoll großen Karteikarten. Ihm war so schwindlig, daß er das Kinn auf die Hand stützen mußte, um den Kopf ruhig zu halten. Aber er zwang sich, sich auf die Arbeit zu konzentrieren, die er zu tun hatte. Nach einer Stunde kehrte er völlig erschöpft nach Hause zurück.

»Herr«, betete er an diesem Abend, »bitte hilf mir, morgen wieder auf die Beine zu kommen.«

Am nächsten und auch am übernächsten Morgen war er wieder zur Stelle. Jeden Tag verlängerte er seine Arbeitszeit um eine halbe

Stunde. Am Ende der ersten Woche hatte Paul so geringe Fortschritte gemacht, daß er sich beim Pfarrer entschuldigte.

»Machen Sie sich keine Gedanken«, sagte man ihm. »Sie kommen gut voran.«

In der zweiten Woche ging es besser. Er entwickelte erste Ideen. Eines Tages trat Paul an den Pastor heran. »Ich sehe, daß eine Anmerkung gemacht wird, wenn ein Geistlicher ein Gemeindemitglied besucht, aber es gibt keine Hinweise, daß auch Laien Besuche machen, von den Bittgängen für das Kirchenbudget abgesehen.«

Der Pfarrer zögerte. »Wollen Sie damit sagen, wir sollen Laien bitten, das ganze Jahr über Besuche zu machen? Hmmm. Ob sie das wohl tun würden?«

»Ich kann nicht für andere sprechen, aber ich würde gerne einige Besuche machen.«

Und so kam Paul zu einem zweiten Job. Gerade diese Kirche hatte zahlreiche Mitglieder. Bei seinen Besuchen stieß Paul auf einsame Menschen, die schon dankbar waren, wenn sich jemand um sie kümmerte. War da nicht der erste Schritt, sie wissen zu lassen, daß Jesus an sie dachte? Und war das nicht letztendlich die Hauptaufgabe der Kirche? Und wie konnte man das ohne persönliche Kontakte bewerkstelligen?

Es war offenkundig, daß die Geistlichen das nicht schaffen konnten. Also trug Paul sowohl den Geistlichen wie auch den Laienältesten den Gedanken vor, daß alle Kirchenmitglieder für den Besuchsdienst verantwortlich seien. Aber diese Idee konnte nicht in die Tat umgesetzt werden, wenn sie nicht sorgfältig geplant wurde. Paul übernahm diese Aufgabe. Diejenigen, die Paul nahestanden, konnten sehen, wie Gesundheit und Kraft und Wohlbefinden in sein Leben zurückkehrten.

Eines Tages stellte Paul fest, daß der junge Vikar einen Besuchstermin verpaßt hatte, weil sein zehn Jahre altes Auto eine Panne gehabt hatte. Als Paul an diesem Abend nach Hause ging, kümmerte er sich zum ersten Mal seit drei Jahren wieder um seine Finanzen. Am nächsten Morgen sprach er mit einem alten Freund, einem Autohändler.

An diesem Nachmittag platzte der Vikar aufgeregt ins Sekretariat der Kirche.

»Es ist unglaublich«, sagte er zu Paul und den Geistlichen. »Ich habe ein neues Auto. Es ist ein Geschenk – von jemand in der Kirche, der anonym bleiben will.« Seine Augen füllten sich mit Tränen.

Paul war so berührt von der Dankbarkeit des Geistlichen, daß er sich an diesem Abend in seinem Büro zu Hause einschloß, um ernsthaft nachzudenken und zu beten.

»Derjenige, der mich aus meinem Krankenhausbett berufen hatte, schenkte mir dort eine Vision, wie ich auf ganz neue Weise geben konnte«, sagte Paul, als er sich an diesen Abend erinnerte. »Ich war nahe daran gewesen, mein Leben wegzuwerfen. Nun sagte Christus zu mir: ›Ich will, daß du dein Leben in Meinem Namen dahingibst.‹ Mit völliger Selbstaufgabe und im geheimen sollte ich vier Dinge hingeben: Meine Zeit, mein Geld, meine Kenntnisse und meine Liebe.«

Inzwischen begann Paul auch in ärmeren Gegenden Besuche zu machen. Ein Mann war arbeitslos.

»Kann ich Ihre Bewerbungsschreiben sehen?« fragte Paul.

Der Mann starrte ihn nur verständnislos an.

»Wenn Sie heute nachmittag in die Kirche kommen«, sagte Paul, »dann helfe ich Ihnen, eines aufzusetzen.«

Pauls guter Rat in Sachen Jobsuche führte dazu, daß im Untergeschoß der Kirche zweimal im Monat eine Beratungsstelle für Arbeitslose eingerichtet wurde. Frauen und Männer, Mitglieder und Nichtmitglieder, die in der Nachbarschaft Arbeit suchten, waren eingeladen, sich mit Spezialisten auf verschiedenen Gebieten zu unterhalten. Die meisten davon hatte Paul unter den Laien der Kirche rekrutiert.

Vier Jahre vergingen. Paul wacht nun jeden Morgen um fünf Uhr auf, voller Vorfreude auf den Tag. Nach einem Frühstück aus Kaffee und Orangensaft liest er in der Bibel und meditiert eine Stunde lang, um sich innerlich auf den kommenden Tag einzustimmen. Danach kommt ein flotter Spaziergang und etwas Gartenarbeit, dann eine Dusche.

Um acht Uhr morgens sitzt er in seinem Büro in der Innenstadt. Nachdem er eine Stunde lang Briefe diktiert hat, sitzt Paul wieder in seinem Auto, um ein Treffen der Immobilienhändler in Zusammenhang mit seinen neuen Investitionen zu besuchen. Dann geht es in die

Kirche zu einem Geschäftsessen, bei dem ein neues Programm besprochen werden soll. Nachmittags fährt er in die Stadt, um ein paar Stunden mit einem zehnjährigen Jungen zu verbringen, der ihm im Rahmen der »Aktion Großer Bruder« besonders anvertraut ist. Wenn er noch Zeit hat, spielt er zwei Runden Tennis.

Um 20 Uhr ist er an der Universität, wo er einmal in der Woche einen zweistündigen Kurs in Kammermusik belegt hat. Paul spielt an mehreren Abenden im Monat die Violine in einem Amateur-Sinfonieorchester und springt, wenn nötig, als Kirchenorganist ein.

Pauls Finanzen haben sich in einer Weise verbessert, daß er jährlich mehrere Autos anonym an Menschen in ernsten Schwierigkeiten verschenkt und mehr als zehn Personen mit neuen Anzügen versorgt. Er hat einer finanziell ruinierten Witwe ein Heim geschaffen und die Investitionsablöse für das Haus eines Mannes bezahlt, der nicht die geringste Ahnung hat, wer der Geber ist, obwohl Paul den Mann ungefähr einmal in der Woche trifft.

Paul beharrt weiterhin darauf, anonym zu bleiben; er hat gelernt, daß es Kraft bringt, Christi Versprechen wortwörtlich zu nehmen.[2] Paul bestand auch auf Geheimhaltung, als er mir seine Geschichte erzählte; er verlangte, daß sein Name und gewisse Einzelheiten geändert würden, damit ihn niemand erkannte.

Und so hat der Mann, der einst neunzehn Stunden am Tag schlief, in vier Jahren sein Leben völlig geändert und arbeitet jetzt neunzehn Stunden am Tag.

»Der Schlüssel zu einem nützlichen Leben für Rentner«, sagt Paul, »hat nichts mit dem üblichen Rat ›beschäftigen Sie sich eben mit irgend etwas‹ zu tun. Für mich hatte es viel eher damit zu tun, daß ich

---

[2] »Habt acht auf eure Frömmigkeit, daß ihr die nicht übt vor den Leuten, um von ihnen gesehen zu werden; ihr habt sonst keinen Lohn bei eurem Vater im Himmel. Wenn du nun Almosen gibst, sollst du es nicht vor dir ausposaunen lassen, wie es die Heuchler tun in den Synagogen und auf den Gassen, damit sie von den Leuten gepriesen werden. Wahrlich, ich sage euch: Sie haben ihren Lohn schon gehabt.
Wenn du aber Almosen gibst, laß deine linke Hand nicht wissen, was die rechte tut, damit dein Almosen verborgen bleibe, und dein Vater, der in das Verborgene sieht, wird dir's vergelten.« (Matthäus 6,1-4)

mich mit jemand beschäftigte – Jesus Christus. Wie kann ich jemals vergessen, wie Er in dieses Krankenhauszimmer kam und mir sagte, ich sollte mein Bett verlassen und anfangen, für andere Menschen zu leben? Ich habe in den letzten vier Jahren mehr erreicht und mehr Spaß gehabt als in all den anderen Jahren meines Lebens.«

Die Heilung der Maude Blanford

(*Guideposts,* April 1972)

Die Geschichte der Heilung von Maude Blanford faszinierte mich so, daß ich nach Louisville, Kentucky flog, um die Details von ihr selbst zu hören.

Die Frau, die mir am Eßtisch gegenübersaß, hatte keine Spur Grau in ihrem rötlichen Haar, obwohl sie über die mittleren Lebensjahre bereits hinaus war, ein Großmuttertyp, bei dem man sich sofort wohlfühlte.

»Mein linkes Bein hatte zu schmerzen begonnen«, begann Mrs. Blanford. »Ich dachte, es komme davon, weil ich soviel auf den Beinen war. Schließlich ging ich zum Arzt. Er entdeckte mehrere Tumore an meiner linken Körperseite.«

Ein Spezialist, Dr. O.J. Hayes, erklärte sie für bösartig und verordnete eine Bestrahlungsbehandlung. Darauf folgte eine Operation.

Nach der Operation – als Mrs. Blanford ihn bat, ihr die Wahrheit zu sagen – gestand der Arzt ein: »Es ist Krebs, und er ist schon zu weit fortgeschritten, um ihn zu behandeln. Eine Niere hat schon fast die Funktion eingestellt. Der Beckenknochen ist angegriffen – daher kommt der Schmerz in Ihrem Bein. Es tut mir wirklich leid.«

Maude Blanford wurde zum Sterben nach Hause geschickt. Während der folgenden sechs Wochen konsumierte sie schmerzstillende Mittel im Wert von mehr als tausend Dollar. Gleichzeitig überprüfte sie ihre geistlichen Ressourcen und stellte fest, daß sie mehr als mager waren. Sie hatte keine Beziehung zur Kirche, keine Kenntnis der Bibel und nur eine vage, schemenhafte Vorstellung von Jesus.

In der ersten Januarwoche erlitt sie eine Gehirnblutung und wurde in aller Eile wieder ins Krankenhaus gebracht. Zwölf Tage lag sie dort bewußtlos; ihren Ehemann warnte man, daß sie – falls sie die Krise überhaupt überlebte – mehr tot als lebendig sein würde.

Aber Maude Blanford, die von der Welt um sich nichts mitbekam, war in einer ganz anderen Welt hellwach. In ihrem tiefen Koma sah sie ein klares Bild. Sie sah die Wände zwischen den Räumen, die Möbel standen an ihrem Ort, aber es gab kein Dach. Sie erinnert sich, daß sie dachte: *Oh, wir müssen ein Dach über das Haus machen! Wenn es regnet, gehen alle Möbel kaputt.*

Als sie aus dem Koma erwachte, war Maude Blanford bei Verstand, aber völlig verwirrt. Was konnte das Haus ohne Dach bedeuten? Als sie noch daran herumrätselte, hatte sie eine Erscheinung, die ihr Antwort gab.

»Es schien zu bedeuten«, erklärte Mrs. Blanford, »daß das Haus meinen Körper darstellte, aber daß mein Körper ungeschützt war, wenn ich nicht Jesus als meine Bedeckung hatte.«

Ich beugte mich vor. Eine jähe Erkenntnis versetzte mich in Erregung: Hatte man mich das nicht immer über den Heiligen Geist gelehrt – Seine Rolle bestehe darin, uns Jesus zu zeigen und uns klarzumachen, wie sehr wir Ihn brauchten?

»Zu dieser Zeit«, fuhr Mrs. Blanford fort, »wußte ich nicht, wie ich das Dach auf mein Haus bekommen sollte.«

Von Januar bis Juli verschlechterte sich ihr Zustand. Die Herzfunktion und die Atmung wurden so problematisch, daß sie kaum noch normal sprechen, sondern nur noch schwach flüstern konnte. Trotz der Medikamente wurde ihr Leiden unerträglich. Im Juli hatte sie nicht mehr die Kraft, zur Bestrahlung zu fahren. »Am ersten Juli sagte ich der Schwester, ich würde nicht mehr kommen.«

Aber an diesem Tag, als ihr Schwiegersohn ihr vor dem Krankenhaus in den Wagen half, brach sie zusammen und weinte.

»In diesem Augenblick wollte ich nichts weiter von Gott, als daß Er mich rasch zu sich nähme, wie ich war. Ich sagte: ›Gott, ich weiß nicht, wer Du bist. Ich weiß nichts über Dich. Ich weiß nicht einmal, wie man betet. Tu mit mir, was Du willst, Herr.‹«

Obwohl Maude Blanford sich dessen nicht bewußt war, hatte sie eben eines der mächtigsten Gebete gebetet – das Gebet des Loslassens. Sie hatte ihren eigenen Willen und Verstand aus dem Weg geräumt, sie hatte dem Heiligen Geist die Tür geöffnet, wie es schon während ihrer Bewußtlosigkeit im Spital geschehen war.

Sie mußte nicht lange auf einen Beweis Seiner Gegenwart warten. Montag, der 4. Juli, war ein herrlicher, aber sehr heißer Tag. An diesem Nachmittag richtete Joe Blanford seiner Frau ein Lager unter den Bäumen vor dem Haus. Während die kranke Frau dort ruhte und auf einen erfrischenden Wind hoffte, der ihr Erleichterung bringen sollte, strömten einige wunderschöne Sätze in ihre Gedanken:

Das aber ist ein Fasten, an dem ich Gefallen habe. Laß los, die du mit Unrecht gebunden hast, laß ledig, auf die du das Joch gelegt hast. Gib frei, die du bedrückst, reiß jedes Joch weg! ... Dann wird dein Licht hervorbrechen wie die Morgenröte, und deine Heilung wird schnell voranschreiten ... Hier bin ich.

Ich starrte Maude Blanford über den Rand meiner Kaffeetasse an. »Aber ich dachte, Sie hätten die Bibel nicht gekannt.«

»Hatte ich auch nicht! Ich hatte nie ein Wort davon gelesen. Ich wußte nur, daß sich das nicht nach gewöhnlichem Englisch anhörte. Ich dachte: *Steht das etwa in der Bibel?* Und augenblicklich kamen mir die Worte: *Jesaja 58.* Nun, mein Mann besorgte mir eine Bibel. Ich mußte lange suchen, bis ich das Buch Jesaja fand. Aber als ich diese Worte dann genauso las, wie ich sie gehört hatte – außer den letzten drei Worten ›Hier bin ich‹ –, nun, da wußte ich, daß Gott selbst wirklich zu mir gesprochen hatte!«

Während der nächsten Wochen las Maude Blanford beständig in der Bibel, oft bis zwei oder drei Uhr morgens. Sie sah, wie die Gestalt Jesu vor ihren Augen immer schärfere Umrisse annahm. Es war eine erstaunliche Erfahrung, ohne jede menschliche Unterstützung – kein Bibellehrer, kein Kommentar, keine Studienbibel, nur das Lesen der Bibel mit dem Heiligen Geist.

Sie hungerte danach, Jesus im Wort kennenzulernen, und gleichzeitig schenkte Er ihr ein unbändiges Verlangen, sich im Freien aufzuhalten, nahe Seiner Welt.

»Joe«, sagte sie eines Morgens zu ihrem erstaunten Gatten, »ich möchte Fischen gehen.«

Das erschien ihm sinnlos. Der Weg, der zum See führte, ging über rauhes Terrain. Man würde sie einen steilen Hügel hinunter und wieder hinauf tragen müssen.

Aber dann boten sich einige freundliche Nachbarn an, ihm tragen zu helfen, also stimmte ihr Ehemann zu. Sie konnte natürlich nicht fischen, aber sie konnte beobachten: Ein Windhauch, der das Wasser kräuselte, die Vögel, die am Himmel kreisten, und die fernen Hügel. Und während sie hinsah, wuchs eine Antwort in ihr, eine Antwort, die ein weiteres Werk des Heiligen Geistes im Menschen ist: *Lobpreis.* Den ganzen Tag lobte und pries sie Jesus für die Welt, die Er geschaffen hatte. In dieser Nacht schlief sie wie ein Baby.

Danach wurde der Weg zum See Routine. Einen Monat später etwa konnte Maude Blanford die Straße, die den Hügel hinaufführte, auf eigenen Füßen gehen. Zu Hause hatte sie begonnen, ganz langsam die Stiegen hinaufzusteigen, wobei sie Jesus für jede Stufe, die sie eroberte, pries. Oder sie saß in einem Sessel und staubte ein Mahagonitischchen ab, wobei sie sagte: »Danke, Jesus. Wie schön ist doch dieses Holz!«

Als nächstes versuchte sie, eine kleine Menge Wasser in einen Eimer zu gießen. Sie saß auf einem Stuhl in der Küche und wischte den Boden unmittelbar um ihre Füße auf, schob den Stuhl ein paar Zentimeter weiter und wischte wieder. »Danke, Jesus, daß du mir hilfst, das zu tun!«

Ihre Schwiegertochter, die beinahe täglich zu Besuch kam, um für sie das Haus zu putzen, fragte eines Tages in hellem Erstaunen: »Mama, wie kommt es, daß der Küchenfußboden niemals schmutzig wird?«

Die ältere Frau zwinkerte ihr zu. »Nun, ich muß es wohl zugeben – der Herr und ich machen ein wenig Hausarbeit!«

Aber sie wußte, daß ihre vordringlichste Arbeit nichts mit diesem Haus aus Holz und Ziegeln zu tun hatte, sondern mit dem Haus ihres Geistes, dem Haus, das in ihrem Traum so lange ohne Dach gewesen war. Allmählich, als sie Jesus besser kennenlernte, fühlte sie Seine bergende Liebe, die sie umgab und beschützte. Es war nicht so, daß alle Schmerzen und Schwierigkeiten plötzlich ein Ende gehabt hätten. Sie mußte immer noch schmerzstillende Narkotika nehmen und litt immer noch unter Übelkeit als Folge der Chemotherapie.

»Der Wille zu leben ist ungeheuer wichtig«, bemerkte sie mir gegenüber. »Es erfordert eine beträchtliche Selbstüberwindung, einfach nur aus dem Bett zu steigen, wieder zu essen, nachdem einem das Essen eben hochgekommen ist. An dieser Stelle geben zu viele Leute den Kampf auf.«

Eines Samstagnachts, als die Schmerzen sie nicht schlafen ließen, lag sie in ihrem Bett, lobte Gott und las in der Bibel. Gegen zwei Uhr morgens fiel sie in einen leichten Schlaf. Die Bibel lag auf ihrem Bauch. Sie hatte das Gefühl, daß sie in den Himmel getragen wurde und eine lange Reise durchs Weltall machte. Dann drang eine Stimme aus dem Universum an ihr Ohr: »Mein Kind, deine Arbeit ist noch nicht beendet. Du mußt zurückkehren.« Das wurde dreimal wiederholt, langsam, majestätisch, und dann wurde sie sich wieder ihres Schlafzimmers, das sie umgab, bewußt.

Den Rest der Nacht verbrachte sie wach, von überströmender Freude durchflutet, und dankte Gott. Als ihr Gatte am Morgen aufwachte, sagte sie zu ihm: »Liebling, Jesus hat mich letzte Nacht geheilt.«

Sie konnte ihm ansehen, daß er es nicht glaubte; ihrem Äußeren war keine Veränderung anzumerken. »Aber ich wußte, daß ich geheilt war, und ich mußte es den Leuten sagen.«

Noch am selben Morgen ging sie zu Fuß zu der Baptistenkirche, die jenseits der Schnellstraße ihrem Haus gegenüberlag, und bat den Geistlichen, Zeugnis ablegen zu dürfen. Er war überrascht, als er diese ungewöhnliche Bitte von einer Frau hörte, die nicht einmal Gemeindemitglied war, aber er gab ihr die Erlaubnis, und sie erzählte den hier versammelten Menschen, daß Gott in der vergangenen Nacht zu ihr gesprochen und sie geheilt hatte.

Einige Wochen später bestand sie darauf, eine lange Busfahrt zu unternehmen, um ihren Sohn in West-Virginia zu besuchen. Sie mußte immer noch Medikamente nehmen und litt immer noch Schmerzen; dennoch sagte ihr der Heilige Geist, sie sollte sich von nun an ganz auf Jesus verlassen statt auf die Medikamente. Um fünf Uhr nachmittags am 27. April, fast zwei Jahre, nachdem der Krebs diagnostiziert worden war, auf der Rückfahrt mit dem Bus, steckte sie bei einer Ruhepause eine schmerzstillende Pille in den Mund und wußte, es würde die letzte sein.

Und so kam es auch. Rückblickend betrachten die Ärzte diesen plötzlichen Entzug als ein ebenso großes Wunder wie die Umwandlung der Krebszellen in gesundes Gewebe.

Es dauerte seine Zeit, bis ihr Körper-Haus wieder aufgebaut war; neun Monate, bis ihr schlimmes Bein wieder beinahe normal war, zwei Jahre, bis alle Symptome von Krebs verschwunden waren. Als sie Dr. Hayes in irgendeiner unbedeutenden Angelegenheit anrief, schrie er beinahe auf vor Verblüffung. »Mrs. Blanford! Was ist mit Ihnen geschehen! Ich dachte, Sie wären längst –«

»Sie dachten, ich wäre längst tot«, lachte sie.

»Bitte kommen Sie augenblicklich in meine Sprechstunde und lassen Sie sich untersuchen! Ich muß einfach wissen, was da passiert ist.«

»Aber warum sollte ich eine Menge Geld für eine ärztliche Untersuchung ausgeben, wenn ich vollkommen gesund bin?«

»Mrs. Blanford, ich verspreche Ihnen, wir übernehmen die Kosten!«

Was der Doktor herausfand, soll hier am besten in seinen eigenen Worten gesagt werden:

»Ich hatte den Kontakt zu Mrs. Blanford verloren und angenommen, die Patientin sei verstorben. Sie erschien zweieinhalb Jahre nach ihrer Operation in meinem Büro. Die Schwellung an ihrem Bein war verschwunden. Sie konnte ihr Bein ungehindert gebrauchen; sie hatte keinerlei Symptome mehr, und bei der Untersuchung konnte ich nicht feststellen, ob irgendwelche Krebszellen übriggeblieben waren oder nicht ...

Sie wurde am 5. November ein zweites Mal untersucht, und auch diesmal erbrachte die Untersuchung keinerlei krankhaften Befund ...

Seit damals wurde sie routinemäßig in Abständen untersucht ... sie hat keinerlei Symptome mehr ... Dieser Fall ist höchst ungewöhnlich, da die Frau erwiesenermaßen an weit fortgeschrittenem Gebärmutterkrebs litt und es keinerlei Hoffnung auf Genesung gab.«

Nicht die geringste Hoffnung ... außer der Hoffnung, auf die sich unser Glaube gründet.

Das Wunder, das Maude Blanford widerfuhr, erinnert mich immer wieder an die Szene in der Nacht vor der Kreuzigung, als Jesus zu seinen Jüngern sagte, die der Verzweiflung nahe waren: »Nicht ihr habt Mich erwählt, sondern Ich habe euch erwählt« (Johannes 15, 16). Er sagt das auch heute noch zu uns, während Sein Geist, der immerzu durch Menschen wirkt, uns manchmal verwirrt, oft erstaunt und immer zu dem wahren Geber von Gesundheit und Kraft führt.

7

Der Heilige Geist

Der kurzen Diskussion, die Catherine und ich ganz zu Anfang unserer Beziehung über den Heiligen Geist führten, sollten noch viele weitere folgen. Die dritte Person der Dreifaltigkeit wurde für unsere Beziehung und in allen anderen Aspekten unseres Lebens immer bedeutsamer.

Hier beschreibt Catherine ihre frühe Erfahrung mit dem Heiligen Geist, ehe wir einander kennenlernten; dann Seine Wirkung auf unsere Ehe, Familienmitglieder und Freunde in den 60er und frühen 70er Jahren.

Unterwegs in die Freude

Im Verlauf meiner Collegejahre und den frühen Jahren meiner Ehe mit Peter Marshall spürte ich, daß etwas in meiner Beziehung zu Jesus Christus fehlte. Ich hatte mich Seiner Gemeinde angeschlossen, ich las regelmäßig in Gottes Wort, ich betete zu Ihm, aber ich fühlte, daß da noch mehr war.

Im Jahre 1943 machte mich die Tuberkulose auf zunächst unbegrenzte Zeit bettlägerig.

Doch machte Gott aus dieser anscheinenden Mißhelligkeit etwas Gutes. Meine Suche nach Gesundheit wurde zu einer Suche nach einer Beziehung zu Gott. Eines Frühlingsmorgens spürte ich, daß es Zeit war, den großen Sprung zu tun – ein stilles Versprechen an Gott, das Versprechen, mein Leben als Blankoscheck in seine Hände zu geben. Meine Heilung begann mit dieser Lebensübergabe.

Etwa ein Jahr nach dieser Übergabeerfahrung entdeckte ich in mir eine lebhafte Neugier an einem merkwürdig erscheinenden Thema – dem Heiligen Geist. Wie die meisten Menschen hatte ich den Heiligen Geist als theologische Abstraktion betrachtet, eine Art frommer Verzierung für Taufen, Hochzeiten, Segnungen und ähnliches. Was den Terminus *Heiliger Geist* anging –, erschien er mir archaisch, wenn nicht überhaupt gruselig.

So seltsam mir diese Frage auch erschien, die Tatsache blieb bestehen, daß meine Neugier keine vorübergehende Laune war. Wie es so oft der Fall ist, wenn einem etwas dramatisch vor Augen gestellt wird, schien ich in diesen Tagen an allen Ecken und Enden vom Heiligen Geist zu hören.

Während wir in diesem Sommer in Cape Cod Urlaub machten, umfaßte das Programm der Kirche, die Peter und ich mit Peter John besuchten, als Teil des regulären Sonntagsgottesdienstes auch ein

Gespräch mit Kindern. Am ersten Sonntag, an dem wir uns dort aufhielten, hielt der Prediger seine Mini-Predigt über den Heiligen Geist in Beziehung zur Dreifaltigkeit.

Drei gläserne Behälter wurden vor dem jungen Prediger auf einen Tisch gestellt. Eines war mit Wasser gefüllt, das andere mit Eis, das dritte mit Dampf – vermutlich Trockeneis.

»Kinder«, begann er, »vielleicht habt ihr schon von der Trinität gehört. *Trinität* heißt drei. Wenn wir von der Trinität sprechen, meinen wir die drei Personen, die Gott ausmachen: Gott-Vater, Jesus Christus, der Sohn, und der Heilige Geist.

Nun seht euch diese drei Behälter an. Dieser enthält Wasser. Dieser hier Eis. Und dieser Dampf. Sie sehen alle drei ganz verschieden aus, nicht wahr? Aber ihr wißt, daß Eis nur gefrorenes Wasser ist. Und wenn eure Mutter in einem Topf auf dem Herd Wasser kocht, steigt Dampf auf. Das bedeutet, daß Wasser, Eis und Dampf in Wirklichkeit dasselbe sind.

Nun, das gilt auch für die Trinität. Jesus Christus, das Wasser des Lebens, ist vom Vater verschieden – und ist dennoch derselbe. Der Heilige Geist, wie der kraftvolle Dampf, der eine Maschine antreiben kann, unterscheidet sich von Christus und dem Vater und dennoch derselbe.«

Ich lauschte genauso interessiert wie die Kinder. Was der junge Geistliche an diesem Morgen sagte, öffnete mir neue Perspektiven und diente als Hintergrund für mein Interesse an dem Thema, das mich weiterhin dann sehr beschäftigte.

Etwa zwei Monate später geschah etwas, das dieses Interesse von der Theorie in die Praxis verlagerte. Früh im Herbst diesen Jahres erzählten mir meine Freundinnen Tay und Fern von einer besonderen Führung Gottes, die sie im vergangenen Winter in Florida gehabt hatten.

Ich kannte Tay schon lange. Sie handelte oft auf einen inneren Anstoß hin und hatte manchmal einen starken Drang, jemand zu helfen, so daß sie oft in Notlagen zu Hilfe kam, von denen sie auf natürliche Weise nichts wissen konnte.

Neugierig fragte ich sie: »Wie erklärst du dir diese Intuitionen?«

»Manche Leute nennen sie Intuitionen«, antwortete Tay prompt.

»Aber ich ziehe es vor, die Hilfe, die ich erfahre, als Führung des Heiligen Geistes zu betrachten.«

Da war es wieder!

Tay blickte mich neugierig an. »Was bedeutet der Heilige Geist für dich?« fragte sie.

Ich erinnerte mich an die Kurzpredigt in der Kirche in Cape Cod. »Oh, eine der drei Personen der Gottheit, die dritte Person der Trinität.«

»Aber ich spüre etwas in der beiläufigen Art, wie du das sagst – « Sie blickte mich scharf an. »Laß mich raten – in deinem Denken nimmt der Heilige Geist einen unbedeutenden und unnützen Platz ein. Stimmt's nicht?«

Ich nickte. »Das stimmt.«

»Aber ich weiß aus persönlicher Erfahrung, daß der Heilige Geist genauso groß, genauso wichtig ist wie die beiden anderen Personen der Trinität. Und obendrein hast du meine ursprüngliche Frage noch nicht beantwortet. Was bedeutet Er dir?«

Tays Eindringlichkeit schien nach einer offenen Antwort zu verlangen.

»Ich muß ehrlich sein, Tay«, antwortete ich, »der Geist bedeutet mir gar nichts. Ich kann sehr gut ohne Ihn auskommen.«

Obwohl ich damals an meine eigene Behauptung glaubte, sollte ich bald herausfinden, daß ich im Unrecht war. Um ehrlich zu sein – ich konnte ohne den Heiligen Geist gar nicht gut auskommen. Einige Nachforschungen in der Bibel sagten mir warum.

Ich benutzte eine Konkordanz und ein Notizbuch und begann, alle Hinweise auf die dritte Person der Trinität nachzuschlagen. Allmählich nahm, was ich in der Bibel fand, logische Umrisse an.

Ich erfuhr, daß der Heilige Geist nicht ein »Einfluß«, sondern eine Person ist; nicht »ein Ding« oder »ein Es«, sondern ein »ER«. In einer Weise ist er zugleich grundlegender Teil der Dreifaltigkeit, denn Seine Arbeit besteht darin, Christus zu reflektieren und Ihm die Ehre zu geben.

Die offenkundige Bedeutung des Wortes »die Ehre geben« ist »jemand wie im Gottesdienst verehren«. Aber es hat noch eine tiefere Bedeutung. Dr. Leslie Weatherhead hob diese tiefere Bedeutung in der Pfingstpredigt hervor, die er 1952 im City Temple in London hielt: »Ich würde Ehre *(glory)* als jenen Ausdruck der Natur einer Person oder Sache definieren, der unseren Lobpreis hervorruft.«

Also ist die »Glorie« eines Sonnenaufgangs in der Schönheit seiner zarten Rosa- und Orangetöne zu sehen, die sich am Himmel spiegeln, unmittelbar bevor die Sonne selbst erscheint. In diesem Sinne besteht die »Glorie« in den Eigenschaften oder Charakteristika des Sonnenaufgangs, die wir erkennen können.

Die »Glorie« von Jesus Christus liegt in Seinen Wesenszügen, die uns dazu bewegen, Ihn anzubeten. Diese Züge sind keine königlichen Herrschaftszeichen oder der Heiligenschein, mit dem mittelalterliche Maler Sein Haupt umgaben. Weit gefehlt! Männer und Frauen sahen Seine Glorie in Seiner Menschlichkeit – Seinem augenblicklichen Mitgefühl, Seiner Zärtlichkeit, Seinem Verständnis und Seiner Furchtlosigkeit; Seiner Weigerung, mit dem Bösen Kompromisse zu schließen; Seiner Selbstlosigkeit, die ihren Höhepunkt erreichte, als Er sich selbst am Kreuz dahingab.

Der Apostel Johannes faßt das in die unvergeßlichen Worte: »Und das Wort ward Fleisch und wohnte unter uns (und wir sahen seine Herrlichkeit, eine Herrlichkeit als des eingeborenen Sohnes vom Vater) voller Gnade und Wahrheit.«

Aber dann stellte ich fest, daß die Eigenschaften in Jesu Natur uns ebenso wenig auffallen, wie einem Blinden ein Sonnenaufgang bewußt wird. Dazu brauchen wir den Heiligen Geist – um die »Glorie« von Christus erkennen zu können. Es ist, als schenkte uns der Geist eine neue Wahrnehmungsfähigkeit, mit der wir geistliche Wahrheiten erkennen können, wo zuvor nur Finsternis geherrscht hat.

Ich stellte fest, daß Jesus Seine eigenen Lieblingsbezeichnungen für den Heiligen Geist hatte. Christus sprach Aramäisch, die Sprache Seines eigenen Volkes. Dies war der Dialekt der Bazare und des Seeufers, voll farbiger Wendungen, Metaphern und vermutlich bildhaftem Humor. Wir dürfen annehmen, daß sich die Sprechweise von Jesus beträchtlich von der der Bibel unterschied. Jesus sprach weniger vom Heiligen Geist als vom »Helfer«, »Geist der Wahrheit«, »Lehrer«, »Tröster«, »Ratgeber«.

Vor allem das Evangelium des Johannes hat mir geholfen, den Heiligen Geist besser zu verstehen. Im letzten Gespräch von Jesus mit den Elfen (Judas hatte die Gruppe bereits verlassen), machte Er ihnen klar, daß sie Ihn durch den Heiligen Geist erleben sollten. An diesem letzten Abend sagte Er wichtige Dinge zu Seinen Aposteln, und die meisten davon betrafen den Tröster.

Die Jünger wußten, daß ihr Herr sich in Lebensgefahr befand. Sie waren geängstigte, bekümmerte Menschen.

»Habt keine Angst, weil Ich von euch gehe«, sagte ihnen Jesus. Und für die Zukunft versprach Er ihnen und allen zukünftigen Gläubigen die folgenden aufregenden Tatsachen:

1. Nach Seinem Weggehen würde Er den Heiligen Geist senden, der »über alles Fleisch ausgegossen« werden sollte, statt (wie im Alten Testament) nur über einige wenige Auserwählte wie Propheten, Priester, Könige (Apostelgeschichte 1,4-5; 2,17).
2. Er selbst würde der Geber oder der Täufer mit dem Heiligen Geist sein (Markus 1,8; Matthäus 3,11).
3. Sein Plan sah vor, daß der Heilige Geist tatsächlich in uns Wohnung nehmen sollte. Gott würde auf diese Weise dem Menschen näher sein als je zuvor (Johannes 14,17).
4. Die Apostel und alle zukünftigen Gläubigen, die Ihm im Lauf der Jahrhunderte nachfolgen sollten, traten vom Augenblick der Himmelfahrt Jesu an in eine neue Ära ein – das Zeitalter des Heiligen Geistes, das bis zu Jesu Wiederkunft in Menschengestalt auf dem Planeten Erde andauern sollte (Johannes 7,39; 16,7).
5. Durch den Heiligen Geist würde Jesu ständige Gegenwart Realität werden.
6. Das Hauptkennzeichen des Heiligen Geistes würde die Kraft zum Dienst an anderen sein (Markus 16,15-18.20).
7. Der Geist sollte unser Lehrer, Führer, Tröster, Berater, Fürbitter, Spender von Freude und Freiheit, von vielen geistlichen Gaben und des ewigen Lebens sein.
8. Der Geist würde nie vollkommen in einem einzelnen Individuum wirksam werden, sondern nur in der Gemeinschaft des Leibes Christi auf Erden – der Gemeinde (Epheser 1,22-23).

9. Die Apostel und ihre Nachfolger würden ein gewisses Ausmaß an Widerstand, Spaltung, sogar Verfolgung und Vertreibung aus ihren Synagogen (oder Gemeinden) hinnehmen müssen, weil »die Welt den Geist der Wahrheit nicht empfangen kann« (Johannes 14, 17).
10. Nach Seiner Auferstehung und Himmelfahrt sollten die Apostel »hinausgehen in alle Welt und die Frohe Botschaft verkünden« (Markus 16, 15). Sie sollten jedoch Jerusalem nicht verlassen und keinen geistlichen Dienst ausüben, ehe sie nicht den Heiligen Geist empfangen hatten.
11. Jesus hatte versprochen, daß Er sich uns zu erkennen geben würde (Johannes 14, 21) und daß der Geist uns in alle Wahrheit führen würde (Johannes 16, 13).

Als ich das alles im Jahre 1945 zusammenstellte, fiel dadurch auf die folgenden Ereignisse neues Licht. Diese Geschichte wird in der Apostelgeschichte erzählt – eigentlich der Geschichte der Taten des Heiligen Geistes. Das erste große Wunder des Geistes war die Verwandlung der anfangs ängstlichen, feigen und streitsüchtigen Jünger in kühne Männer, die mit Kraft und Vollmacht in die Welt hinausschritten. So wurde die junge Kirche geboren.

Jesu Versprechen, uns neue Wahrheiten zu offenbaren, wurde augenblicklich erfüllt. Alte religiöse Sitten und eingerostete Verhaltensweisen mußten zerbrochen werden.

Jungfräuliche Wahrheit kommt immer unerwartet, manchmal schockierend. Obwohl Jesus oft zu den Aposteln über den Heiligen Geist gesprochen hatte, konnte ich keinen Bericht finden, demzufolge Er die Details des kommenden Pfingsten erwähnt hätte: den brausenden Wind, die Feuerzungen oder das plötzliche Sprechen in Sprachen, die sie niemals gelernt hatten. Die Jünger waren auch in keiner Weise auf die »neue Wahrheit« vorbereitet, daß ihre jüdischen Speisegesetze überflüssig wurden oder daß die Heiden ebenfalls vom Vater geliebt und von ihm auserwählt waren, den Heiligen Geist zu empfangen.

Also bat ich Jesus ganz einfach, durch seinen Heiligen Geist ganz neu in meinem Leben zu wirken.

Und Er wirkte tatsächlich, obwohl ich nicht hätte erraten können, wie Er es tun würde. Als ich 1945 dieses Gebet gesprochen hatte, wurde als erstes meine Zunge gezüchtigt. Ich brauchte die Disziplin, kein sorgloses oder negatives oder entmutigendes Wort zu sprechen. Wochenlang machte ich ein hartes Training mit. Immer wieder öffnete ich den Mund und wollte sprechen, nur um vom Lehrer zu hören: *Stop! Nein, sag es nicht. Mach den Mund zu.*

Viele andere Erfahrungen folgten, beispielsweise die Freude an der Entdeckung, wie der Helfer bemüht ist, uns durch die Details des Alltagslebens zu führen, wie Er unsere Gefühle zum Leben erweckt. Nichts davon hätte ich vorhersagen können. Die meisten Erfahrungen machte ich, wenn ich allein war. 1945 kannte ich niemand, der etwas Vergleichbares erlebte.

Ich erkannte, daß mein Ehemann ebenfalls Erfahrungen mit dem Heiligen Geist machte und das Charisma des Predigens erhalten hatte. Im Unterschied zu mir hatte er den Heiligen Geist nicht an und für sich gesucht, sondern eher danach gefragt, was Gottes spezieller Wille für sein Leben war. Gott hatte ihm gezeigt, nach Amerika auszuwandern und Geistlicher zu werden. Peter hatte die Gegenwart des Heiligen Geistes und Seine Hilfe schon auf so vielfältige Weise erfahren, daß er es nicht nötig hatte, so bewußt danach zu suchen, wie ich es tat.

Später, als mein Ehemann so plötzlich starb, war ich sehr dankbar, daß ich den Geist in Seiner Rolle als Tröster gekannt hatte. Ohne ihn hätte ich vielleicht überlebt, aber nur als ein halber Mensch und ohne jemals die Gnade und die »Glorie« des Trösters an dieser bittersten Grenze des Lebens kennenzulernen. Er tröstete mich nicht nur, Er unterwies mich auch in einem praktischen Schritt nach dem anderen, wie ich mit meinem Witwendasein zurechtkommen konnte.

1950 benötigte ich andere Hilfe. Ich hatte mich vertraglich verpflichtet, das Manuskript von *Ein Mann namens Peter* am 1. Mai abzuliefern, aber ich hatte niemals einen Schriftstellerkurs mitgemacht und hatte fast überhaupt keine Erfahrung, außer daß ich ein wenig an persönlichen Tagebüchern und Aufzeichnungen herumkritzelte. In dieser Notlage wurde der Heilige Geist mein Lehrer im kreativen Schreiben.

Er nahm mich bei der Hand und zeigte mir, daß die ersten Seiten des Buches Peter Marshall in jenem Rahmen zeigen mußten, in dem die Weltöffentlichkeit ihn kannte – als den Kaplan des Senats. Erst dann konnte ich zu Peters Jugendjahren in Schottland zurückblenden (damals kannte ich nicht einmal die Bedeutung des Terminus *Rückblende*) und die Geschichte von dort aus wieder aufrollen.

Ich versuchte, das Buch zu skizzieren und wußte, daß es nicht in Ordnung war. Als ich meinen Lehrer bat, mir zu zeigen, wie ich den Entwurf des Buches gestalten sollte, machte Er mir klar, daß ein Buch über Peter nur dann von bleibender Bedeutung sein würde, wenn es etwas über Gott aussagte – Seine Güte, Seine Offenbarung der Wahrheit, Seine Art, mit den Menschen umzugehen. »Mach das zur Aussage des Buches«, lautete die Anweisung. Ich tat es, und der Rest des Materials fand ganz von selbst seinen Platz.

Mein Lehrer zeigte mir, wie man ein Buch anlegen muß, was man aus dem Leben eines Menschen zeigt, was man ausläßt. Und die ganze Zeit wies Er mich darauf hin, daß eine gewisse Leichtigkeit und Humor genau der richtige Weg waren, um die Größe dieses Mannes hervorzuheben.

Nun erlebte ich all die Gefühle, die ich nicht gefühlt hatte, als ich zum erstenmal um Seine Gegenwart gebeten hatte – und viel, viel mehr.

»Keine kreative Arbeit«, sagte Er mir, »hat eine dauerhafte Wirkung, wenn sie die Leser nicht gefühlsmäßig berührt.« Während ich an dem Manuskript arbeitete, spürte ich Seine Kraft. Er gestattete mir aber nicht, mich der Sentimentalität hinzugeben, was ich gern getan hätte.

Die »Jesus People«

Ich hätte es mir nicht träumen lassen, daß kaum zehn Jahre später eine gewaltige Bewegung wie eine Riesenwelle die Welt erschüttern sollte.

Für mich begann das Ganze mit einem Treffen mit John Sherill, dem wichtigsten Redakteur bei *Guideposts.* Wie es bei den meisten von uns der Fall ist, hatte eine persönliche Not John bewogen, sein Leben Jesus zu übergeben. Meine Not war eine lange Krankheit gewesen, John litt unter einer akuten körperlichen Krise. Zwei Jahre zuvor war ein bösartiges Muttermal von seinem Ohr entfernt worden, das als Melanom diagnostiziert wurde, eine der bösartigsten und tödlichsten Formen von Krebs. Wie durch ein Wunder war es rechtzeitig entdeckt worden. Aber nun hatte der Arzt ein verdächtiges Klümpchen an Johns Nacken entdeckt.

Die Einzelheiten der Krankheit und die Gebete um Heilung sind hier nicht das Thema. Es genügt, wenn ich sage, daß Johns Notlage von dem Augenblick an, als ich davon hörte, auch meine Notlage wurde, Teil meiner »Last« der Verantwortung, wie die Quäker es so eindringlich formulieren. Aber: Wie sollten wir für John beten?

Eine lange Reihe von Gedanken hämmerte in meinem Kopf und ließ sich nicht beiseite schieben: Heilung ist kein Selbstzweck; sie ist untrennbar mit dem Evangelium verbunden. Physische Gesundheit ist nur ein Teil völliger Heilung. Dann kam die unvermeidliche Frage: Hatte John jemals sein ganzes Sein dem Herrn übergeben?

Wer war ich, daß ich John eine solche Frage stellen durfte? Er war ein Intellektueller – ein Redakteur und erfolgreicher Schriftsteller. Jeder gefühlsmäßige Zugang zum christlichen Glauben war ihm ebenso widerwärtig wie die üblichen Klischees. Wenn ich all das bedachte, wäre es da nicht eine Dreistigkeit meinerseits, ihn nach seiner Beziehung zu Gott zu fragen? Würde ich ihn damit abstoßen?

Dennoch, die Zeit verging. Nur 24 Stunden blieben noch, bis John ins New Yorker Memorial Hospital eingeliefert werden sollte, um dort operiert zu werden. Schließlich war es in einem solchen Augenblick gleichgültig, was er von mir hielt. Die Tatsache, daß ein Leben auf dem Spiel stand, gab mir den Mut, John anzurufen und ihm zu sagen, daß ich ihn sprechen mußte.

Seine Frau Elisabeth, Tib genannt, kam mit ihm. Wir drei suchten uns ein ruhiges Zimmer und schlossen uns ein. Ich machte gar keinen Versuch, es diskret anzugehen. Ich erklärte, was mich zu meinem Telefonanruf bewogen hatte, was ich über die Lebensübergabe gelernt hatte und warum sie mir so wichtig als Grundlage für jedes Gebet um Heilung erschien. Mein Herz lag in dem, was ich sagte, so daß mir mehrmals die Stimme wegblieb.

Als ich zu Ende geredet hatte, fragte John voll Erstaunen: »Willst du damit sagen, ich könnte mich einfach dafür entscheiden, willentlich, Gott mein Leben übernehmen zu lassen, und es Ihm sagen, einfach ganz rundheraus und nüchtern, und es wird funktionieren?«

»Das ist richtig«, lautete meine Antwort, »mach es so nüchtern, wie du kannst. Du mußt nicht erst alle deine theologischen Überzeugungen auf die Reihe bringen. Du mußt auch nicht alles verstehen. Komm zu Christus, wie du bist – samt Fragen, Komplexen, Masken, Zweifeln – allem. Wie kann irgendeiner von uns anders kommen? Du sagst Ihm, daß du dich in Seine Hände geben willst. Danach liegt der nächste Zug bei Ihm. Die Gefühle, der Beweis, daß Er gehört hat und dich angenommen hat, sogar das Verständnis werden erst später kommen.«

Als wir soweit gekommen waren, mußten John und Tib forteilen, um ihre letzten hastigen Vorbereitungen für den Krankenhausaufenthalt zu treffen. Erst später fand ich heraus, was unmittelbar nach unserem Abschied geschehen war.

»Nachdem wir dir Lebewohl gesagt hatten und deine Auffahrt entlangfuhren«, sagte John zu mir, »tat ich das, was du mir vorgeschlagen hattest – ich sagte Ja zu Gott. Ich kann dir haargenau zeigen, an welcher Stelle der Milwood Road es geschah, genau bei einem bestimmten Telefonmast.«

»Dann, weil es eine so stille, innere Sache gewesen war, hatte ich das Gefühl, daß ich es jemand erzählen müßte. Also sagte ich zu Tib – und wahrscheinlich klang es ein wenig zerknirscht: ›Na, jetzt bin ich also ein Christ.‹

Und sie fragte neugierig: ›Fühlst du dich irgendwie anders?‹

›Kein bißchen anders‹, sagte ich zu ihr.«

Und dennoch ist John jetzt anders – ganz anders. Diese stillschweigende Aktion an einer gewissen Stelle der Milford Road hat John eine Serie von Abenteuern mit dem Heiligen Geist beschert. Aber um diese Geschichte abzuschließen: als der berühmte New Yorker Spezialist John operierte, konnte er nichts weiter finden als ein eingetrocknetes Knötchen, das leicht zu entfernen war. Kein bösartiger Krebs war zu entdecken.

In der Folge seiner persönlichen Lebensübergabe an Jesus Christus entdeckte John, daß sein journalistisches Interesse sich von den praktischen den übernatürlichen Geschichten zuwandte. Deshalb faszinierte ihn David Wilkerson.

David Wilkerson war jener hagere Pfingstprediger aus Pennsylvania, der seiner kleinen Gemeinde mitteilte, Gott wolle, daß er nach New York ginge und den Jugendbanden in der Stadt den Herrn Jesus predige.

»Aber was kann ein Landprediger in diesem Hexenkessel schon ausrichten?« fragten die Gemeindeglieder.

David wußte es auch nicht. Er würde Gott vertrauen, daß er es ihm zeigte. Und das tat Gott auch. Der Heilige Geist wirkte so machtvoll unter diesen Teenagern durch Davids Dienst, daß die Medien – und John Sherill – hingerissen waren.

John schlug eine Artikelserie für *Guideposts* vor, aber mehrere Redakteure zeigten sich so skeptisch angesichts der dramatischen Bekehrungen hartgesottener, dem Verbrechen verfallener Teenager, daß John vorschlug, David selbst sollte in die Redaktion von *Guideposts* kommen und seine Geschichte erzählen. Das tat er auch und beschrieb eindrucksvoll, wie der Heilige Geist die Menschen verändert. Dennoch waren nicht alle überzeugt.

Len, der Herausgeber, mußte die Entscheidung treffen. Er wußte damals noch nicht, was für eine weitreichende Entscheidung es war. »Grünes Licht für die Wilkerson-Serie«, entschied er.

Die Artikel hatten eine gewaltige Wirkung auf die Leser von *Guideposts*, die Post strömte nur so herein, zum größten Teil zustimmende Briefe.

Ein Verleger zeigte sich interessiert. Beide, John und Elisabeth, arbeiteten mit David an *Das Kreuz und die Messerhelden*, ein Buch, das ein weltweiter Bestseller und erfolgreich verfilmt wurde und eine wachsende Bewegung des Heiligen Geistes initiierte.

Nun kam die große Überraschung. Junge Menschen, die bislang der Religion gleichgültig oder feindselig gegenübergestanden hatten – einige von ihnen waren im Dschungel von Drogen oder Okkultismus oder östlichen Religionen verlorengegangen – wurden »Jesus People«. Sie trugen die Bibel nicht nur mit sich herum, sie lasen geradezu fieberhaft darin. Im Ozean oder in Swimmingpools in Hinterhöfen ließen sie sich taufen. In der ganzen Welt bildeten sie Gemeinschaften.

Das Kennzeichen der Jesus-Revolution war eine gefühlsmäßige Hochspannung – Händeklatschen, Umarmungen, Gesang, christliche Rockmusik, Ausrufe von »Wow!« und »Echt super!«

Einige dieser jugendlichen Experimentatoren meinten es nicht ernst und fielen bald wieder ab. Aber viele hatten ihrem Leben die richtige Ausrichtung gegeben.

Eines Abends am Abendbrottisch hatte Chester uns so viel zu erzählen, daß er kaum zum Essen kam. Er war an diesem Nachmittag per Flugzeug von der Taylor University gekommen, wo er eben sein erstes Studienjahr vollendet hatte.

Chesters Stimme war von Erregung erfüllt. »Paps, du würdest nicht glauben, was sich letzte Woche im Football-Stadion von Notre Dame abgespielt hat.«

»Football im Juni?« fragte sein Vater erstaunt.

»Nein – man sang und betete und pries den Herrn. 25 000 Menschen auf einmal. Es war phantastisch!«

»Was war der Anlaß?«

»Eine Großveranstaltung der katholischen Jesus People. Eine Gruppe von uns fuhr von Taylor aus hinauf. Sechshundert Priester strömten aus dem Tor, durch das sonst die Spieler eintreten, auf das Feld. Sie sangen und schwenkten Fahnen. Alle klatschten und jubelten. Ich habe niemals so begeisterte Menschen gesehen.«

Später lasen wir den Bericht über das Ereignis im *Time Magazine:* zuerst kamen Männer in Geschäftsanzügen oder Sportbekleidung, die Fahnen mit der Aufschrift trugen *Der Geist Jesu ist unter uns.* Dann die Doppelreihen von Priestern in weißen Roben und Stolen, die mit zum Himmel erhobenen Händen, die Handflächen nach oben gekehrt, sangen. Die Erregung der Menge wuchs, Applaus brach aus. Als acht römisch-katholische Bischöfe auftauchten, denen Kardinal Suenens aus Belgien im leuchtendroten Amtsgewand folgte, verwandelte sich das Klatschen in ein gewaltiges Gebrüll.

Kardinal Suenens redete die 25 000 im Stadion mit den Worten an: »Die pfingstliche Erneuerung ist keine Bewegung. Sie ist ein Strom der Gnade ... der überall auf Erden anschwillt. Ich fühle ihn kommen. Ich sehe ihn kommen.«

Ursprung der katholischen charismatischen Erneuerung war eine Gruppe von vier oder fünf Laien (alles Mitglieder einer Fakultät an der Universität Duquesne), die im Herbst 1966 anfingen, einander regelmäßig zu treffen. Ein Buch, das ihnen in die Hände fiel, führte sie dazu, für sich selbst um die Gabe des Heiligen Geistes zu bitten. Ja, es war David Wilkersons *Das Kreuz und die Messerhelden,* das John und Elisabeth Sherill geschrieben hatten. Auch zwei andere Bücher wurden zu Schlüsseln der Bewegung: *Sie sprechen in fremden Zungen* und Dennis Bennetts *Neun Uhr morgens.*

Wie die meisten Erwachsenen habe ich die Jesus-Bewegung unter den jungen Leuten mit Gefühlen beobachtet, die von Entzücken über Erstaunen bis zu Verblüffung reichten. Sie haben uns jedoch gewiß etwas Bedeutsames zu sagen gehabt, das wir anderen uns zu Herzen nehmen sollten: Wir könnten in unserem geistlichen Leben mehr Freude und mehr Liebe gebrauchen. Vielleicht sind wir inzwischen so beschäftigt damit, Gott mit unserem Intellekt zu dienen, daß wir vergessen haben, daß Ihn auch unser restliches Selbst – unseren Körper mit eingeschlossen – lobpreisen soll.

Selbstvergessenheit, eine Art freudiger, heiliger Begeisterung, ist tatsächlich eines der Markenzeichen des Helfers. Als Len und ich in die Bewegung hineingezogen wurden, bildeten wir eine Gebetsgruppe mit den Sherills, die sich wöchentlich in unseren Häusern traf.

Eines Abends tauschte Len mit der Gruppe ein Problem aus, an dem er arbeitete, und bat um Gebetshilfe. Zwei Frauen standen an seinem Stuhl, legten ihre Hände sanft auf seine Schultern und seinen Kopf und beteten, daß die Kraft des Heiligen Geistes Len von seinem Groll über eine bestimmte Situation befreien möge. Er sagte mir später, er hätte gefühlt, wie Wärme durch ihre Hände strömte. Das Gebet endete, Len drückte seinen Dank aus, und das Treffen war beendet.

Stunden später, nachdem wir bereits im Bett waren, sprach Len mit leiser Stimme zu mir. »Catherine, ich wecke dich nicht gern auf, aber ich habe ein höchst seltsames Gefühl.«

Ein wenig überrascht fragte ich: »Wie meinst du das?«

»Da ist diese überströmende, berauschende Freude in mir! Es fing in der Magengrube an, nachdem ich ins Bett gegangen war, dann sprudelte und perlte es gewissermaßen in meinen Kopf hinauf. Ich habe hier gelegen und gedacht, wie albern es sei, hier solche Freude zu empfinden, während ich schlafen sollte, aber ich kann es nicht kontrollieren. Catherine, ich möchte darüber beten.«

»Nun, ist recht«, antwortete ich schläfrig, »mach schon – bete!«

»Aber es ist nicht genug, wenn wir einfach hier liegen. Ich möchte niederknien.«

Also knieten wir beide neben dem Bett nieder.

Lens Gebet fing ganz ruhig an. Zuerst dankte er für unsere Freunde, denen so viel an ihm lag, daß sie für ihn beteten. Dann dankte er Gott für unser gemeinsames Leben. Danach sprach er über seine Liebe zu jedem Mitglied unserer Familie, sei es nah oder fern. Dazwischen sagte er dem Herrn, wie sehr er Ihn liebte. Herzliche Liebe entquoll den Tiefen seines Wesens für jeden Menschen, der ein Stachel in Lens Fleisch gewesen war. Danach begann er im Namen Gottes jeden zu segnen, an den er denken konnte, als wäre diese Liebe so groß, daß sie das gesamte Universum umfaßte.

Zuvor waren Lens Gebete immer kurz, beinahe abrupt gewesen. Wohlüberlegt, mit sorgfältig gewählten Worten, gar nicht gefühlvoll. In dieser Nacht jedoch strömten die Worte überreichlich aus seinem Mund in tiefster innerer Bewegung, ohne Scheu und Zurückhaltung. Wie ein Vogel, den man aus dem Käfig entläßt, schossen seine Gefühle aus ihm heraus, wirbelten, tanzten, wünschten sich nichts so sehr, als immer weiterzufliegen.

Minuten vergingen, eine halbe Stunde, eine Stunde, während Liebe und Freude aus Lens Herzen strömten. Schließlich wurde ihm bewußt, daß ich ebenfalls hier kniete. Er unterbrach sich lang genug, um widerstrebend zu bemerken: »Es ist nicht fair dir gegenüber, Catherine. Ich könnte noch lange so weitermachen, aber du brauchst deinen Schlaf.«

Am Morgen berichtete er: »Ich habe nie zuvor eine so reinigende Erfahrung gemacht. Mir war zumute, als wäre ich ein Motor, der generalüberholt wird. Es war, als hätten alle meine negativen Emotionen – meine Frustrationen und mein Groll – eine Schmutzschicht in meinem Körper abgelagert, wie Kohlenrückstände, die Zündkerzen verschmutzen. Diese Liebe und Freude, die mich durchströmte, war wie ein frisches, warmes, schäumendes Wasser, das die Bitterkeit abwusch. Heute morgen habe ich ein so – wie soll ich sagen – Gefühl, völlig gereinigt zu sein.«

Gemeinsam priesen wir Gott für Seine Antwort auf das Gebet des vergangenen Abends. Wie immer hatte Er mehr getan, »als wir erbitten oder uns vorstellen können«.

8

Die Macht des Gebets

Während unserer ersten Verabredung, bei jenem eintägigen Ausflug entlang Virginia's Skyline Drive, erwartete ich, Catherine adrett, super-fromm und voll Selbstvertrauen vorzufinden.

Sie begrüßte mich in einer lässigen Bluse und einem schmucken Rock, der zwei sehr hübsche Beine enthüllte. Noch interessantere Enthüllungen sollten folgen: sie hatte kürzlich Bridge spielen gelernt. Sie hatte angefangen, Gesellschaftstanz zu lernen.

»Mein Leben wurde zu eindimensional«, enthüllte sie mir.

Was mich am meisten überraschte: im Laufe unserer langen Gespräche wurde mir ihr Gefühl der Unzulänglichkeit bewußt. Trotz zehn erfolgreicher Jahre als christliche Schriftstellerin und Vortragende hatte sie starke Selbstzweifel, was ihre Rolle als Mutter und ihr Verhalten in der Öffentlichkeit anging.

»Deshalb sind Gebete so entscheidend wichtig für mich. Wenn ich mit meiner Hilflosigkeit zu Jesus gehe, hört Er mich und antwortet. Er hat die Dinge immer im Griff, wenn ich mich unzulänglich fühle.«

Nach unserer Hochzeit schlug ich vor, Catherine sollte für *Guideposts* über einige ihrer Erfahrungen schreiben. Sie schrieb eine Serie von Artikeln, die *Guideposts* schließlich zu einem Büchlein mit dem Titel *Gebetsabenteuer* zusammenfaßte. Hunderttausende von Exemplaren wurden im Lauf der 60er Jahre verteilt. Später wurde das Material zu einem Buch mit demselben Titel erweitert, das in über einer Million Exemplaren verkauft wurde.

Hier sind einige Auszüge daraus.

Das Gebet der Hilflosigkeit

Als ich in der Landeshauptstadt lebte, fiel mir auf, wie oft die Washingtoner Zeitungen über selbstmörderische Sprünge von der Calvert Street Bridge berichteten. Das geschieht so oft, daß man den Ort oft »Selbstmordbrücke« nennt. Ich fühlte die menschliche Tragödie hinter diesen Kurznotizen – das Schicksal der 31jährigen Frau eines Luftwaffenmajors beispielsweise, die an inoperablem Krebs litt, oder das des Mannes in fortgeschrittenen Jahren, dessen Frau soeben verstorben war – und hatte dabei oft das Gefühl, daß es bei all diesen Tragödien einen gemeinsamen Faktor geben mußte. Jeder dieser Menschen mußte sich hilflos gefühlt haben.

Und ich habe gedacht: »Wenn ich mit solchen Menschen in der Stunde Null sprechen könnte, dann würde ich versuchen, ihnen den Gedanken nahezubringen, daß Hilflosigkeit eine der wertvollsten Gaben ist, die ein Mensch haben kann, und sie damit vom Selbstmord abhalten.«

Denn ich glaube, das alte Klischee »Hilf dir selbst, dann hilft dir Gott« ist nicht nur irreführend, sondern oft absolut falsch. Die spektakulärsten Antworten auf mein Gebet kamen, wenn ich absolut hilflos war und so durcheinander, daß ich absolut nichts für mich tun konnte.

Eine solche Erfahrung machte ich, als ich mein erstes Buch unter meinem eigenen Namen schrieb. Als die junge Witwe von Peter Marshall versuchte ich mich an dem – wie viele meinten – reichlich kühnen Projekt, seine Biographie zu schreiben. Als ich ungefähr in der Mitte des Manuskripts angelangt war, erhielt ich von jemanden, dessen Urteil ich vertraute, vernichtende Kritiken. Er sagte mir rundheraus: »Du hast noch nicht einmal eine Ahnung, was in dem Mann Peter Marshall vorgegangen ist.«

Und er hatte recht, genau hier lag der Fehler. Die Erkenntnis meiner Unfähigkeit als Schriftstellerin beschränkte sich nicht nur auf die intellektuelle Ebene. Sie hatte auch ihre Wirkung auf meine Gefühle; die Tränen flossen reichlich. Aber dieser Krise entsprang eine bedeutende Erkenntnis: In meiner Hilflosigkeit gab es keine andere Alternative, als das Projekt in Gottes Hand zu legen. Ich betete, *Ein Mann namens Peter* möge Sein Buch sein und auch die Ergebnisse möchten die Seinen sein.

Und so kam es auch. Für mich ist es immer noch unglaublich, daß mehrere Millionen Exemplare in aller Welt zirkulieren. Aber die Anzahl ist beinahe bedeutungslos, wenn ich von Zeit zu Zeit höre, wie das Leben eines Menschen durch dieses Buch verändert wurde, wie Männer, von Peter Marshalls Leben inspiriert, in den geistlichen Dienst traten.

Jahre später erlebte ich, wie das Gebet der Hilflosigkeit in einer alltäglichen Situation erhört wurde – in der Angelegenheit einer Haushaltshilfe. Vor meiner Heirat mit Leonard LeSourd im Herbst 1959 blickte ich voll Angst und Bangen der Aufgabe entgegen, seine drei kleinen Kinder aufzuziehen. Mein einziges Kind, Peter John, war seit mehr als drei Jahren im College, und ich hatte mich ganz meiner schriftstellerischen Karriere gewidmet.

Um mir Mut zu machen, versprach Len hoch und heilig, eine Haushaltshilfe zu beschaffen. Aber das erwies sich in Chappaqua, New York, als ziemlich schwierig. Monate vergingen. Eine Frau blieb einige Wochen und verließ uns dann wieder. Wir versuchten es ohne Erfolg mit Zeitungsannoncen; unsere beharrlichen Gebete brachten uns einer Lösung nicht näher. Ich kam schließlich zu der Erkenntnis, ich würde alles allein erledigen müssen – für die Familie sorgen und die Termine für meine schriftstellerische Arbeit einhalten; aber ich merkte bald, daß es mehr als eine Vollzeitbeschäftigung war, einen Haushalt mit drei Kindern zu führen. Woche um Woche kam ich nicht einmal in die Nähe meines Schreibtisches.

Also lief es wieder auf das altvertraute Muster hinaus: das Gebet der Hilflosigkeit – das Eingeständnis, daß ich nicht alles selbst machen konnte; dann die Erkenntnis, daß meine Hauptverantwortung bei Heim und Herd lag. Wenn Gott wollte, daß ich meine Schriftstellerei wieder aufnahm, würde er mir den Weg zeigen.

Nach diesem Eingeständnis der Hilflosigkeit wurde uns Lucy Arsenault gesandt. Lucy – ruhig, zuverlässig, treu, eine grandiose Köchin, ein feiner Mensch.

Warum sollte Gott auf Hilflosigkeit bestehen, ehe Er ein Gebet beantwortet? Einer der offenkundigen Gründe ist, daß unsere menschliche Hilflosigkeit nun einmal eine nackte Tatsache ist. Gott ist Realist und beharrt darauf, daß wir ebenfalls Realisten sind. Solange wir uns vormachen, daß menschliche Ressourcen die Sehnsucht unserer Herzen stillen können, glauben wir an eine Lüge. Und es ist unmöglich, daß Gebete beantwortet werden, die auf Selbsttäuschung und Unwahrheit beruhen.

Was ist nun die Wahrheit über unseren menschlichen Zustand? Keiner von uns hatte irgendeinen Einfluß darauf, wie wir geboren wurden, keine Kontrolle darüber, ob wir Männer oder Frauen, Japaner oder Russen oder Amerikaner sein wollten, ob weiß oder gelb oder schwarz. Wir können auch weder unsere Vorfahren bestimmen noch unsere grundlegende körperliche und geistige Ausstattung.

Nach der Geburt kontrolliert ein autonomes Nervensystem jede der Vitalfunktionen, die uns am Leben erhalten. Eine Kraft, die niemand wirklich versteht, sorgt dafür, daß unser Herz schlägt, unsere Lungen atmen, unser Blut zirkuliert, die Temperatur unseres Körpers geregelt wird. Ein Chirurg kann ins Gewebe schneiden, aber er kann den Körper nicht dazu zwingen, dieses zerschnittene Gewebe wieder zusammenwachsen zu lassen. Wir werden unweigerlich und automatisch alt.

Autonomie? Keine Rede!

Selbst der Planet, auf dem wir leben – mit seiner Schöpfung hatten wir auch nichts zu tun. Der kleine Planet Erde befindet sich im genau richtigen Abstand, etwa 92 Millionen Meilen, von der Quelle, die ihm Wärme und Licht spendet. Ein wenig näher, und wir würden von der Sonneneinstrahlung verzehrt, ein wenig weiter weg, und wir würden erfrieren. Das Verhältnis von Sauerstoff und Stickstoff in der Luft ist genau richtig, um Leben zu erhalten, die Elemente in unserer Erde und unserem Wasser, von denen wir abhängig sind. All das spielt sich ganz unabhängig vom Menschen ab – dem kleinen Menschen, der sich mit stolzgeschwellter Brust auf der Erde wichtig macht.

Hatte Jesus irgend etwas dazu zu sagen? Ja. Wie immer legte Er den Finger genau auf den wunden Punkt: »Ohne mich könnt ihr nichts tun« (Johannes 15, 5).

Nichts? Ist das nicht ein wenig übertrieben? Schließlich haben die Menschen große Fortschritte gemacht. Wir haben Krankheiten wie Pocken, Beulenpest, Tuberkulose, Polio und die meisten ansteckenden Kinderkrankheiten so gut wie besiegt. Wir haben gelernt, unsere Umwelt in beträchtlichem Ausmaß zu beherrschen. Wir haben Menschen auf den Mond geschickt. Wie kann man all das Hilflosigkeit nennen?

Den meisten von uns mißfällt dieser Gedanke. Der Humanismus hat uns eingeredet, wir seien durchaus in der Lage, Herren unseres Schicksals zu sein.

Aber Jesus beharrte nicht nur darauf, daß wir hilflos sind; Er unterstrich es noch, indem Er sagte, daß diese Hilflosigkeit auch Ihn beträfe, solange Er im Fleische war: »Der Sohn kann nichts aus sich selbst tun, sondern nur, was er den Vater tun sieht« (Johannes 5, 19). Darin wie in allem anderen gab Er der hilflosen Menschheit ein Vorbild.

Die Heilige Schrift verdeutlicht uns Punkt für Punkt, wie hilflos wir sind, sei es in unserem geistlichen oder unserem körperlichen Leben …

Wir fühlen uns zu Gott hingezogen. Wir meinen, wir strecken die Hände nach Ihm aus. Im Gegensatz dazu sagte uns Jesus: »Niemand kann zu mir kommen, es sei denn, der Vater zieht ihn« (Johannes 6, 44, Moffatt).

Wir wollen ewiges Leben und Erlösung von unseren Sünden. Wir glauben, wir können uns diese Erlösung verdienen. Nein. Die Wahrheit lautet: »Gottes Gabe ist es, nicht aus Werken, damit sich nicht jemand rühme« (Epheser 2, 8-9).

Was die Tugenden und guten Eigenschaften angeht, nach denen wir uns in unserem Leben sehnen – Glaube, Freude, Geduld, Seelenfrieden –, so können wir solche Eigenschaften nicht aus uns selbst hervorbringen. Paulus sagt uns in Galater 5, 22-23, daß dies Gaben des Heiligen Geistes sind; sie können auf keine andere Weise erworben werden. »Ein Mensch kann nichts nehmen, wenn es ihm nicht vom Himmel gegeben ist« (Johannes 3, 27).

Diese Betonung unserer Hilflosigkeit findet man immer wieder auch in den Schriften von Christen anderer Zeitepochen. Da gibt es beispielsweise ein Büchlein, ein richtiger Juwel aus dem 17. Jahrhundert, Bruder Lawrences *Übungen für die Gegenwart Gottes.* Darin wird Hilflosigkeit zum Angelpunkt der Beziehung dieses Karmeliterbruders zu Gott:

> Ergab sich nun eine Gelegenheit, jedwelche Tugend zu üben, so wandte er sich an Gott und sprach: *Herr, ich kann dies nicht tun, es sei denn, Du gäbest mir dir Kraft dafür,* und dann ward ihm Kraft gegeben im Überfluß.
> Desgleichen, wenn er in seinen Pflichten versagte, so bekannte er nur seine Schuld, sprach aber zu Gott: *Es wird mir niemals Besseres gelingen, wenn Du mich mir selbst überlässest; Du bist es, der mich vor dem Fall bewahren muß und ganz machen, was zerbrochen ist.* Und danach ließ er sich's nicht mehr verdrießen.[3]

Obwohl nur die wenigsten von uns Bruder Lawrences Reife haben, so findet sich doch jeder von uns dann und wann im Leben in Umständen, für die es nach menschlichem Ermessen keine Änderung gibt. Wenn dieses geschieht, heißen Sie solche Zeiten willkommen! Sie sind oft die einzigen Gelegenheiten, bei denen wir geringeren Geister in die Wahrheit von Jesu Feststellung: »Ohne mich könnt ihr nichts tun« eintreten können.

Dr. Arthur Gossip, der eine Exegese über Johannes in *The Interpreter's Bible* schrieb, macht folgende interessante Bemerkung: »Dies sind zweifellos die hoffnungsvollsten Worte in der Bibel ... Denn es geschieht auf der Basis der Erkenntnis unserer völligen Hilflosigkeit ohne Ihn, daß Christus ... uns Seine großen Verheißungen gibt ... «

Große Verheißungen! Wie dieses eine herrliche Wort, das unsere Hilflosigkeit mehr als tausendfach wettmacht: »Bei Gott ist kein Ding unmöglich« (Matthäus 19, 26). Es sagt uns, daß ein allmächtiger,

---

[3] Bruder Lawrence, *Conversations: Practice of the Presence of God* (Grand Rapids, Fleming H. Revell Co., 1973), pp. 15, 16.

transzendenter und immanenter Gott über allem und durch alles herrscht, weitaus umfassender, als wir uns das vorstellen können.

Mit der Hilflosigkeit allein wären wir wie ein Vogel, der mit nur einem Flügel zu fliegen versucht. Aber wenn der andere Flügel, nämlich Gottes Allmacht, unserer Hilflosigkeit hinzugefügt wird, dann kann sich dieser Vogel triumphierend über und durch Probleme erheben, die uns bislang unlösbar erschienen sind.

Ich war immer sehr beeindruckt von der Geschichte von Dr. A. B. Simpson, dem berühmten New Yorker Prediger.[4] Der Mann wurde von seiner schwachen Gesundheit geradezu verfolgt. Zwei Nervenzusammenbrüche und ein Herzleiden führten dazu, daß ein berühmter New Yorker Arzt dem 38jährigen sagte, er würde seinen vierzigsten Geburtstag nicht mehr erleben.

Die Diagnose des Arztes verschärfte die körperliche Schwäche, die der Geistliche nur zu gut kannte. Jede Predigt kostete ihn zermürbende Anstrengungen. Das Ersteigen einer geringsten Erhebung stürzte ihn in den qualvollen Schrecken der Atemnot.

Verzweifelt, krank am Körper und seelisch zutiefst bedrückt, wandte sich Dr. Simpson schließlich seiner Bibel zu, um haargenau herauszufinden, was Jesus über Krankheiten gesagt hatte. Er kam zu der Überzeugung, daß Jesus Menschen geheilt hat und heilen kann.

Eines Freitags machte sich Dr. Simpson zu einem Spaziergang auf dem Lande auf. Er war gezwungen, langsam und unter Schmerzen zu gehen, weil er beständig unter Atemnot litt. Bald fand er sich im Gebet, und er erzählte Gott von seinem beschwerten körperlichen Zustand.

Dann bat er Christus, in sein Leben zu kommen und sein körperliches Leben zu werden, was alle Nöte seines Körpers anging, bis sein Lebenswerk beendet sei.

»Dort in den Wäldern«, sagte er später, »trat ich in Verbindung mit Gott. Jede Faser in mir war wie elektrisiert von Gottes Gegenwart.«

---

[4] A. B. Simpson, *The Gospel of Healing* (Harrisburg, Pa., Christian Publications Inc., 1915), p. 169 ff.

Wenige Tage danach erstieg Simpson einen tausend Meter hohen Berg. »Als ich den Gipfel erreichte«, berichtete er voll Freude, »lag mir die Welt der Schwäche und Furcht zu Füßen. Von da an trug ich buchstäblich ein neues Herz in der Brust.«

Und so war es auch. Während der ersten drei Jahre nach seiner Heilung hielt er mehr als tausend Predigten und leitete manchmal bis zu zwanzig Gebetstreffen in der Woche. Er bezeugt, daß er sich kein einziges Mal erschöpft fühlte.

Den Rest seines Lebens war er bekannt für den erstaunlichen Umfang seines Werkes als Prediger, Hirte und Schriftsteller. Er erreichte ein Alter von 76 Jahren.

Und was noch mehr ist: Simpsons Arbeit hat ihn überlebt. Die *Christian und Missionary Alliance,* die er begründete, ist heute noch eine mächtige geistliche Bewegung; seine Bücher werden immer noch veröffentlicht und werden Tausenden zum Segen.

Warum sind Gebete so erstaunlich wirkungsvoll, wenn wir unsere Hilflosigkeit zugeben? Zum ersten liegt es, wie wir gesehen haben, daran, daß Gott darauf besteht, daß wir den Tatsachen unserer menschlichen Situation ins Auge sehen. Und außerdem ist diese Haltung der Hilflosigkeit der schnellste Weg, um die richtige Gebetshaltung einzunehmen, die so wichtig für jedes Gebet ist. Sie schlägt der schlimmsten aller Sünden ins Gesicht: der Unabhängigkeit des Menschen, die Gott ignoriert.

Ein weiterer Grund ist der, daß wir nicht aus erster Hand etwas über Gott erfahren können – darüber, wie Er ist, wie Er uns als einzelne Menschen liebt, Seine wirkliche Macht –, solange wir uns auf uns selbst und andere Menschen verlassen. Und die Gemeinschaft mit Jesus ist der wahre Sinn unseres Lebens, das einzige Fundament der Ewigkeit.

Wenn Ihnen also jeder menschliche Plan mißlungen, keine menschliche Rechnung aufgegangen ist, wenn Ihnen eine nach der anderen die menschlichen Krücken aus der Hand geschlagen wurden und Ihnen Türen vor der Nase zugeschlagen werden, fassen Sie Mut! Gott versucht Ihnen eine Botschaft zu übermitteln, und diese Botschaft heißt: »Hör auf, dich auf unzulängliche menschliche Ressourcen zu stützen. Laß mich die Sache übernehmen!«

Hier sind drei Vorschläge, wie Sie vor Ihm das Gebet der Hilflosigkeit beten können.

Zum ersten: Seien Sie ehrlich mit Gott. Sagen Sie Ihm, daß Ihnen bewußt ist, daß Sie in Seinen Augen hilflos sind. Seien Sie sich im klaren darüber, daß das schmerzlich sein kann! Es gibt jedoch gute psychologische Gründe, warum es notwendig sein könnte.

Zweitens: Bringen Sie die Sehnsucht Ihres Herzens vor Gott. Sie haben Ihre Hilflosigkeit akzeptiert. Nun ergreifen Sie mit gleicher Willensstärke Ihren Glauben, daß Gott durch Sie tun kann, was Sie nicht tun können. Eine Zeitlang mag es Ihnen erscheinen, als verließen Sie sich auf ein Nichts, als hingen Sie über einem Abgrund. Ignorieren Sie diese Gefühle und danken Sie Gott, daß Er die Dinge in Ordnung bringen wird.

Drittens: Achten Sie auf Türen, die sich öffnen. Wenn sich die richtige Tür öffnet, werden Sie eine stille, innere Gewißheit empfinden, daß Gott die Hand auf der Klinke hält. Das ist die Zeit, wo Sie handeln müssen, eine Gelegenheit, Ihre Kreativität mit der Seinen zu verflechten.

Eines sonnigen Tages in der Zukunft werden Sie zurückblicken, und Ihr Herz wird vor Lobpreis überfließen, daß Gott Sie gezwungen hat, sich Ihm allein anzuvertrauen. Ohne jene zwingende freundliche Fürsorge hätten Sie niemals aus erster Hand die erstaunliche Macht des Gebetes der Hilflosigkeit kennengelernt.

Gebet: Wo bist Du, Herr?

Herr, die Umstände haben mich zu Boden geschmettert. Ich habe mich gefühlt wie ein Tier, das in einer Ecke gefangen ist und keinen Fluchtweg sieht. Wo bist Du in all dem, Herr? Die Nacht ist dunkel. Ich kann Deine Gegenwart nicht fühlen.

Verhilf mir zu der Erkenntnis, daß die Dunkelheit tatsächlich »Schatten deiner Hand, liebkosend ausgestreckt«[5] ist, daß die

[5] In Anlehnung an »The Hound of Heaven«, aus *The Complete Poetical Works of Francis Thompson* (New York: Boni und Liverright, Inc.) p. 93. Die Zeile des Gedichts lautet: »Ist meine Düsternis zuletzt / nur Schatten seiner Hand, liebkosend ausgestreckt?«

Beschränkung Dein Werk ist. Vielleicht gab es keinen anderen Weg, auf dem Du meine völlige Aufmerksamkeit erreichen konntest, keinen anderen Weg, auf dem ich Dir gestattet hätte, zu demonstrieren, was Du in meinem Leben zu tun vermagst.

Ich sehe es jetzt: je leerer mein Becher ist, desto mehr Platz ist darin, Deine Liebe und Deinen Reichtum zu empfangen. Herr, ich übergebe Dir diese Situation, ____________, und bitte Dich, meinen Becher aus Deinem Reichtum zu füllen, wann und wie es Dir gefällt.

Wie danke ich Dir, Vater im Himmel, daß Deine Segnungen mir zur Verfügung stehen, nicht aufgrund meiner Verdienste, sondern um Jesu und Seines Wortes willen. Daher bitte ich in der Kraft Seines Namens. Amen.

Das Gebet, das Ihre Träume wahr werden läßt

Das »Traumgebet« lernte ich durch meine Mutter kennen. Sie betete es nicht nur für ihre Familie, sondern auch für Leute aus der Nachbarschaft – darunter für einen jungen Mann aus »Radical Hill«, einem verwahrlosten Slum in unserer Stadt in West Virginia.

Raymond Thomas, der bei Pflegeeltern lebte, hatte keine Ahnung, wer seine wirklichen Eltern sein mochten. Ray kam in seinen Arbeitskleidern und Nagelstiefeln oft zu Besuch, um mit meiner Mutter zu plaudern. An Sommertagen pflegte er sich auf der obersten Stufe unserer efeu-überschatteten Vordertreppe niederzulassen, und dann redete und redete er ... während Mutter in einem hölzernen Schaukelstuhl saß, Erbsen schälte oder die Fäden aus Bohnen zog oder Socken stopfte. Mutter hatte ihre Freude an seiner grenzenlosen Energie und seinem wachen Verstand.

An einem bestimmten Nachmittag gestand Ray dieselbe innere Sehnsucht ein, die auch ich im Herzen trug – aufs College zu gehen. Kaum war sein Traum ausgesprochen und hing schillernd in der Luft, sah Mutter mit Entzücken, daß die Melancholie in Rays braunen Augen sich in aufflackernde Hoffnung verwandelt hatte.

»Aber ist das überhaupt vorstellbar für mich?« fragte der Junge, »ich habe keine Ersparnisse. Und auch keine Zukunftsaussichten.«

Mutter spürte, daß das »Traumgebet«, was Ray anging, mehr verlangen sollte als nur das College, nämlich einen völlig neuen Zugang zum Leben.

»Raymond, was immer du brauchst, Gott hält es für dich bereit, vorausgesetzt, du bist in der Lage, es zu empfangen. Und wir leben immer noch im Land der unbegrenzten Möglichkeiten, Raymond. Der Himmel ist die Grenze! Das Geld wird da sein, für jeden Traum von dir, der recht und richtig ist, für jeden Traum, für den du bereit bist zu arbeiten.«

Für die Frau eines Predigers, die selbst so gut wie nichts besaß, war das eine kühne Behauptung. Aber Mutter glaubte daran und hatte das schon oft bewiesen. Und diese Wahrheiten schlugen in Ray Wurzeln.

Der Tag kam, an dem Ray die Glaubensgrundsätze meiner Mutter so vollkommen übernahm, daß sie ihn in das Gebet einführen konnte, das Träume Wahrheit werden läßt. Ich erinnere mich, wie oft sie ähnliche Gebete für mich sprach, daher kann ich mir auch vorstellen, wie es für Ray war ...

»Vater, du hast Raymond einen hellen Verstand geschenkt. Wir glauben daran, daß es Dein Wille ist, daß dieser Verstand geschult wird, daß es Dein Wille ist, daß Raymond sein Potential gebrauchen kann, um irgendeinem Teil Deiner Welt Licht und Erleichterung zu bringen. Da aller Reichtum der Welt Dir gehört, hilf Raymond bitte, alles zu finden, was er für eine gute Ausbildung braucht!«

«Und Vater, wir glauben auch, daß Du sogar noch größere Pläne für Raymond hast. Pflanze in sein Herz und seinen Verstand die lebhaften Bilder, die besonderen Träume, die Deinen Plan widerspiegeln, wenn er das College abgeschlossen hat. Und oh, gib ihm Freude beim Träumen – große Freude!«

Mit einer mageren Brieftasche, aber dem Glauben an seinen Traum bestieg Raymond Thomas einen Bus und fuhr aufs College. Wie er es geschafft hat, wäre eine zu lange Geschichte, um sie hier zu erzählen. Es hatte damit zu tun, daß Mutter eine wohlhabende Frau fand, die ihm einen Startkredit gab; daß sie ihm ermutigende Briefe schrieb und betete. Und Ray selbst nahm Verantwortung auf sich, entwikkelte Initiative. In vier Jahren hatte er zwölf Jobs. Er mußte mit Zeit und Geld gleichermaßen haushalten – so und so viele Stunden für Arbeitgeber, Vorlesungen, Studien, Arbeit in der Gemeinde, Erholung. Es war ein stolzer Tag für Mutter, als Ray seinen Magister machte: *cum laude.*

Zwanzig Jahre später begegneten Len und ich Ray in Wien, Österreich, wo er zusammenfaßte, wieviele seiner Träume wahr geworden waren: Reisen in sechzig Länder, ein Doktor der Philosophie (den er auf deutsch ablegte!) an der Universität Wien. Er sprach Spanisch, ein passables Französisch, ein wenig Italienisch, Holländisch, Schwedisch und Russisch und diente seinem Land in einer Dienststelle des U. S. Atomic Energy Program in Europa.

Eine Geschichte wie die Rays enthüllt den Zusammenhang zwischen konstruktivem Träumen und Gebet. Denn in gewisser Hinsicht ist jedes derartige Träumen ein Gebet. Es ist zweifellos der Wille des Schöpfers, daß die Talente und Sehnsüchte, die Er uns ins Herz gelegt hat, realisiert werden. Er möchte, daß wir wenigstens einen Teil der Sicht, die Er für uns hat, aufnehmen. Das ist schließlich der Sinn des Gebets! Menschen arbeiten mit Gott zusammen, um Seine wunderbar herrlichen Pläne für uns vom Himmel zur Erde zu bringen.

Es ist traurig, aber zuweilen mißlingt es uns, seine Sicht für uns zu erfassen, weil unsere Fähigkeit zu träumen unter einem Minderwertigkeitskomplex verkümmert ist. Ich erlebte das erstmals bei einer Freundin, die eine von Armut gezeichnete Kindheit hinter sich hatte.

Dot, wie ich sie nennen will, wußte im Hinblick auf ihre Berufung einfach nicht, was sie wollte. Dennoch war sie nach Washington gekommen, den Kopf voller idealistischer Ideen, die einen Job bei der Regierung betrafen.

»Ich will nicht einfach irgend einen Job«, hatte mir Dot kurz nach ihrer Ankunft erklärt, »ich bin überzeugt, daß Gott einen Plan für mein Leben hat. Ich habe ihn aber noch nicht entdeckt, wie soll ich also beten, was meine Arbeitssituation betrifft?«

»Welcher Job würde dir am meisten Freude machen?« fragte ich sie. »Gewöhnlich ist das der Schlüssel dafür, was wir tun sollen!«

Meine Freundin wunderte sich und schüttelte den Kopf.

»Hast du niemals Tagträume?« beharrte ich. »Gibt es nichts, was du schon immer tun wolltest?«

»Nei-ein. Nichts.«

Der Grund, warum dieses spezielle Mädchen nicht konstruktiv träumen konnte, war der Umstand, daß ihre verwitwete Mutter ihr im Lauf finanziell schwieriger Jahre immer wieder eingehämmert hatte: ›Wer nichts oder nur wenig hofft, wird nie enttäuscht.‹ Das war im Grunde nichts weiter gewesen als ein ausgezeichnetes Training dafür, vom Leben nichts zu erwarten. Ich sah traurig zu, wie meine Freundin schließlich einen Routinejob als Bürokraft bei der Regierung annahm, der nur den geringsten Teil ihrer Fähigkeiten beanspruchte.

Ich weiß jetzt, daß es Hilfe für solche Situationen gibt. Wenn uns klar wird, daß es solche zerstörten Bereiche im Unbewußten gibt, dann können wir die Kraft des Heiligen Geistes anrufen. Er kann mit uns in die Vergangenheit zurückkehren und das Gift abziehen, die rauhen Stellen glätten und eine Straße schaffen, auf der Gott triumphierend in die Gegenwart marschieren kann, mitsamt Seinem oft verzögerten Plan für unser Leben.

Es gibt keine Grenze dafür, was diese Kombination aus Tagträumen und Gebeten erreichen kann. Ich habe erstaunliche Resultate auf den verschiedensten Gebieten gesehen: Menschen fanden den richtigen Partner oder den richtigen Job, entdeckten ihr Traumhaus, zogen ihre Kinder auf, bauten eine Firma auf.

Es gibt Menschen, die diesem Gebet Das-unsere-Träume-wahrwerden-läßt argwöhnisch gegenüberstehen, weil sie ihre Zweifel daran haben, ob man für solche materiellen Bedürfnisse wie Brot oder Kleidung beten soll – oder, um es in moderne Worte zu fassen, einen Parkplatz für ein Auto. Und zu Recht fragen sie auch: »Besteht hier nicht die Gefahr, Gott und die geistlichen Gesetze zu selbstsüchtigen Zwecken zu mißbrauchen?«

Das sind gültige Einwände, über die noch zu reden sein wird. Was die Frage angeht, ob Gott will, daß wir auch um materielle Dinge bitten, so war Christus zweifellos am körperlichen Wohlergehen der Menschen so interessiert wie am seelischen. Er kümmerte sich um ihre Krankheiten, ihren physischen Hunger. Der christliche Glaube ist nahezu die einzige Weltreligion, die materielle Dinge als real und wichtig einschätzt – so real, daß Christus in einem wirklichen Leib an einem wirklichen Kreuz starb.

Und was die Gefahr angeht, daß unsere Träume eher unserem selbstsüchtigen menschlichen Selbst entspringen könnten als Gottes Willen, so gibt es dafür einige Kriterien. Nur wenn ein Traum eine solche Serie von Tests überstanden hat und wir, bevor wir beten, sicher sein können, daß die Sehnsucht unseres Herzens auch Gottes

Plan entspricht, können wir das Traumgebet im Glauben und daher auch in Vollmacht beten.

Fragen Sie sich selbst:

* Wird mein Traum die Talente und die Bedürfnisse meines Temperaments und meiner Gefühle erfüllen, die Gott in mein Wesen gepflanzt hat? Das ist nicht einfach zu beantworten. Es schließt mit ein, daß man sich selbst kennt, sein Innerstes, und das tun nur wenige von uns, wenn wir uns nicht im Gebet prüfen.
* Verlangt mein Traum, daß ich irgend jemand irgend etwas, sei es einen Menschen oder ein Ding, wegnehme? Würde seine Erfüllung einem anderen Menschen Schmerzen bereiten? Wenn das der Fall ist, können Sie ziemlich sicher sein, daß dieser spezielle Traum nicht Gottes Wille für Sie ist.
* Bin ich bereit, alle meine Beziehungen zu anderen Menschen in Ordnung zu bringen? Solange ich Groll, Ärger oder Bitterkeit im Herzen trage – so berechtigt sie auch sein mögen –, werden diese schlechten Gefühle mich von Gott trennen. Kein Traum kann in einem Vakuum menschlicher Beziehungen erfüllt werden. Eine einzige falsche Beziehung kann den Kraftfluß verstopfen.
* Wünsche ich diesen Traum aus ganzem Herzen? Träume tragen nur selten in gespaltenen Persönlichkeiten Frucht; nur das ganze Herz wird bereit sein, sein Teil dazu beizutragen, daß der Traum Wirklichkeit wird.
* Bin ich bereit, willig auf Gottes Timing zu warten?
* Träume ich in großem Maßstab? Je größer der Traum ist und je mehr Menschen davon profitieren, desto eher stammt er aus den unendlichen Entwürfen Gottes.

Wenn Ihre innerste Sehnsucht diesen Test bestehen kann, sind Sie dann bereit, auch den letzten, notwendigen Schritt im Traumgebet zu machen! Übergeben Sie Ihren Traum Gott, und lassen sie ihn in Seiner Hand. Es scheint Perioden zu geben, in denen der Traum wie ein Same sein muß, der in die dunkle Erde gepflanzt wird und dort in Ruhe keimen muß.

Aber das Wachstum dieses Samens, das geheimnisvolle und unwiderstehliche Aufblühen des Lebens im Dunklen und Geheimen, ist

Gottes Teil an dem Vorgang. In dem Augenblick, in dem ein gottgeschenkter Traum in unsere Herzen gepflanzt wird, durchströmt uns ein seltsames Glück. Ich denke inzwischen, daß in diesem Augenblick alle guten Kräfte des Universums freigesetzt werden, um uns zu helfen. Unser Gebet ist dann eins mit dem Willen Gottes, ein Kanal für die Absichten des Schöpfers für unsere Welt, die immer voll Freude und Triumph sind.

Gebet: Gib mir einen Traum

Vater, irgendwann einmal – es scheint so lange her zu sein – hatte ich so große Träume, so viele Erwartungen für die Zukunft. Jetzt lockt mich kein schimmernder Horizont mehr, meine Tage sind glanzlos geworden. Ich sehe so wenig Bleibendes im Alltagstrott. Wo ist Dein Plan für mein Leben, Vater?

Ohne Ziele gehen wir zugrunde. Und, Vater im Himmel, da ich weiß, daß ich vertrauensvoll um Deinen ausdrücklichen Willen bitten darf, bitte ich Dich, in meinem Herzen und meinem Verstand jenen besonderen Traum zu pflanzen, den Du für mein Leben hast.

Und wirst Du mir zusammen mit diesem Traum auch geben, was es an Gnade, Geduld und Durchhaltevermögen braucht, um den Traum fruchtbar zu machen? Ich fühle, daß das Abenteuer einschließen mag, um die ich nicht gebeten habe. Aber ich will Dir hinreichend vertrauen, um Dir auch zu folgen, wenn Du mich neue Wege führst.

Ich muß zugeben, ich liebe einige meiner ausgetretenen Pfade. Aber ich weiß, daß Gewohnheiten, die mir als kuscheliges Nest erscheinen mögen, von Deinem Standpunkt aus Gefängniszellen sein können. Herr, wenn Du irgendeines meiner Gefängnisse niederreißen mußt, ehe ich die Sterne sehen und Dein Ziel erkennen kann, dann, Herr, beginn jetzt und hier damit. In freudiger Erwartung, Amen.

Das Gebet der Selbstaufgabe

Ein Gebet lernte ich durch bittere Erfahrung. Es ist eine Art zu beten, die unweigerlich die wundervollsten Resultate bringt, wundervoll deshalb, weil jedes Mal eine Macht, die alles Menschliche übersteigt, in Bewegung gesetzt wurde. Das ist das Gebet der Selbstaufgabe.

Ich warf den ersten Blick darauf, als ich im Herbst 1943 mit einer »geschlossenen Form« von Tuberkulose zu Bett lag. Nachdem ich die Geschichte einer Missionarin gelesen hatte, die ihren eigenen achtjährigen Kampf um die Gesundheit aufgegeben und Gott gesagt hatte, sie sehne sich mehr nach Ihm als danach, gesund zu werden, tat ich dasselbe.

»Ich habe es satt, zu bitten«, lautete mein Gebet. »Ich bin geschlagen, ich bin fertig. Gott, entscheide Du, was Du für mich willst.«

Tränen strömten. Ich empfand keinen Glauben, ich erwartete nichts. Das Geschenk meines kranken Selbst machte ich ohne jede Spur von Edelmut.

Und das Resultat? Es war, als hätte ich einen Knopf berührt, der Fenster im Himmel öffnete, als beginne irgendein Dynamo himmlischer Kräfte in einem fort zu laufen. Innerhalb weniger Stunden hatte ich die Gegenwart des lebendigen Christus auf eine Art erfahren, die alle Zweifel beiseite wischte und mein Leben revolutionierte. In diesem Augenblick begann meine Gesundung.

Durch dieses Ereignis und andere, die ihm folgten, lehrte Gott mich etwas sehr Wichtiges über das Gebet. Allmählich sah ich, daß ein fordernder Geist, vom Selbstbehauptungswillen getrieben, das Gebet blockiert. Der Grund dafür ist, soweit ich es verstehe, daß Gott sich absolut weigert, unseren freien Willen zu verletzen; wird der Eigenwille nicht aufgegeben, so ist selbst Gott nicht in der Lage, ein Gebet zu beantworten.

Mit der Zeit verstand ich das Gebet der Selbstaufgabe besser, als ich von den Erfahrungen anderer hörte, sowohl im gegenwärtigen Leben als auch durch Bücher. Jesu Gebet im Garten Gethsemane ist unser Vorbild, lernte ich.

Christus hätte das Kreuz vermeiden können. Er mußte nicht zur Festzeit nach Jerusalem gehen. Er hätte einen Kompromiß schließen können mit den Priestern, hätte mit Kaiphas verhandeln können. Er hätte seine Anhänger für sich mobilisieren und Judas beschwichtigen können, indem Er ein irdisches Königreich aufrichtete. Selbst im Garten in der Nacht vor dem Verrat hatte Er Zeit und Gelegenheit genug, zu fliehen. Am nächsten Morgen wollte Ihn Pilatus freilassen, er bettelte Ihn beinahe an, die Worte zu sprechen, die es ihm gestatten würden, das zu tun. Statt dessen verwandte Christus Seinen freien Willen dazu, Seinem Vater die Entscheidung zu überlassen.

Die Phillips-Übersetzung der Evangelien bringt Jesu Gebet auf den Punkt: »Lieber Vater, bei Dir ist alles möglich. Bitte – laß mich diesen Kelch nicht trinken. Aber es geht nicht darum, was ich will, sondern was Du willst.«

Das Gebet wurde nicht so beantwortet, wie der menschliche Jesus es wünschte. Aber seitdem ist Kraft von Seinem Kreuz geströmt. Selbst in dem Augenblick, als Christus sich der Möglichkeit eines grauenhaften Todes durch Kreuzigung beugte, vergaß Er weder die Gegenwart noch die Macht Gottes.

Zwischen Hinnahme und Resignation besteht ein entscheidender Unterschied. Im Gebet der Selbstaufgabe liegt keine Resignation. Resignation sagt: »Das ist nun einmal meine Situation, und ich ergebe mich darein.« Resignation streckt sich in den Staub eines gottlosen Universums und stählt sich in Erwartung des Schlimmsten. Hinnahme sagt: »Es stimmt, so sieht meine Situation im Augenblick aus. Ich werde der Realität ohne zu blinzeln ins Gesicht schauen. Aber zugleich öffne ich die Hände, um willig anzunehmen, was ein liebender Vater mir sendet.« Auf diese Weise schlägt Hinnahme niemals der Hoffnung die Tür zu.

Aber selbst, während wir hoffen, muß unsere Selbstaufgabe ehrlich gemeint sein; und diese Aufgabe des eigenen Willens ist das Härteste, was uns menschlichen Wesen jemals abverlangt wird.

Ich erinnere mich an die Qual eines hübschen jungen Mädchens, Sara B., die mir ihre Zweifel in bezug auf ihre Verlobung mitteilte.

»Ich liebe Jeb«, sagte sie, »und Jeb liebt mich. Das Problem ist, daß er trinkt. Nicht, daß er Alkoholiker oder dergleichen wäre. Aber das Trinken ist wie ein Symbol für eine Menge Ideen, denen er anhängt. Es nervt mich – so sehr, daß ich mich frage, ob Gott mir sagen will, ich solle Jeb aufgeben.«

Während wir miteinander redeten, kam Sara zu ihrem eigenen Entschluß. Sie entschied, daß sie etwas unendlich Kostbares verlieren würde, wenn sie nicht dem Höchsten und Besten folgte, das sie kannte. Tränen glänzten in ihren Augen, als sie sagte: »Ich werde die Verlobung auflösen. Wenn Gott will, daß ich Jeb heirate, wird er dafür sorgen, daß sich die Dinge ändern – das Trinken und all das.«

Und sie erzählte Gott an Ort und Stelle in kurzen und präzisen Worten von ihrer Entscheidung. Sie legte ihre zerbrochenen Träume und ihre jetzt ungewisse Zukunft in Gottes Hand.

Jebs Ideale und Ideen änderten sich nicht, und Sara heiratete ihn nicht. Aber ein Jahr später schrieb sie mir einen begeisterten Brief: »Es hat mir beinahe das Herz gebrochen, Jeb aufzugeben. Aber Gott wußte, daß er nicht der Richtige für mich war. Kürzlich habe ich einen anderen Mann kennengelernt, und wir wollen heiraten. Jetzt weiß ich, was gemeint ist, wenn von der Weisheit und Freude des Vertrauens in Gott die Rede ist …«

Es tut gut, sich daran zu erinnern, daß nicht einmal der oberste Hirte die Schafe führen kann, wenn sie ihm nicht folgen, sondern darauf bestehen, dahin und dorthin zu rennen oder Seitenpfade einzuschlagen. Deshalb beharrte Christus auf einem sehr praktischen Gehorsam: »Was nennt ihr mich Herr, Herr, und tut nicht, was ich euch sage?« (Lukas 6,46)

Gehorsam … Vertrauen … die Evangelien sind voll davon. Die Fügsamkeit eines gehorsamen Herzens muß vollständig sein, von unserem Willen angefangen bis zu unseren Handlungen.

Um ehrlich zu sein: Wie können wir ehrlichen Gehorsam üben, außer wenn wir unseren Eigenwillen gegenüber allen Ereignissen des Lebens aufgeben, ob wir sie verstehen oder nicht, und selbst wenn es scheint, als sei das fragliche Ereignis bösen Ursprungs?

Das war die Herausforderung, der sich Mrs. Nathaniel Hawthorne gegenübersah, die Frau des berühmten amerikanischen Autors, als sie eines Februartages im Jahre 1860 in der Stadt Rom im Gebet lag. Una, die älteste Tochter der Hawthornes, war an einer aggressiven Form von Malaria erkrankt und lag im Sterben. Der Arzt, der sie behandelte, Dr. Franco, hatte die Eltern am Nachmittag gewarnt: Wenn das Fieber nicht vor dem Morgen herunterging, würde sie sterben.

Als Mrs. Hawthorne an Unas Bett saß, wanderten ihre Gedanken zu ihrem Gatten im Nebenraum und den Worten, die er kurz zuvor gesagt hatte: »Ich kann diesen Wechsel von Hoffnung und Furcht nicht ertragen; deshalb habe ich mich damit abgefunden, überhaupt keine Hoffnung mehr zu haben.«

Aber die Mutter konnte Nathaniels Hoffnungslosigkeit nicht teilen. Una konnte nicht, durfte nicht sterben. Diese Tochter ähnelte ihrem Vater am meisten, hatte einen wachen Verstand, den vielschichtigsten Charakter aller Hawthorne-Kinder. Warum sollte eine launische Vorsehung verlangen, daß sie sie aufgaben? Und noch schlimmer, Una lag seit Tagen im Delirium und erkannte niemand. Würde sie in dieser Nacht sterben, so gäbe es nicht einmal den Trost eines letzten Lebewohl.

Als die Nacht herabsank, lag das Mädchen so still, daß sie mehr tot als lebendig schien. Die Mutter trat ans Fenster und blickte auf die Plaza hinaus. Kein Mondlicht leuchtete; ein dunkler und schweigsamer Himmel, an dem schwere Wolken hingen.

Ich kann diesen Verlust nicht ertragen ... kann nicht ... kann nicht ...

Dann, plötzlich, unerklärlich, überkam sie ein anderer Gedanke. *Warum sollte ich an Gottes Güte zweifeln? Wenn es Ihm so richtig erscheint, mag er Una zu sich nehmen. Mehr als das: Ich kann sie Ihm übergeben. Ich übergebe sie Dir, Herr. Ich will nicht mehr gegen Dich ankämpfen.*

Dann geschah etwas noch Seltsameres. Nachdem sie dieses große Opfer gebracht hatte, erwartete Mrs. Hawthorne, sie würde sich noch trauriger fühlen. Statt dessen fühlte sie sich leichter, glücklicher als je zuvor, seit Unas lange Krankheit ihren Lauf genommen hatte.

Einige Minuten später kehrte sie ans Bett des Mädchens zurück und befühlte die Stirn ihrer Tochter. Sie war feucht und kühl. Ihr Puls war langsam und regelmäßig. Una schlief einen natürlichen Schlaf. Die Mutter stürzte ins Nebenzimmer, um ihrem Mann zu erzählen, daß ein Wunder geschehen war.

Wo es um Antworten auf Gebete geht, sind die Umstände von Unas Genesung keineswegs außergewöhnlich. Denn in den Jahren, seit ich die Geschichte der Hawthornes zum ersten Mal las, höre ich beständig von erstaunlich ähnlichen Ereignissen von anderen Müttern. Sie folgen stets demselben Muster:

In jedem Fall hatte die Mutter einen verzweifelten Wunsch: Leben und Gesundheit für ihr Kind. Jede Mutter befahl Gott buchstäblich, ihr Gebet zu erhören. Während dieser fordernde Geist die Oberhand hatte, schien Gott fern, unerreichbar.

Die Kombination der offenkundigen Vergeblichkeit der Bitten und der Erschöpfung von Körper und Geist führte dazu, daß die Betende sich in die Möglichkeit ergab, die sie am meisten fürchtete. In diesem Augenblick kam es zu einem Wandel. Plötzlich und auf unerklärliche Weise verließ sie die Furcht. Frieden schlich sich in ihr Herz. Ein Gefühl von Leichtigkeit und Freude folgte, das nichts mit den äußeren Umständen zu tun hatte. Und von diesem Augenblick an wurde das Gebet erhört.

Nun stellt sich die faszinierende Frage: Welches geheime oder geistliche Gesetz steht hinter diesem Gebet der Selbstaufgabe?

Hier ist ein Teil davon. Wir wissen, daß Furcht wie eine Abschirmung zwischen uns und Gott wirkt, so daß Seine Macht uns nicht erreichen kann. Wie kann man sich also der Furcht entledigen?

Das ist nicht leicht, wenn das Leben eines lieben Menschen auf dem Spiel steht oder wenn es um unseren innigsten Wunsch geht. In solchen Situationen ist jedes Gefühl, jede Leidenschaft in die Furcht vor dem, was möglicherweise eintreten könnte, verstrickt. Offenbar können nur drastische Maßnahmen mit einer so gigantischen Furcht fertigwerden. Meine Erfahrung hat mich gelehrt, daß es nicht ausreicht, sie durch Glaubensstärke niederzwingen zu wollen.

Hier tritt das Gesetz des Loslassens in Kraft. Faßte Jesus dieses Gesetz in Worte, als Er sagte: »Widersteht dem Bösen«? Hören Sie auf, vor den schrecklichen Aussichten davonzulaufen und sie zu verleugnen. Blicken Sie dem, was Sie am meisten fürchten, furchtlos ins Auge.

Es mag uns so vorkommen, daß dies in solchen Augenblicken das genaue Gegenteil von Gottvertrauen ist. »Herr«, wollen wir protestieren, »hast Du uns nicht geboten, im Glauben zu beten? Ich bin verwirrt. Bedeutet Selbstaufgabe, daß wir niemals beharrlich um irgendeine bestimmte Sache beten dürfen?«

Auf alle solche Bitten um Verständnis gibt uns Jesus immer geduldig dieselbe Antwort: »Gehorche Mir. Dann – danach, nicht vorher – wirst du zu verstehen beginnen.«

Also tun wir die ersten bitteren Schritte des Gehorsams. Und siehe da, wenn wir aufhören, die Augen zu verschließen, wenn wir uns zwingen, der Furcht entgegenzutreten und ihr geradewegs ins Gesicht zu blicken, wobei wir niemals vergessen dürfen, daß Gott und Seine Macht immer noch die höchste Realität sind, dann verschwindet die Furcht wie ein Nebel.

Manchmal ereignet sich bereits an diesem Punkt auf wunderbare Weise ein Gebetswunder. In anderen Fällen führt uns der Gute Hirte vom Loslassen zur Erkenntnis. Solche Erkenntnis ist etwas anderes als der Versuch positiven Denkens oder eines guten Zuredens gegenüber sich selbst. Wir haben überhaupt nichts damit zu tun; es ist ein Geschenk Gottes.

Manchmal wird uns Erkenntnis durch einen Bibelvers geschenkt, der uns aus der gedruckten Seite förmlich entgegenspringt oder aus unserem Gedächtnis auftaucht und unser Herz in Flammen setzt. Oder sie mag einem inneren Wort des Herrn entspringen, das uns sagt, was in unserer Situation geschehen wird. Gelegentlich mag Gott uns mitteilen, daß Er uns nicht zurückgeben kann, was wir aufgegeben haben, wie im Fall von Sara B. Wir haben das Gebet der Selbstaufgabe offenbar nicht wirklich ernst genommen, wenn wir nicht auch mit dieser Möglichkeit rechnen.

Wenn uns andererseits ein liebender Vater unseren Wunsch gewährt und uns gibt, was wir zu fordern aufgehört haben, dann verstehen wir, daß Loslassen und Glaube kein Gegensatz sind. Das Gebet des Loslassens ist das Kind, das seine Rebellion dagegen aufgibt, nur ein Kind zu sein, seine Hand in die große, schützende Hand des Vaters legt und Ihm vertraut, daß Er es auch im Dunkeln sicher führen wird.

Und wenn die Dunkelheit andauert ... wenn es kein Ausweichen vor dem Kreuz gibt ... dann liegt unsere Hand immer noch in der Seinen. Unser Herz ist immer noch gehorsam. Aber nun wird uns eine neue Offenbarung zuteil. Wir blicken das Gesicht neben uns mit einem seligen Schauder der Erkenntnis an: Die Hand des Vaters ist Jesu Hand!

Die ganze Zeit hat uns unser Herz gesagt, daß es so ist. Resignieren? Glauben? Nur die Gewißheit, daß Jesus bei uns ist, was auch kommen mag.

Gebet: Ich lege das in Deine Hände

Vater, so lange habe ich Dich um dies gebeten, die tiefe Sehnsucht meines Herzens, __________. Aber je aufdringlicher ich Dich angefleht habe, um so entfernter schienst Du mir.

Ich bekenne, daß ich in dieser Sache einen fordernden Geist an den Tag gelegt habe. Ich habe versucht, Dir Vorschläge zu machen, wie Du mein Gebet erfüllen könntest. Zu meiner Schande habe ich sogar mit Dir zu handeln versucht. Aber ich weiß, daß es äußerste Torheit ist, den Herrn des Universums manipulieren zu wollen. Kein Wunder, daß mein Herz wund und müde ist!

Ich möchte Dir vertrauen, Vater. Mein Geist weiß, daß diese Wahrheiten in alle Ewigkeit Gültigkeit haben, selbst wenn ich *nichts* fühle:

Daß Du gegenwärtig bist. (Du sagtest: »Siehe, ich bin bei euch alle Tage.«)
Daß Du mich liebst. (Du sagtest: »Ich habe dich mit ewiger Liebe geliebt.«)
Daß Du allein weißt, was das Beste für mich ist. (Denn in Dir, Herr, »sind alle Schätze der Weisheit und Erkenntnis verborgen«.)

Vielleicht hast Du die ganze Zeit schon darauf gewartet, daß ich meine eigenen Anstrengungen aufgebe. Endlich wünsche ich mir Deine Gegenwart in meinem Leben mehr, als ich mir __________ wünsche. Daher übergebe ich Dir dieses Anliegen nun durch meinen freien Willen. Ich werde Deinen Willen akzeptieren, was es auch sein mag. Ich danke Dir, daß Du diese Willensentscheidung als die Entscheidung meines wahren Selbst betrachtest, mögen auch meine Gefühle protestieren. Ich bitte Dich um die Kraft, an dieser Entscheidung festzuhalten.

Vor Dir, Herr Gott, der allein Preis und Dank verdient, beuge ich mich in Dankbarkeit, daß auch dies mir »zum Besten diene«. Amen.

Das Gebet freudigen Segnens

Vor einigen Jahren kannte ich eine Familie in Washington, D. C., in der es zu Spannungen kam, weil eine Tante ständig an den Kindern herumnörgelte. Ellen R., die Mutter der Familie, betete häufig über die Situation, vor allem, Gott möge die hyperkritische Einstellung der Tante ändern. Nichts schien jedoch zu geschehen, und Ellen betrachtete die Einstellung der Tante und ihre Anwesenheit in ihrem Heim mit wachsendem Groll.

Eines Nachmittags tauchte Ellen, die ich seit Jahren kannte, bei uns auf, um sich ein Buch auszuborgen.

»Ich weiß, ich sehe abscheulich aus«, entschuldigte sie sich. »Ich fühle mich wie ein Ball, der zwischen den Kindern und Tantchen ständig hin und her geworfen wird.«

Inmitten der Diskussion über ihr Problem hatte ich einen plötzlichen Eindruck: »Du hast Gott gebeten, die Einstellung deiner Tante zu ändern, und du sagst, sie nörgelt mehr denn je. Warum verzichtest du nicht einfach darauf, deine Tante zu ändern und bittest Gott stattdessen, sie in jeder Hinsicht zu segnen?«

Ellen sah mich erstaunt an. »Du meinst, ich sollte Gott bitten, Tantchen zu segnen, ob sie es verdient hat oder nicht?«

Bevor ich noch antworten konnte, hatte meine Freundin auch schon einen Gedanken, der ihren Worten widersprach.

»Ich verstehe«, sagte Ellen nachdenklich. »Ich nehme an, keiner von uns verdient irgend etwas von Gott, nicht wahr?«

»Genau dasselbe denke ich auch«, sagte ich zu Ellen. »Nichts, was wir tun könnten, wäre gut genug, um auch nur die geringste Gefälligkeit aus Seiner Hand zu verdienen.«

»Dann wollen wir deine Idee ausprobieren, Catherine. Aber würdest du jetzt gleich mit mir darüber beten?«

»Natürlich. Aber denke daran, Ellen, wenn du Gott bittest, jemand zu segnen, dann sagst du damit im Grunde. ›Mache ihn oder sie glücklich.‹ Das ist die wörtliche Bedeutung von *Segen* in der Bibel – Glück.«

Ellens Gebet, soweit ich mich daran erinnere, lautete ungefähr so:

»Herr, ich weiß, es ist Dein Wille, daß wir in unserem Heim glücklicher sind, als wir es bislang waren. Und ich weiß, das ist unmöglich, solange einer von uns unglücklich ist. Segne Tantchen jetzt und gib ihr, was immer sie braucht. Gib ihr das Geschenk des Glücklichseins. Hilf den Kindern, sie zu lieben und zu respektieren, und zeige mir, wie ich freundlicher zu ihr sein kann. Amen.«

Eine Woche später rief mich Ellen an. Sie sagte, ihr Gebet würde Tag für Tag überreichlich erhört. »Die Atmosphäre hier im Haus hat sich völlig verändert. Hör einmal, diese Sache mit dem Segen ist das reinste Dynamit! Aber ich verstehe immer noch nicht, warum dieses Gebet beantwortet wurde, obwohl keines der anderen Erhörung fand. Warum steckt eine solche Kraft darin, jemandem Freude zu wünschen?«

Vielleicht liegt einer der Gründe für unsere Überraschung, wenn Gott jemanden segnet, darin, daß wir Jesus Christus hauptsächlich als »Schmerzensmann« sehen.

Aber ein Mann, der eine düstere und melancholische Atmosphäre um sich verbreitete, hätte niemals auf kleine Kinder anziehend gewirkt. Nur ein Mann voll innerer Begeisterung, der mit ungebrochener Kraft ins Leben hinausschritt, hatte rauhe Fischer als seine Jünger anwerben können. Trauer konnte keinen Bestand haben, wenn ein Mann seine Krücken wegwarf oder ein Aussätziger sich tanzend und singend auf den Weg machte, um den Priestern seinen neuen reinen Körper zu zeigen. Und vergessen Sie nicht den Bericht der Evangelien, daß Jesus jedem Begräbnis, das Er besuchte, ein überraschendes Ende bereitete!

Zweifellos blickte Jesus den Problemen und Enttäuschungen des Lebens furchtlos ins Gesicht: »In der Welt habt ihr Angst«, sagte er Seinen Jüngern. Aber Er fügte hinzu: »Seid guten Mutes, ich habe die Welt überwunden.« In anderen Worten: »Kopf hoch! Mit dem Schlimmsten, das euch die Welt antun kann, werde ich spielend fertig.«

Die wahre Quelle der Freude, die Jesus erfüllte, schildern uns der Psalmist und Jahrhunderte später der Autor des Hebräerbriefes: »Du (Christus) hast die Gerechtigkeit geliebt und das Unrecht gehaßt; daher hat Gott, ja dein Gott, dich mit dem Öl der Gerechtigkeit über alle anderen gesalbt.«

Er, der keine Sünde kannte und die Gerechtigkeit selbst war, hatte eine Persönlichkeit, die von einer Glückseligkeit strahlte und funkelte, wie ihr keiner von uns gleichkommen könnte. Wie könnte es auch anders sein!

Deshalb hängt das Gebet des Segnens auch nicht von unserem Verdienst oder Mangel an Verdienst ab. Jesus ist der einzige Gerechte; daher auch der einzig wirklich Seligmachende. Und Er sehnt sich danach, diese Freude mit allen zu teilen, die sie empfangen wollen.

Nun verstehen wir allmählich, warum Ellen sich auf solidem Grund befand, als sie nicht die »Verdienste« ihrer Tante zur Voraussetzung ihres Gebets um Segen für sie machte. Sie wußte, daß Jesus uns gesagt hat: »Liebet eure Feinde, segnet, die euch verfluchen.« Sobald wir anfangen, ihm zu gehorchen, stellen wir fest, daß zwei Dinge untrennbar zusammengehören: unser Gebet um Segen für jene, mit denen wir Probleme haben, und die Lösung dieser Probleme.

Und umgekehrt mag unsere Weigerung, andere zu segnen, Gottes rettende Absichten vereiteln. Ich erkannte das auf dramatische Weise vor einigen Jahren, als eine Frau zu mir kam und mich um Rat bat, was ihre Ehe betraf. Bei einer Tasse Tee erzählte sie mir ihre Probleme. Sie hatte eben den härtesten Schlag hinnehmen müssen, den eine weibliche Person ertragen kann: ihr Gatte hatte ihr mitgeteilt, daß er sie nicht mehr liebte und sie verlassen wollte.

Mrs. B. hatte den Eindruck, daß ihre Eheprobleme die Schuld ihres Mannes waren und war voll harscher Kritik, was ihn betraf: er ging nie zur Kirche, er kümmerte sich kaum um die Kinder, er betrog sie. »Nur Gott kann ihn retten«, meinte sie düster.

»Ich habe eine Idee, wie Sie für Ihren Mann beten könnten«, schlug ich vor. »Bitten Sie Gott, ihn mit Segen zu überschütten – geistlich, körperlich und materiell –, und überlassen Sie alles andere Gott.«

Meine Besucherin trank ihren Tee, und ihre Lippen bildeten eine schmale Linie.

»Meinem Gatten geht es jetzt schon zu gut«, sagte sie. »Das ist ja das Schlimme. Das einzige, was ihn zu Gott und zu Verstand bringen wird, sind Schwierigkeiten und nochmal Schwierigkeiten.«

Sie ging mit der Ankündigung, sie würde beten, Gott möge ihren Mann ändern, einen guten Menschen aus ihm machen und ihn dann zu ihr und ihren Kindern zurückbringen. Ihre Gebete stiegen nicht einmal bis zur Zimmerdecke. Schließlich ließ sich der Ehemann scheiden und heiratete eine andere.

Wenn Sie und ich die Welt lenkten, würden wir es vermutlich nicht zulassen, daß es den bösen Menschen gutgeht. Aber die schlichte Wahrheit ist, daß es ihnen nur allzu oft gutgeht. Jahrhunderte hindurch hat diese Tatsache Männern und Frauen Kopfzerbrechen bereitet. Im vermutlich ältesten Buch der Bibel schlägt Hiob sich mit diesem Problem herum. Es wird in einem Psalm nach dem anderen erwähnt.

Aber Jesus war und ist Realist. Er nahm es einfach hin, daß Gott, der ganz Liebe ist, die Ungerechten gedeihen läßt. »Er läßt die Sonne scheinen über Gerechte und Ungerechte und läßt es regnen über Gute und Böse.«

»Deshalb«, sagte Jesus, »wenn ihr wahrhaftige Kinder eures Vaters im Himmel sein wollt, dann müßt ihr darum beten, daß sich für alle alles zum Besten wenden möge, ganz egal, ob ihr persönlich von diesen Leuten mißhandelt oder verletzt wurdet.«

Sagt Jesus damit, daß es keine Folgen hat, ob jemand gut oder böse ist? Keineswegs! Sünde ist eine ernsthafte Sache, so ernst, daß Christus dafür ans Kreuz geschlagen wurde und unsere Welt einer endgültigen Katastrophe immer näher rückt. Aber der Punkt ist, daß Selbstgerechtigkeit oder Vorwürfe nicht geeignet sind, aus bösen Menschen gute Menschen zu machen. Nur freudige Liebe erlöst.

Lange vor Jesu Zeit stolperten die alten Israeliten über die Wahrheit, daß Glückseligkeit ein Schlüssel zu Gottes machtvoller Gegenwart ist: »Die Freude am Herrn ist deine Stärke.« »In deiner Gegenwart ist Freude in Fülle.« »Dient dem Herrn mit Freuden.«

Nachdem ich so oft gesehen hatte, wie das Gebet des Segnens aufs herrlichste beantwortet wurde, habe ich mich gefragt, ob wir hier nicht den Schlüssel zum Weltfrieden in Händen halten. Selbst jene, die das Gebet ernstnehmen, wissen nicht unbedingt, wie man für andere Nationen beten soll. Das ist dann besonders schwierig, wenn ihre Wertvorstellungen nicht die unseren sind oder wenn sie sich als unsere Feinde betrachten.

Vielleicht würde Christus uns sagen: »Die Menschen aller Nationen sind ebenfalls Meine Kinder. Je mehr gewalttätige, gierige Menschen Mich ignorieren und meinen Unschuldigen nach dem Leben trachten, desto nötiger haben sie es, von Meiner alles umfassenden Liebe ergriffen zu werden.«

Nun ist es ganz offenkundig, daß wir jene Menschen, die andere aufs niederträchtigste mißbrauchen oder mit denen wir uns in den Haaren liegen, nicht segnen und in unsere Gebete einschließen können, ehe wir nicht begriffen haben, daß keine eigene Anstrengung uns dazu fähig macht, und bis wir Christus, der in uns lebt, diese anderen für uns lieben lassen.

Aber es mag gut sein, daß nur eine Handvoll Bürger, die für feindliche Nationen mit jener Freude beten und Gott bitten, sie in jedem Bereich überreichlich zu segnen, welterschütternde Resultate erreichen könnten.

Unsere erste Reaktion auf diesen Vorschlag mag genau das sein, was Mrs. B. sagte: zu riskant! Wer von uns will schon, daß uns andere Nationen auf wissenschaftlichem Gebiet überrunden, bei der Erforschung des Weltraums, in der Militärtechnik und auf wirtschaftlichem Gebiet?

Aber es ist nicht riskant, sobald wir verstanden haben, daß Gott »seine Sonne aufgehen läßt über Gerechte und Ungerechte« und daß Seine Sonne der Freude die einzige Macht im Universum ist, die imstande ist, die Herzen von Männern und Frauen zu verändern, welche Probleme sie auch haben mögen, welche Nationalität, welche politische Überzeugung.

Gebet: Segne uns, Vater

Vater, ich sehe voll Zerknirschung jenen Pharisäer im Tempel in mir, denn ich habe eine Lüge geglaubt: Seit ich versuche, Dir zu dienen, dachte ich, ich hätte ein Anrecht auf Deinen Segen, aber __________, so ungläubig und unbekümmert um Dich, verdiene die Schwierigkeiten, die er/sie hat.

Nun verstehe ich, Vater, daß Du uns, Deinen Geschöpfen, Liebe und Freude schenken mußt, denn Du bist Liebe und Freude; daß Du, die Sonne der Gerechtigkeit, in der keine Finsternis ist, über uns leuchtest, weil es Dein Wesen ist, zu leuchten – nicht weil irgendeiner von uns es verdient.

Ich entlasse nun __________ aus meiner richtenden Einstellung, und ich bitte Dich, ihn/sie überreichlich zu segnen, auf jede Weise, die Dir gut und richtig erscheint.

So lebe Dein Leben in mir, Herr, damit ich hinfort anderen so viel Gutes wünsche, wie ich für mich selbst ersehne; daß ich niemals wieder reichen Segen für mich selbst verlange und in meinem Herzen anderen Deinen Segen neide.

Reinige mich von aller Selbstsucht und Kleingeistigkeit. Und, oh Vater, fülle mich mit der Liebe Dessen, der über uns alle mit dem Öl der Seligkeit gesalbt wurde. In Seinem Namen bete ich. Amen.

9

Die dunkle Nacht der Seele

Von Anfang an war Catherine überzeugt, daß sie ihren Lesern furchtlos und selbstlos von ihren geistlichen Gipfelerlebnissen ebenso erzählen mußte wie von den dunklen Tälern. Schon früh in ihrer schriftstellerischen Karriere erkannte Catherine auch, daß Gott ihre Schwächen oft mehr als ihre Stärken einsetzte.

Während des Sommers 1971 und der langen darauffolgenden Monate machte Catherine die Erfahrung einer dunklen Nacht, die ihren Glauben erschütterte und alle ihre Ressourcen einem Härtetest unterzog. Die folgenden Erlebnisse waren die Ursache:

1. MGM hatte eine beträchtliche Summe für die Rechte an Catherines Bestseller, dem Roman *Christy*, bezahlt, dann aber den Film nicht gedreht.
2. Nachdem sie drei Jahre lang an ihrem zweiten Roman, *Gloria*, gearbeitet hatte, wurde auch dieser, auf den Rat ihrer Herausgeber und Berater, nicht gedruckt. Das war ihr erster schriftstellerischer Mißerfolg.
3. Catherines Beziehungen zu mir, ihrem Sohn, ihrer Schwiegertochter und ihren Stiefkindern waren belastet.

Catherines Hauptschwierigkeit bei der Entscheidung, mich zu heiraten, war etwas, worüber sie nie geschrieben hatte: meine Scheidung. Sie hatte darüber gebetet und das Gefühl gehabt, Gott sage ihr, es sei Sein Werk, zerbrochene Situationen und Familien zu erlösen und wiederherzustellen, und ihrem Gefühl nach war das ein JA zu unserer Ehe.

Unsere ersten fünf gemeinsamen Jahre in Chappaqua, New York, waren schöpferisch und erfüllt. Dann, im Jahre 1964, begann Catherine unter Rückfällen in ihre Lungenkrankheit zu leiden. Als die Ärzte vorschlugen, sie solle in ein wärmeres Klima ziehen, übersiedelten wir nach Florida. Ich fuhr alle zwei Wochen in mein Büro bei *Guideposts* in New York City. Im Jahre 1971 begann sich dieser Rhythmus – eine Woche zu Hause, eine Woche fort – ungünstig auf unsere Ehe auszuwirken.

Am 22. Juli 1971 wurde Peter John Marshall und seiner Frau Edith ein drittes Kind geboren. Amy Catherine kam mit einem Zerebrohepato-renal-Syndrom (angeborenen Schäden an Gehirn, der Leber und Nierenversagen) zur Welt. Peter und Edith hatten ihr erstes Kind, einen kleinen Jungen, kurz nach der Geburt verloren. Dann hatten sie ein gesundes kleines Mädchen, Mary Elisabeth, die jetzt eine lebhafte Dreijährige war. Die Ärzte rechneten damit, daß das Baby höchstens sechs Wochen überleben würde.

Für Catherine war das der bislang härteste Schlag. Ein Baby, das nach ihr benannt war, war zum Tode verurteilt. Rebellische Gefühle durchströmten sie wie ein Vulkanausbruch, als sie die Familie und enge Freunde in Cape Cod zusammenrief, um für ein Heilungswunder an Amy Catherine zu beten. Als wir sechzehn uns in Cape Cod versammelt hatten, berichtete Catherine, der Herr habe ihr gezeigt, das Baby würde geheilt werden.

Eine außergewöhnliche Gebetswoche folgte. Unter uns sechzehn, die sich zum Gebet versammelt hatten, kam es zu Heilungen. Gott benutzte das Baby Amy Catherine als Katalysator, um viele Leben anzurühren. Dann, im Alter von genau sechs Wochen, starb sie.

Catherine war am Boden zerstört. Sie fühlte sich von Gott betrogen. Eine dunkle Nacht begann in ihrer Seele.

Die folgenden Auszüge aus *Licht in meiner dunkelsten Nacht* enthüllen, wie Catherine aus dem Schatten wieder auftauchte.

Die Wolken senken sich herab

Catherine: Ich glaube, daß Satan letzten Sommer, als es um Amy Catherine ging, den Sieg davongetragen hat. Seine Handschrift ist deutlich zu erkennen.

Wie ich der Familie in der Nacht vor dem Begräbnis sagte, bestand ein himmelweiter Unterschied zwischen dem Tag, an dem Amy Catherine starb und dem Tod Peter Marshalls im Jahre 1949. Ich fühlte Jesu Gegenwart in dem Raum, in dem Peter starb. In der Woche nach seinem Tod spürte ich Gottes Kraft.

Als Amy Catherine starb, konnte ich Jesu Gegenwart in ihrem Krankenzimmer nicht fühlen. Im Gegenteil, ich spürte dort eine böse Gegenwart. Wir spürten in den folgenden Tagen nicht Jesu Kraft. Ganz im Gegenteil! Es gab Streit, einer schob dem anderen die Schuld in die Schuhe, wegen Kleinigkeiten wurde gezankt, ein allgemeines Gefühl des Versagens machte sich breit.

Trotz der guten Dinge, die einigen Teilnehmern an dem Gebetstreffen in Cape Cod widerfuhren, habe ich Amy Catherines Tod an sich nichts Gutes bewirken sehen, nur Mißverständnisse und Verwirrung. Ich habe nicht verstanden, was hinter alledem steckte.

Gestern fiel mir plötzlich ein Wort ein, das ich vor langer Zeit einmal gehört hatte: *Wir lernen Demut durch Demütigung.*

Nach all der Demütigung, die ich letzten Sommer mitgemacht habe, sollte ich heute viel mehr Demut im Herzen haben. Aber ich habe nicht den Eindruck, daß ich auf diesem Gebiet geistlich gewachsen bin. Ich habe das Gefühl, daß ich in den letzten Monaten auf überhaupt keinem Gebiet geistlich gewachsen bin.

Demütigung. Das Wörterbuch nennt es »einen schmerzlichen Verlust von Stolz, Würde und Selbstachtung«. Ich habe das Gefühl, das paßt Wort für Wort auf mich – und es gefällt mir überhaupt nicht.

Natürlich ist meine Demütigung ein lächerliches Nichts im Vergleich zu der Demütigung, die Jesus am Kreuz erlitt. Aber irgendwie erschienen mir Jesus und sein Leiden fern, ohne Verbindung mit mir und meinem gegenwärtigen Elend – und es scheint, als könnte ich zur Zeit an nichts anderes denken. Mir ist bewußt, daß ich hier auf fatale Weise um mich selbst kreise, aber es erscheint mir unmöglich, mich zu befreien.

Heute morgen erwachte ich mit einem Bibelvers im Kopf: »Niemand kann zu mir kommen, es sei denn, der Vater ziehe ihn (oder sie)« (Johannes 6,44).

Soll das heißen, fragte ich mich, *daß ich keine Beziehung zu Jesus haben kann, es sei denn, Gott selbst ergreife die Initiative?*

Meine Gedanken jagten durch all die Jahre zurück. Hatte Gott mich als Kind zu Jesus gezogen? Ganz offenkundig war es so. Der Vater im Himmel hatte mich zum Sohn hingezogen. Aber nun fühle ich keinerlei Beziehung, weder zu Jesus noch zum Vater. Sie schien an dem Tag zu enden, an dem Amy Catherine starb.

Ich möchte nicht weiter darüber sprechen. Es ist zu schmerzlich. Der Schmerz über den Tod meines Enkelkindes muß heilen. Ich bin unfähig zu versuchen, die Dinge zu verstehen, indem ich mir die Ereignisse noch einmal durch den Kopf gehen lasse.

Wo befinde ich mich also? Suhle ich mich in meiner Sünde? Ganz offensichtlich, aber ich fühle mich hilflos, etwas daran zu ändern. Ich erinnere mich in bitterem Schmerz an einen Artikel, den ich für *Guideposts* schrieb, »Die Macht der Hilflosigkeit«. Ich fühle gewiß keine Macht der Hilflosigkeit in meinem gegenwärtigen Zustand. Ich habe auch nicht das Gefühl, daß Gott mir zu Hilfe kommt.

Im Tal

Len: Ich fand Catherine in ihrem Sessel am Bett, wo sie lustlos in einigen Katalogen blätterte. Es war 10.30 Uhr am Vormittag, eine Zeit, wo sie gewöhnlich in ihrem Büro saß und eifrig an einem Manuskript arbeitete. *Wie kann ich die Dunkelheit ihrer Seele durchdringen?* fragte ich mich.

»Wir müssen miteinander reden«, begann ich.

»Worüber?«

»Du kannst nicht so weitermachen. Wir machen uns alle große Sorgen um dich.«

Catherine zuckte die Achseln. Ihre Augen wanderten zurück zu ihrem Katalog. Meine Sorge um sie wurde zu Ärger. »Du hast andere so oft davor gewarnt, sich in ihrem Egoismus zu suhlen, und was tust du jetzt?«

Einen Augenblick blitzten ihre Augen. Ich war froh darüber; es war mir lieber, sie zornig als apathisch zu sehen. Die Funken erloschen jedoch rasch wieder, und sie zuckte von neuem die Achseln. »Sag doch einfach, ich suhle mich in meiner Sünde.«

»Genau das tust du, und was noch schlimmer ist, es macht dir Spaß.«

Catherine rutschte unbehaglich hin und her. »Was willst du, daß ich tue?«

»Laß Amy Catherine in Frieden ruhen, und mach weiter mit deinem Leben.«

Der Schmerz in ihrem Inneren leuchtete plötzlich aus ihren Augen. »Ich kann es nicht beiseite schieben.«

»Warum?«

»Ich sehe immer noch, wie ihr kleiner Mund um Hilfe schrie. Ich kann immer noch ihren Körper in meinen Armen fühlen, der sich so sehr danach sehnte, festgehalten und geliebt zu werden, der sich vor

Sehnsucht nach Gesundheit verzehrte. Sooft ich zu schreiben versuche, quälen mich diese Bilder.«

»Warum nehmen wir uns nicht eine Woche Urlaub? Wir könnten zu den Florida Keys fahren oder vielleicht auf eine der Inseln.«

Catherine lebte einen Augenblick lang auf, dann schüttelte sie den Kopf. »Ich glaube nicht, daß ich eine gute Gesellschafterin wäre. Es ist mein Problem, und ich muß alleine damit fertigwerden.« Sie überlegte einen Augenblick. »Wie hieß der Titel dieses Artikels, den Joe Bishop für *Guideposts* schrieb? ›Der Ausweg ist immer der Weg hindurch‹? Vielleicht sollte ich den wieder einmal lesen.«

»Der Artikel besagt, daß man einem schmerzlichen Problem nicht ausweichen, sondern ihm genau in die Augen sehen soll. Tust du das?«

»Ich versuche es.« Sie schwieg einen langen Augenblick. »In mancher Hinsicht kennst du mich besser als jeder andere auf der Welt. Auf einem Gebiet aber kennst du mich überhaupt nicht.«

»Und das wäre?«

»Da ist ein Teil von mir, tief in meinem Inneren, der seit meiner Kindheit nur der Person Jesus Christus gehört hat. Er und ich haben wunderbare Zeiten miteinander geteilt. Er hat in jeder Krise zu mir gehalten – bis jetzt.« Ihre Unterlippe begann zu zittern. »Jetzt ist Er einfach nicht mehr da. Jeden Morgen, wenn ich erwache, suche ich Ihn, aber es nützt nichts. Ich muß Ihn letzten Sommer aufs schrecklichste beleidigt haben.«

Ich schloß sie in die Arme, fühlte ihren Schmerz, kämpfte meine eigenen Tränen nieder. »Du hast auch vorher dunkle Zeiten durchgemacht, oder nicht? Was war mit diesen Phasen während deiner Witwenschaft, als du dich Gott so entfremdet gefühlt hast?«

»Sie waren eher wie Dürrezeiten, in denen ich einfach unproduktiv war. Und sie hielten niemals sehr lange an. Gewiß, eine Zeitlang war ich in Selbstmitleid versunken, aber irgendwie war mir Jesus sogar da nahe. Jetzt lebe ich seit Monaten in wirklicher Finsternis. Ich habe das Gefühl, zur Zimmerdecke zu reden. Und du weißt, wie lustlos meine Gebete waren.«

Ich nickte. Lustlos war genau das richtige Wort. »Wann hast du diese Zurückweisung das erste Mal gefühlt – wenn es überhaupt Zurückweisung ist?«

Eine Weile gab Catherine keine Antwort. Ich mußtc sogar die Frage wiederholen. Ihre Gedanken schienen meilenweit entfernt.

»Ich bin mir nicht sicher«, sagte sie schließlich, »möglicherweise unmittelbar nach Amy Catherines Tod. Möglicherweise, nachdem ich Virginia Livelys Satz gehört hatte, daß Amy Catherine nicht überleben würde. Sie hatte richtig gehört. Ich nicht.«

»Und das hat deinen Stolz verletzt.«

»Sie hätte es mir sagen sollen.«

»Wäre sie zu dir nach Cape Cod gekommen und hätte dir dies berichtet, so hättest du sie rundheraus zurückgewiesen. Ich habe dich niemals so überzeugt, so entschlossen gesehen, wie du überzeugt warst, daß Amy Catherine geheilt würde.«

»Ich werde mich niemals wieder so exponieren – für irgend etwas oder irgend jemand«, schnappte sie.

Ich holte tief Atem. »Ich glaube, es ist dein Zorn auf Gott, der die Türe zu deiner Beziehung zu Ihm geschlossen hat.«

Sie schüttelte heftig den Kopf. »Ich war schon früher zornig auf Ihn, und Er hat mich trotzdem getröstet. Ich glaube, daß Gott uns ermutigt, ehrlich zu sein, Zorn auszudrücken, wenn wir ihn fühlen. Deshalb glaube ich, daß du nicht recht hast, Len. Gewiß, ich war zornig, als Amy Catherine starb. Rebellisch auch ...« Sie hielt inne, als sie ihre eigenen Worte hörte.

Ich faßte ihre unausgesprochenen Gedanken in Worte. »Es ist ein großer Unterschied zwischen Zorn und Rebellion. Zorn ist oft ungerechtfertigt, und er legt sich rasch wieder. Rebellion hält länger an und ist destruktiver. Erinnerst du dich an das Bibelstudium, das wir letztes Jahr abhielten? Wie du betont hast, es sei die Rebellion der Israeliten gewesen, die sie vom Gelobten Land fernhielt?«

Sie nickte. »So verfolgen einen die eigenen Worte, nicht wahr?«

»Denk darüber nach, Catherine«, drängte ich, »du fühlst dich elend ohne Jesus. Vielleicht solltest du dich allein irgendwohin zurückziehen und die Sache durchbeten.«

Catherine: In meinem Inneren bin ich trocken und einsam, unfähig, irgend etwas zustandezubringen, ich vollführe die leeren Gesten des Lebens, und selbst das schaffe ich kaum. Es ist mehr als eine Dürrezeit. Ich habe solche Zeiten schon früher durchgemacht und die

Beziehung zu Gott nicht verloren. Dies hier ist Finsternis, Tod. Es ist schrecklich, wie es alle Gefühle lähmt, wie es einen kalt und gleichgültig macht. Man tut genau das, sagt genau das, was man nicht tun und sagen sollte, und man weiß es. Erschreckend!

Ich muß einige der Bibelstellen, auf die ich in dieser Woche beim Lesen gestoßen bin, zu Papier bringen. Obwohl meine Gebete hohl sind, erhalte ich Anweisungen aus Seinem Wort. Wenn der Herr nicht mehr unmittelbar zu mir spricht, so will ich diesen Weg gehen.

Hier sind einige der Stellen, zu denen ich geführt wurde:

> Und wenn ihr auch eure Hände ausbreitet, verberge ich doch meine Augen vor euch, und wenn ihr auch viel betet, höre ich euch doch nicht, denn eure Hände sind voll Blut. Wascht euch, reinigt euch, tut eure bösen Taten aus meinen Augen, laßt ab vom Bösen (Jesaja 1,15-16).

> Der Herr ist ferne von den Gottlosen, aber der Gerechten Gebet erhört er (Sprüche 15,29).

> Ihr bittet und empfangt nicht, weil ihr in übler Absicht bittet, nämlich damit ihr's für eure Gelüste vergeuden könnt (Jakobus 4,3-4).

Als ich mich nachmittags zu einem Schläfchen niederlegte, hatte ich eine weitere Version eines Traumes, den ich immer wieder gehabt habe. Ich befinde mich dabei immer in einem sehr großen Haus. Ich gehe durch Korridore und Zimmer, von einem Stockwerk ins andere. Viele Menschen sind anwesend, aber sie schenken mir keine Beachtung, und ich habe nichts mit ihnen zu tun, es scheint, als kenne ich sie gar nicht. Ich suche, suche nach einem eigenen Zimmer, aber ich kann es nicht finden. Ich kann nicht einmal herausfinden, in welchem Stockwerk es sich befindet. Der Traum ist von einer Furcht erfüllt, die sich zur Panik steigert. Manchmal bin ich so erschöpft, daß ich in einem fremden Zimmer bleibe, um ein Schläfchen zu machen, mich zu stärken und meine Suche wieder aufzunehmen.

Gewöhnlich erwache ich aus diesem immer wiederkehrenden Traum mit Magenschmerzen und allen Symptomen enormer Anspannung, wahrscheinlich auch mit erhöhtem Blutdruck.

»In meines Vaters Haus sind viele Wohnungen ...« Früher tröstete mich diese Bibelstelle, weil sie jedem einen Platz verspricht. Ich habe meinen Platz im Universum. Warum bin ich jetzt so verloren?

Dieses schreckliche Gefühl des Verlorenseins, das offenbar tief in meinem Unbewußten verankert ist, muß meine Trennung von Gott widerspiegeln. Wenn man den Weg verloren hat und die Hand des Hirten nicht mehr fühlen kann, wenn das Tal der Schatten finster ist, weil das Licht des Glaubens nicht mehr leuchtet, was soll man dann noch tun?

Gott im Dunkeln vertrauen und warten und hoffen und weitermachen, so gut es eben geht, würde ich sagen.

Ich habe kürzlich einiges über dieses Gefühl des Eingeschlossenseins erkannt. Sie entsprang einem Abschnitt in dem Buch *Mystik* von Evelyn Underhill mit dem Titel »Dunkle Nacht der Seele«.

Sie erklärt, daß Menschen, die schon länger Christen sind, von einer Art geistlicher Erschöpfung überfallen werden können. In diesem Zustand erfährt man von neuem die Hilflosigkeit des menschlichen Zustandes. Es kann sogar sein, daß es uns eine Zeitlang schlechter geht als am Beginn unseres christlichen Wandels.

Der Grund dafür: Wenn man Christ wird, erkennt man am Anfang, zusammen mit dem Gefühl der eigenen Zerbrechlichkeit, Gottes Allmacht. In der Dunkelheit, die den erfahrenen Christen überfällt, scheint der Himmel vollkommen taub zu sein; nicht das geringste Licht bricht hindurch. Nichts scheint zu funktionieren, weder innen noch außen.

Dies ist zweifellos mein augenblicklicher Zustand.

Evelyn Underhill zufolge muß dieser Zustand vorübergehen, wenn es uns gelingt, ihn mit nahezu blindem Glauben durchzustehen und uns einfach an den Fels der Erlösung zu klammern. So schreiten wir vorwärts zu einem höheren Stadium des geistlichen Lebens.

Was mir neu war, war der Gedanke, daß dieser dunkle Zustand für unser geistliches Wachstum unabdingbar ist. Er tritt dann ein, wenn wir ein Glaubensniveau erreicht haben, wo sich nichts ändert, wo gewisse Bereiche unseres Lebens nicht an Jesus Christus übergeben und nicht von Ihm kontrolliert werden. So müssen wir neue Wahrheiten in unserer Hilflosigkeit und unserer Not erfahren, auf neue

Weise verzweifeln, um die nächste Stufe unseres Christseins zu erreichen.

Sogar viele große christliche Heilige gingen durch eine Erfahrung der »dunklen Nacht«, zuweilen auf grauenhafte Weise, wie Underhill berichtet, ehe sie wieder ans Licht kamen. Das sollte uns Alltagskämpfer ermutigen!

Was Evelyn Underhill noch über die »dunkle Nacht« zu sagen hat: »Die intensivste Phase dieses großen Rückfalls in die Finsternis ... wird selten von Visionen erhellt ... Stagnation ... Machtlosigkeit, Leere, Einsamkeit sind die Beiwörter, mit denen jene, die leiden, ihre Schmerzen beschreiben.«

Ich hielt einen Augenblick inne, um nachzudenken. Werde ich gereinigt? Ich merke nichts davon, wenigstens jetzt noch nicht. Stagnation ist da, ja, wie ein zäher Schlamm.

Len: Nach dem Frühstück pflegte Catherine ins Büro zu gehen, um zu schreiben. »Wie geht es ihr?« fragte ich Jeanne Sevigny oft. Jeanne, die eine enge Freundin ist und gleichzeitig Sekretärin und Mitarbeiterin in unserem Dienst, schüttelte nur den Kopf: »Ihre Produktivität liegt bei Null.«

»Nichts?«

»Nichts, was ich tippen könnte. Sie liest immer wieder Teile des *Gloria*-Manuskripts, aber wir alle wissen, daß dieses Projekt tot ist. Ein Teil ihrer selbst schien damit zu sterben. Wir schaffen es, die Post zu beantworten, aber ich muß sie schubsen und schieben und anstacheln, damit sie wenigstens das tut.«

»Wie lautet deine Diagnose, Jeanne?«

»Kummer und Frustration. Und Zorn.«

»Gegen wen?«

»Hauptsächlich gegen Gott. Und gegen uns auch. Uns alle, sogar ihre Mutter.«

»Verdrängter Zorn, nicht wahr? Sie geht nicht in die Luft, wie sie's sonst getan hat.«

»Du hast recht. Ich denke, die Explosionen waren entschieden gesünder.«

Meine Versuche, mit Catherine ins Gespräch zu kommen, waren weitgehend erfolglos. Nachdem ich auf meine Fragen eine Serie von einsilbigen Antworten bekommen hatte, gab ich es gewöhnlich auf. Dennoch wußte ich, daß ich es weiterhin versuchen mußte. Wenn nur irgend etwas geklappt hätte! Die Filmversion ihres Romans *Christy* war offenkundig gestorben, und dasselbe galt für ihren Roman *Gloria*, obwohl sie das Manuskript immer wieder hervorholte und tat, als arbeitete sie daran. Amy Catherine war gestorben. Ihre Beziehung zu Peter und Edith war nicht die beste. Um ehrlich zu sein – keine ihrer Beziehungen funktionierte im Augenblick.

Die besten Nachrichten, die ich ihr geben konnte, betrafen Linda, die uns immer wieder mit Veränderungen in ihrem Leben überraschte.

»Linda hat eine interessante Gruppe junger Christen gefunden«, erzählte ich Catherine eines Tages im Schlafzimmer, nachdem ich Linda besucht hatte. Sie arbeitete damals in Washington bei der gemeinnützigen Organisation *Cornerstone*. »Linda gibt jetzt zusätzlich zu ihren Verwaltungsarbeiten und ihrer Arbeit als Leiterin eines Bibelkreises einen Newsletter heraus. Ich glaube, sie hat eine Begabung zum Schreiben.«

Keine Reaktion.

»Sag mir eines, Catherine. Warum weigerst du dich, die vielen positiven Resultate von Amy Catherines kurzem Leben zu sehen? Gott hat sie auf mächtige Weise gebraucht, das weißt du.«

Catherine blickte mich müde an. »Ich freue mich für Linda und all die anderen, denen geholfen wurde. Es ist sehr eigensüchtig von mir, nicht dankbarer zu sein, ich weiß. Vergib mir.«

»Das sagst du, aber das meinst du nicht. Du sprichst Worte aus, aber es steckt kein Gefühl dahinter. Es ist, als wäre dein wirkliches Selbst irgendwohin verschwunden und ich würde mich mit einer Pappfigur unterhalten.«

»Danke für deine lieben Worte.«

Ich versuchte es andersherum. »Du sagtest vor einigen Tagen, du fühltest dich, als wärst du in einem dunklen Käfig eingesperrt. Meinst du etwas wie ein Gefängnis?«

»Das kommt der Sache nahe.«

»Was tust du, um herauszukommen?«

»Nicht genug, nehme ich an. Ich fühle mich, als wäre ich tot. Verlassen.«

»Nicht von uns hier im Haus. Wir lieben dich. Wir beten für dich.«

»Danke.«

Ich setzte mich auf das Bett, auf dem sie saß, und griff nach ihrer Hand. »Ich hörte dich oft sagen, daß der Herr versucht, die Aufmerksamkeit eines Menschen zu erregen, wenn in einem Leben alles schiefgeht. Ich bin überzeugt, du hast das auf dich selbst angewendet.«

Zum erstenmal trafen Catherines Augen die meinen. »Gewiß habe ich das.«

»Was meinst du, was Er dir sagen will?«

Lange Pause. »Daß ich nicht in Seinem Willen bin. Daß ich vermutlich schon lange nicht mehr in Seinem Willen bin.«

Eine plötzliche Spannung entstand zwischen uns; ein warnendes Licht in mir riet mir, nicht weiter zu bohren. Aber ein anderer Teil meiner selbst wußte gleichzeitig, daß ich weitermachen mußte.

»Wie lange, meinst du, bist du nicht mehr in Seinem Willen?«

Die Frage hing einen Augenblick zwischen uns in der Luft. Wir wußten beide, worauf es hinauslaufen würde. Catherines Blick wandte sich von mir ab, und ihre Lippen zitterten.

»Seit ich dich geheiratet habe«, sagte sie schließlich.

»Du weißt es, und ich weiß es auch, daß seit unserer Heirat nicht alles schiefgegangen ist«, forderte ich sie heraus. »Vergiß nicht all die Bücher und Artikel, an denen wir gemeinsam gearbeitet haben, und die Wirkung, die sie auf Menschen gehabt haben. Sieh dir das Leben unserer vier Kinder an. Hat unsere Ehe die Dinge für sie besser oder schlechter gemacht?«

»Besser, nehme ich an. Aber ich nehme an, du hättest einen Haufen Frauen heiraten können, die deinen Kindern bessere Mütter gewesen wären. Ich habe einfach das Gefühl, ich hätte nach Peters Tod allein bleiben sollen.«

»Und in deinem komfortablen Elfenbeinturm leben, den du dir gebaut hast, deinem kuscheligen Zufluchtsort, weit weg vom wirklichen Leben? Das ist nicht die Führung, die du vor unserer Ehe bekommen hast. Nachdem Er dich gewarnt hatte, daß es zuweilen schwierig sein würde, hat dich der Herr gedrängt, Ja zu einem neuen Leben mit mir zu sagen.«

Catherine nickte. »Ich erinnere mich. Aber ich bin mir nicht mehr sicher, was meine Führungen angeht. Ich dachte, ich hörte den Herrn sagen, Er würde Amy Catherine heilen. Offenbar habe ich etwas Falsches gehört. Vielleicht habe ich auch etwas Falsches gehört, als Er über uns sprach.«

Einen Augenblick saß ich da und kämpfte mit einer Entscheidung. Wie konnte ich Catherine erreichen? Sanftmut und Geduld? Oder Konfrontation? Ich traf eine Entscheidung. »Möchtest du meine Meinung hören, wann du wirklich begonnen hast, dich von Gottes Willen zu entfernen?«

Catherine starrte mich mit versteinertem Ausdruck an. »Nur zu.«

»Es begann alles mit dem enormen Erfolg von *Christy*. Ich habe die Veränderung an dir beobachtet. Sie vollzog sich langsam, über Monate hinweg. Die Lobreden, die hemmungslose Bewunderung, die Bestsellerlisten, der Verkauf der Filmrechte, all das Theater stieg dir zu Kopf. Als wir nach New York flogen, um Interviews zu geben, bestanden die Verleger darauf, dir eine Luxuslimousine zur Verfügung zu stellen. Wir beide waren entzückt. Dann kamen die Verbeugungen und Kratzfüße der Verleger, als du dein nächstes Buch beschriebst, einen weiteren Roman.

Was sie dir sagten, Catherine, hieß im Grunde, du könntest nichts falsch machen. Damals begann die Veränderung in dir. Tief im Herzen hast du dich einwickeln lassen. Jedes Buch, das du schreiben würdest, würde ein großer Erfolg werden. Die Zeitungen würden sich um deine Artikel reißen.«

Ich hielt inne und beobachtete Catherines Reaktion. Sie schien nicht zu widerstreben, also stürzte ich mich kopfüber wieder in meine Rede.

»Es war an diesem Punkt, Catherine, als ich die Arroganz zu fühlen begann. Vor dem Erfolg von *Christy* hattest du, was ich als ein köstliches Gefühl der Unzulänglichkeit empfand, vor allem bei einer so erfolgreichen Frau. Es war die Unzulänglichkeit, die mir gefiel, als wir einander kennenlernten. Du brauchtest Gott. Ohne Ihn warst du unvollständig. In einer viel geringeren Weise brauchtest du auch mich. Wir waren bei Arbeit und Spiel ein gutes Team. Dann, nachdem du *Christy* geschrieben hattest, wurdest du anders. Frag dich selbst, Catherine: Bist du an einen Punkt gekommen, wo du das Gefühl hattest, du brauchtest Gott nicht mehr? Oder mich? Oder irgend jemand?«

Catherine fuhr hoch wie eine Schachtelfigur: »Ich habe Gott immer gebraucht.«

»Wenn du Ihn immer gebraucht hast, wieso kannst du Ihn dann jetzt nicht erreichen?«

Eine Wolke tiefer Betroffenheit überschattete Catherines Gesicht. Tränen stiegen ihr in die Augen. Ich versuchte, sie zu umarmen, aber sie wandte sich ab. Ich tätschelte ein paar Minuten ihre Schulter, dann ließ ich sie allein.

Catherine: Ich muß zugeben, daß Len recht hat. Ich wurde geistlich hochmütig, nachdem ich *Christy* geschrieben hatte. Ich wurde selbstsüchtig, was meine Zeiteinteilung anging, ich wollte nicht von Leuten belästigt werden, die mich langweilten oder nicht meiner Meinung waren. Ich vergaß nur zu leicht, was ich den Begabungen anderer Leute verdankte.

Gott hatte recht, als er mich bestrafte. Ich habe es verdient. Len hatte recht, als er mich zurechtwies.

Aber war die Strafe dem Vergehen angemessen? Ich fühle mich nun so völlig verlassen, verstoßen. Der Schmerz um Amy Catherines Tod lähmt mich noch immer. Es ist so schrecklich, in diesem Zustand der Finsternis zu leben, daß ich die Furcht vor der Hölle besser verstehen kann. Wie grauenhaft muß ewige Finsternis sein!

Die Lektüre über die »dunkle Nacht« in Evelyn Underhills *Mystik* hilft mir, deprimiert mich aber zugleich. Ihre Schilderung der Schmerzen und Ängste, die die heilige Theresa von Avila, eine spanische Karmeliternonne im 16. Jahrhundert, durchlitt, ist qualvoll lebendig für mich. Und Heinrich Susos zehn Jahre der Finsternis – o weh!

Ist da etwas an diesen großen Heiligen, das solche Leiden einlädt, ja sucht? Die heiligen Männer und Frauen des Mittelalters haben sich anscheinend selbst gefoltert, um ihr Fleisch in die Knie zu zwingen und Gott dadurch besser kennenzulernen. Ich muß gestehen, das verblüfft mich. Das Leben ist schmerzlich genug, so daß wir es nicht künstlich noch schmerzlicher machen müssen. Einige dieser Gott suchenden Menschen äußern sich in einer Weise, als sollte die dunkle Nacht genossen werden, weil sie einem letzten Endes gut tut.

Wenn ich über diese christlichen Heiligen und Mystiker lese, werde ich daran erinnert, daß sich zwar die Art ändern mag, wie wir über unseren Glauben reden, aber die grundlegenden Wahrheiten des christlichen Glaubens ändern sich nicht. »Das Ego zerbrechen« ist ein moderner Begriff für den Prozeß, den die heilige Theresa durchmachte. Ich dachte, ich hätte dieses Konzept in *Jenseits unseres Selbst* in den Griff bekommen. Ich muß nun zugeben, daß ich vielleicht ein intellektuelles Ja zu diesem Prinzip gesagt habe, aber ich habe wenig dazu getan, es auszuleben.

Es gibt viele populäre Ausdrücke dafür. »Leben unter dem Kreuz« ist einer, der in vielen christlichen Gruppen benutzt wird, »Selbstaufgabe« ein anderer. Welche Worte man auch gebrauchen mag, die darunterliegende Realität bleibt dieselbe: damit Gott im Leben eines Menschen mehr Raum einnehmen kann, muß das Selbst verringert werden.

Die leidenden Heiligen – und ich sollte hier auch Hiob einschließen – lassen meine Probleme klein und läppisch erscheinen, aber ihre qualvollen Prüfungen ängstigen mich auch weiterhin. Ist das das »Leben unter dem Kreuz«, das der Herr von uns allen verlangt? Warum verspricht die Bibel dann so oft, daß jene, die den Herrn lieben, »gute Dinge« erhalten sollen?

Hatten diese Heiligen vielleicht einen besonderen geistlichen Stolz, den der Herr widerwärtig fand und der zerstört werden mußte? Um genauer zu sein: Trage ich diesen selben Stolz im Herzen, und ist meine dunkle Nacht Seine Art, mich zu züchtigen?

Ich habe viele Fragen und wenig Antworten.

Ich hatte niemals ein Problem damit, mir über die Tatsache klar zu werden, daß ich eine Sünderin bin. Seit dem Fall Evas im Garten Eden ist die gesamte Menschheit sündhaft. Ich konnte glattzüngig nachsprechen: »Ich bin eine Sünderin und aus Gnaden gerettet.«

Wenn ich das sage, reihe ich mich jedoch in die allgemeine Kategorie der Sünder ein, und das gibt mir Gelegenheit, der Erkenntnis auszuweichen, daß ich ganz spezielle Sünden begangen habe und weiterhin begehe. Es ist viel gemütlicher, im allgemeinen als im besonderen von Sünde zu reden. Erst kürzlich stieß ich auf eine Formulierung in Oswald Chambers' *Mein Äußerstes für Sein Höchstes:* »Sünde ist blutrote Meuterei gegen Gott.«

Das traf mich wie ein Schlag mit einem Vorschlaghammer. Ich rebelliere gegen Gott. Ich tue es jetzt seit vielen Monaten. Ich bin verzweifelt, aber es erscheint mir unmöglich, mich zu ändern. Mein ganzes Leben ist Finsternis. Nichts funktioniert. Ich lese Bücher, ich gehe zur Kirche, Len und ich beten gemeinsam, aber Jesus hat keinen Anteil daran. Meine Sünde trennt mich von Gott-Vater, Sohn und Heiliger Geist.

Chambers sagt auch: »Wenn die Sünde in mir herrscht, wird Gottes Leben in mir vernichtet; wenn Gott in mir herrscht, wird die Sünde vernichtet.« Wie kann ich einen Schalter umlegen, so daß Gott wieder in mir herrscht?

Ich will nicht zehn Jahre lang in der Finsternis leben, wie Heinrich Suso es tat.

Ein Lichtstrahl

Len: Eines Morgens im Frühjahr 1972 baten zwei von Catherines engsten Freundinnen, Virginia Lively und Freddie Koch, und ich selbst Catherine, sich mit uns im Wohnzimmer unseres Hauses in Boynton Beach zusammenzusetzen. Wir waren alle betroffen über ihre Freudlosigkeit, ihre Schwermut und die dunklen Ringe unter ihren Augen. Schlaflosigkeit wurde allmählich ein ernstes Problem für sie.

Wir plauderten ein paar Minuten lang ziellos, dann schnitt uns Catherine in ihrer abrupten Art das Wort ab.

»Ihr seid hier, um mich zu konfrontieren«, stellte sie fest. »Also – macht schon!«

»Wir haben ein paarmal seit Amy Catherines Tod versucht, dir zu helfen«, begann Freddie, »du gibst zu, daß du Probleme hast, wir beten zusammen und nichts geschieht. Warum?«

Catherine zuckte die Achseln und machte eine hilflose Handbewegung. »Ich wollte, ich wüßte es.«

»Bist du immer noch zornig auf Gott?« fragte Virginia.

Catherine zögerte einen Augenblick lang. »Wer bin ich, daß ich auf Gott zornig sein dürfte? Er ist unser allmächtiger Herr, der alles weiß, alles sieht und Seine eigenen Wege hat, die für uns geheimnisvoll und unbegreiflich sind. Es wäre ziemlich dumm von mir, wollte ich meine winzigen Fäustchen gegen den Allmächtigen schütteln.«

»Aber genau das tust du seit sechs Monaten«, stellte ich fest.

Einen Augenblick lang hoffte ich, Catherine würde es ableugnen und mit ihrer alten Leidenschaft die Vorwürfe zurückweisen. Aber sie sank rasch wieder in ihre Passivität zurück.

»Was in den letzten sechs Monaten geschehen ist, ist nicht so wichtig, wie das, was in Zukunft geschehen wird«, schloß sich Virginia an, »wir lieben dich, Catherine, und es schmerzt uns alle, dich leiden zu sehen.«

Freddie Koch holte tief Atem und sagte: »Catherine, ich empfinde sehr stark, daß der Herr mir etwas sagt, das ich dir weitersagen soll. Es hat mit deinem Selbstmitleid zu tun. Du steckst bis über beide Ohren im Selbstmitleid.«

Catherine nickte unbewegt. »Vermutlich stimmt das. Ich gestehe, ich bin ein einziges Durcheinander. Wie komme ich also raus aus diesem Loch? Ich habe die Finsternis in meinem Leben so satt.«

»Du könntest todkrank werden, wenn du nicht bald etwas tust, Catherine«, sagte Virginia.

»Der erste Schritt besteht darin, die Rebellion und das Selbstmitleid dem Herrn zu bekennen«, schlug ich mit sanfter Stimme vor. »Bekenntnis und Reue!«

Catherine zuckte hoffnungslos die Schultern. »Das habe ich bereits getan, ein ums andere Mal. Ehrlich, ich habe es getan. Es ist der völlige Mangel an Reaktion, der mich verwirrt. Ich habe niemals, niemals zuvor in einem solchen Vakuum gelebt. Ich rede, ich bete. Nichts. Den größten Teil meines Lebens habe ich Gottes Gegenwart gespürt, Seine Stimme gehört, Gedanken empfangen, von denen ich wußte, daß sie von Ihm kamen. Nichts mehr dergleichen. Er ist aus meinem Leben verschwunden. Ich weiß, ich habe Ihn letzten August aufs schrecklichste beleidigt. Ich nehme an, ich habe beinahe jeden beleidigt. Aber ich war so völlig gefangen in dem Kampf um Amy Catherine. Es war Krieg an allen Fronten, müßt ihr wissen. Ich habe nie etwas Ähnliches erlebt.«

Tränen begannen ihr aus den Augen zu strömen. »Was mich zerstört, ist, daß ich es nicht verstehe. Ich verstehe nichts von allem, was geschehen ist. Was ist so schlimm daran, sich völlig einer Sache zu widmen, an die man glaubt? Gott liebt die Kompromißlosen, nicht wahr? So steht es in der Bibel. Nun, ich habe immer versucht, in allem, was ich tue, hundertprozentig zu sein. Und früher hat Gott meine Anstrengungen immer belohnt. Warum nicht diesmal? Warum hat Er mich so völlig zu Boden geschlagen?

Ich weiß, das ist auch anderen widerfahren. Große Heilige haben eine dunkle Nacht durchlitten, die tausendmal schlimmer war als die meine. Aber sie schienen beinahe darum zu bitten, weil sie eine höhere Ebene der Spiritualität zu erreichen suchten. Ich habe um nichts für mich selbst gebeten, nur darum, daß ein winziges Baby geheilt würde, und Gott hat mir nicht nur diese Bitte abgeschlagen, sondern mir auch noch den Rücken gekehrt. Ich verstehe es einfach nicht.«

»Vielleicht ist es dieses Beharren auf Verständnis, das das Problem darstellt, Catherine«, schlug Virginia vor.

Catherine starrte Virginia an, und ein Funken von Überraschung glitzerte in ihren Augen auf.

Etwas in mir regte sich. Hatten wir einen kleinen Spalt in Catherines undurchdringlichem Panzer aufgebrochen?

Als wir uns nach einer Gebetssitzung trennten, war ich mir immer noch nicht sicher.

Catherine: Gestern ist etwas mit mir geschehen, als Virginia, Freddie, Len und ich beisammen waren. Einen Augenblick lang schien ein Lichtstrahl durch die Dunkelheit zu dringen. Als ich morgens erwachte, war ich jedoch noch immer von Finsternis umgeben. Meine Gebete schienen immer noch von der Zimmerdecke abzuprallen.

Dann, zum ersten Mal nach mehreren Monaten, ließ sich ein neuer und sanfter Gedanke in meinem Herzen nieder: *Lies Jesaja 53.* Er stammte nicht aus meinen eigenen Gedanken, und es war nicht gerade wahrscheinlich, daß der Teufel mir Bibelverse sandte. Mit einem jähen Aufkeimen der Hoffnung wußte ich, daß er vom Herrn kam.

Ich las voll Eifer das 53. Kapitel aus Jesaja und fühlte mich wieder betroffen von dieser Vorhersage, wie Jesus Haß und Abweisung erleiden würde, wie einsam Er am Kreuz sein würde. Diese Stellen sprangen mir förmlich entgegen:

> Er war ... voller Schmerzen und Krankheit ... und tat seinen Mund nicht auf ... und man gab ihm sein Grab bei Gottlosen und bei Übeltätern, als er gestorben war, wiewohl er niemand Unrecht getan hatte. ... So wollte ihn der Herr zerschlagen mit Krankheit. (Jesaja 53,7.9-10)

Ich hatte diesen Abschnitt oft zuvor gelesen, auch nachdem Amy Catherine gestorben war, aber er hatte mich nicht so berührt wie jetzt, vor allem der zehnte Vers. Gott ließ Seinen eigenen Sohn leiden, aber es war ein »guter Plan«[6]. Mehr als gut, er war perfekt, wie nur etwas sein kann, das von Gott kommt. Es war schrecklich wichtig für die Zukunft der menschlichen Rasse, daß Jesus Christus Seine »dunkle Nacht« am Kreuz durchleiden sollte. Aber was für eine verzweifelt dunkle Nacht mußte es für Ihn gewesen sein, eine solche Zeit der Verzweiflung und Verlassenheit, daß Er aufschrie: »Mein Gott, mein Gott, warum hast du mich verlassen?« (Matthäus 27,46)!

Plötzlich wurde ich von einem Gefühl der Reue überwältigt, peinliche Verwirrung, Dankbarkeit und Erleichterung, alles mischte sich ineinander. Als ich von den Heiligen und ihren Prüfungen gelesen hatte, hatte mich das nicht auf dieselbe Weise getröstet oder erleuchtet wie diese plötzliche Erkenntnis. Aus Gründen, um die nur Er allein wußte, hatte Gott zugelassen, daß Amy Catherine mit einem Erbschaden zur Welt kam. Ihr Tod diente Gottes Absichten, erfüllte Seinen Plan auf eine bestimmte Weise, die uns nicht enthüllt wurde, wie Christi Tod am Kreuz seine Jünger erst mit Verwirrung und Bestürzung erfüllt hatte, aber ihren Glauben nicht zerstört hatte.

Ich hörte meine eigenen Worte: »Was mich zerstört, ist, daß ich es nicht verstehe.« Ich hatte verlangt, von meinem winzigen menschlichen Standpunkt aus die Geheimnisse der Ewigkeit zu verstehen!

Virginia hatte mich deshalb herausgefordert: »Vielleicht ist dieses Beharren darauf, zu verstehen, dein Problem.«

Wie viele andere hatten mich zu warnen versucht? Linda hatte mir aus Jesaja vorgelesen: »Vielleicht sollen wir nicht verstehen, warum Gott dies oder jenes tut.« Tib, eine der klügsten Frauen, die ich kenne, hat gesagt: »Daß ich etwas nicht verstehe, heißt noch lange nicht, daß es nicht so ist.«

Wie war das in den Wochen nach Peters Tod gewesen, als meine Bitte um Verständnis mit etwas unendlich Größerem beantwortet wurde?

---

[6] Im Englischen: »it was the Lord's good plan ...«, Anm. d. Übers.

Statt mich verlassen und verstoßen zu fühlen, fühlte ich mich plötzlich beschämt. Als Amy Catherine starb, verlangte ich, daß Gott mir Sein Handeln erklärte, und als Er das nicht tun wollte, schmollte ich wie ein Kind, ein quengeliges Kind, das seinen Kopf nicht durchgesetzt hat.

Nun schloß ich mich Tag für Tag in unserem Haus in Florida mit meiner Bibel und einem Notizbuch ein und arbeitete meine neuen Entdeckungen durch, suchte eine neue Beziehung zum Herrn.

Immer wieder habe ich den Bericht über die Kreuzigung gelesen und die Einsamkeit gefühlt, die Todesqual, die Verlassenheit, die Jesus gefühlt haben muß. Ich stehe dort in der Menschenmenge und blicke in Sein Gesicht auf.

Als mich eines Nachmittags eine neue Welle der Zerknirschung überschwemmte, brach ich in Tränen aus und fiel auf die Knie: »Vergib mir, Herr. Vergib mir, daß auch ich Dich zurückgestoßen habe!«

Dann kam diese Erkenntnis: Wenn das Leben uns in Situationen bringt, die wir nicht verstehen, haben wir nur zwei Möglichkeiten: Wir können uns im Elend vergraben und von Gott getrennt bleiben. Oder wir können Ihm sagen: »Ich brauche Dich und Deine Gegenwart in meinem Leben mehr, als ich Verstehen brauche. Ich wähle Dich, Herr. Ich vertraue Dir, mir Verstehen und eine Antwort auf alle meine Fragen zu schenken, aber nur, wenn es Dir gefällt und wann es Dir gefällt.«

Verstehen. Das schien das Schlüsselwort in meinen Schwierigkeiten zu sein. Die längste Zeit meines Lebens hatte ich es vom Herrn gesucht, und in Seiner zarten Sanftmut hatte Er es mir auch oft geschenkt. So oft, daß ich angefangen hatte, es als Selbstverständlichkeit zu betrachten. Ich hatte angenommen, ich hätte ein Recht darauf zu verstehen. Welche Arroganz! Welche Selbstüberhebung!

Dann traf mich ein neuer Gedanke wie ein Donnerschlag: Selbstüberhebung war meine Sünde. Während der Gebete für Amy Catherine hatte ich die Zügel in die Hand genommen und Gott gesagt, was Er in bezug auf Amy Catherine zu tun hatte: »Ich danke Dir, Herr, daß Du dieses kleine, kostbare Baby geheilt hast.« Hatte ich wirklich Ohren dafür gehabt, was Er für Pläne mit ihr hatte? Oder hatte ich mir einfach die Heilung so innig ersehnt, daß ich angenommen hatte,

Er müßte dasselbe tun? Selbstüberhebung! Ich hatte mir etwas angeeignet, auf das ich kein Recht hatte. Gott wird immer Gott sein. Wir können Seine Wege nie verstehen, aber ich hatte mir herausgenommen, es zu versuchen. »Oh Herr, vergib mir meine Selbstüberhebung!«

Dann traf mich noch ein weiterer Gedanke. Was noch schlimmer war als selbst meine Überheblichkeit war die Tatsache, daß ich für Amy Catherine Gott spielen wollte, daß ich Gott in ihrem Leben sein wollte. Angewidert versuchte ich, diese Sünde von mir abzuwälzen. Es war unmöglich. Ich hatte versucht, die Macht des allmächtigen Gottes an mich zu reißen: »Oh Gott, kannst Du mir dieses Greuel vergeben?«

Und Er antwortete mir. Endlich, endlich hörte ich die Stimme wieder, die so viele Monate geschwiegen hatte: *Ich, dein Gott, bin in allem. Das Baby starb, aber Amy Catherine ist bei Mir. Und solange sie lebte, tat sie einen Dienst an jedem, der für sie betete. Du allein, Catherine, warst zu starrsinnig, es zu sehen.*

Nach diesem ersten Lichtschimmer begann Catherine ein diszipliniertes Morgenprogramm. Sie stand um sechs Uhr auf, las die Bibel und betete, wobei sie besonderes Schwergewicht auf Lob und Dank legte. Es dauerte Monate, bis Catherine ihren Dienst als Schriftstellerin wieder aufnehmen konnte. Als sie es tat, folgten zehn ihrer produktivsten Jahre, denen ihre »dunkle Nacht« eine besondere Würze verliehen hatte.

10

Der Fürbittedienst

Während meiner Arbeitszeit als Herausgeber von *Guideposts* in den 50er bis 70er Jahren schrieb ich viele Artikel zum Thema Gebet. Der Ausdruck *Fürbitte* war mir vertraut – »für andere beten«. Ich erinnere mich, wie ich zu einem anderen Redakteur sagte: »Fürbitte ist nicht gerade ein Wort, das einem auf der Zunge zergeht. Ich wünschte, es gäbe einen einfacheren Ausdruck dafür.«

Nach meiner Eheschließung mit Catherine im Jahre 1959, als wir zwei zerbrochene Familien miteinander zu verbinden versuchten, hatten wir so viele Gebetsanliegen in unserer Familie, daß wir eine Morgenstunde für das Gebet reservierten. Ich begann eine Liste spezieller Menschen und Situationen anzulegen, das Datum, wann wir gebetet hatten und wann und wie die Gebete beantwortet wurden. Bald hatte ich ein Gebets-Logbuch, das als Basis für ein Buch namens *Persönliches Gebetstagebuch* diente, das Catherine und ich im Jahre 1978 herausgaben.

Inzwischen hatte das Wort *Fürbitte* einen vertrauteren Klang. Bibelstellen, die den Ausdruck gebrauchten, hatten eine tiefere Bedeutung für uns.

Dann, eines Morgens im Jahre 1980, fühlte Catherine sich geführt, allein in ihr Büro zu gehen und zu beten. Sie kniete vor ihrem Schreibstuhl nieder, öffnete ihre Bibel auf dem Sitz des Stuhls, legte die Hände darauf und betete: »Herr, hast Du heute für mich einen besonderen Wunsch?«

Ein wenig später suchte Catherine mich auf. Ihre Augen leuchteten. »Ich hatte eine unglaubliche Zeit mit dem Herrn heute morgen«, begann sie, »er zeigte mir, daß ich beinahe nichts über Fürbitte wußte. Dann schenkte Er mir eine Vision für einen neuen Dienst.«

Die folgenden Seiten enthalten Catherines Beschreibung, wie der Fürbittedienst »Durchbruch« seinen Anfang nahm, und Auszüge aus einigen Rundbriefen.

Die Vision

Ich glaube nicht, daß es je eine so notvolle Zeit gegeben hat wie unsere heutige Welt. Nicht nur im Leben derer, die Christus niemals aufgenommen haben, sondern sogar in christlichen Familien. Jeden Tag finde ich so viele verzweifelte Anfragen in meiner Post, daß ich mich beständig frage: Wie ist es möglich, eine adäquate Antwort darauf zu finden?

Ich denke an verschiedene Organisationen, die sich brieflich oder telefonisch mit solchen Anliegen auseinandersetzen. Aber, so protestieren meine Gedanken, diese Gruppen reagieren gewöhnlich mit einem einzelnen Fürbittegebet für jede Not, die ihnen vorgetragen wird, und vermutlich bringen sie nur geringe Opfer und wenig Zeit und Gedanken ein. Zweifellos reicht eine solche einmalige Fürbitte nicht aus.

Dann erinnerte ich mich, wie ich zum erstenmal entdeckte, welch ehrfurchtgebietende Macht freigesetzt wird, wenn eine Gruppe Menschen sich verbündet, über einen festgesetzten Zeitraum hinweg für eine bestimmte Not zu beten.

Am 10. November 1953 reiste ich nach Hollywood, wo täglich Besprechungen für die Dreharbeiten zu *Ein Mann namens Peter* stattfinden sollten. Am 1. November schickte ich einen Brief an 1800 Freunde, die mir nach Erscheinen des Buches geschrieben hatten, und bat sie, zwei Monate lang speziell dafür zu beten, daß dieser Film nicht »verhollywoodet«, sondern von Anfang bis Ende Gottes Projekt werden möge.

Die Reaktion war überwältigend. Ich hörte von beinahe jedem, der den Brief erhalten hatte, und diese Gebetswelle wurde wunderbar beantwortet! Hollywood hatte keine Chance gegen unseren allmächtigen Gott. *Ein Mann namens Peter* war nicht nur Fox's größter

Kassenschlager im Jahre 1955; noch wichtiger war, daß zahllose Menschen von diesem Film inspiriert, ja ihr Leben umgewälzt wurde. Für mich war diese Erfahrung eine unvergeßliche Lektion über die Macht gemeinsamer Fürbitte.

Als ich eines Morgens um viele Anliegen betete, begannen sich in mir einige Gedanken zu formen. Ein Teil war ein Bild der wachsenden Anzahl von Christen – unter ihnen die Alten, die Behinderten und die in Heimen Untergebrachten –, die mit dem gegenwärtigen Niveau ihres Dienstes unzufrieden waren.

In den Briefen, die ich erhalte, fragen solche Leute: »Wie kann ich mein Leben besser einsetzen? Ich würde gerne mehr für Jesus tun, aber ich lebe so eingeschränkt.« Oder: »Ich habe kleine Kinder zu Hause, wie kann ich mich trotzdem dort einsetzen, wo Not am Mann ist?« Oder: »Von unserer Kirche kommen so viele Bitten, und ich habe so wenig Geld zu geben.«

Kürzlich begannen sich die beiden Teile dieser Vision ineinanderzufügen. Auf der einen Seite sind da Seine hungrigen, durstigen, bedürftigen Schafe, die verzweifelt um Gebete bitten. Auf der anderen Seite stehen all jene, die sich von ganzem Herzen danach sehnen zu helfen, denen es aber an materiellen Möglichkeiten fehlt.

Ich sah plötzlich Mängel und Gaben zusammenkommen. Ein dritter Teil dieser Vision – ein Ort, der als Schaltstelle dienen sollte, um die Gebetsanliegen entgegenzunehmen und den Fürbittern weiterzugeben – befand sich bereits in einer umgebauten Schule in Lincoln, Virginia, die im Augenblick als Hauptsitz des Verlags diente, aber in Kürze geräumt werden sollte.

Jesu Leidenschaft war immer gewesen: »Weide meine Schafe.« Diejenigen, die um Gebete bitten, fühlen sich oft so einsam und isoliert. Sie haben ein so verzweifeltes Bedürfnis danach, zu wissen, daß irgendwo irgend jemand lebt, der sich um sie kümmert. Andererseits gibt es genug Menschen, die mehr als genug Zeit und ungenutztes Potential haben – Zeit, sich um andere zu kümmern, Zeit, Briefe zu schreiben, Zeit zu beten.

Während dieser selben Zeitspanne fielen mir bestimmte Bücher und Traktate in die Hände, die die Tatsache betonten, daß das Fürbittegebet das wichtigste Werk im Königreich des Herrn ist. So wichtig, daß Jesus Christus selbst »lebt für immer und bittet« für uns (Hebräer 7,25).

Nachdem Er unsere Erlösung an Seinem bitteren Kreuz vollendet hatte, war es das hauptsächliche Werk des verherrlichten Herrn, als unser Hoherpriester vor den Thron des Vaters zu treten (Hebräer 2,10.17-18). Aber um Sein Werk zu vollenden, braucht Er auch einige von uns auf Erden, die Sein Anliegen mit ihm teilen, Seine leidenschaftliche Fürsorge, Menschen, die bereit sind, Seine Hände, Seine Füße und Seine Mit-Fürbitter zu sein. Nur dann wird der Kreis zwischen Himmel und Erde und wieder zurück zum Thron des Vaters geschlossen.

Aber lassen Sie es uns ehrlich zugeben: Fürbitte ist harte Arbeit. Es bedeutet, sich sensibel um andere zu kümmern, Zeit und Energie für ihr Wohlergehen aufzuopfern.

Und wenn ich eine typische Christin bin, dann weiß ich auch zuwenig darüber, wie man für andere beten soll. Also sah ich in meiner Vision, daß auch eine gewisse Belehrung über das fürbittende Gebet notwendig sein würde. Dazu würde auch der Austausch neuer Einsichten und Entdeckungen gehören, die zweifellos auftauchen würden. All das würde wieder reguläre Kontakte erfordern, etwa durch einen regelmäßigen Rundbrief.

»Das scheint ein großer Auftrag zu sein, Herr«, protestierte ich.

»Sind Meine Träume nicht immer groß?« kam die sanfte Antwort.

Und da es Sein Traum war, sollte er nicht wieder verblassen, sondern steckte andere mit seinem Feuer an. Ein Artikel wurde in dem Magazin *Charisma* publiziert, in dem Menschen eingeladen wurden, Fürbitter für die gemeinnützige Organisation »Durchbruch« zu werden, die für diesen Zweck gegründet werden sollte. Hunderte meldeten sich.

»Old Warhorse«

Als wir die ersten Schritte machten, um die Infrastruktur von »Durchbruch« (Breakthrough) aufzubauen, erinnerte ich mich an ein Kapitel in Betty Malz' Buch *Gebete, die erhört werden.* Sie beschrieb einen »Gebetskrieger« mit dem Spitznamen »Old Warhorse Buckland« als die Person, an die sich ihre Familie in jeder Gebetsnotlage wandte. Als kleines Mädchen hatte Betty »Old Warhorse« nie gesehen, aber sie stellte ihn sich als über zwei Meter großen Riesen mit donnernder Stimme und blitzenden Augen vor.

Eines Tages kam Old Warhorse zum Abendessen und fuhr im Auto vor. Bettys Dad eilte die Stiegen hinunter, um *ihr* aus dem Fond des Wagens zu helfen und sie tattrigen Schrittes zum Haus zu geleiten. Sie war klein, gebeugt, einfach gekleidet.

Betty fühlte sich schrecklich enttäuscht, bis sie Mrs. Buckland ins Gesicht blickte. Graues Haar, ein festes, resolutes Kinn, eine vornehme Nase, Charakterfalten, die ihre Stirn wie Bächlein durchfurchten. Aber es waren ihre Augen, die Betty faszinierten. Sie blitzten vor Entschlossenheit, Zähigkeit, Kraft. Feuerfunken schienen der grauen Iris ihrer Augen zu entspringen.

Die Stimme der alten Frau war jedoch sanft. Sie erzählte Betty, daß sie als Mädchen häßlich gewesen war. Sie konnte nicht singen oder ein Instrument spielen, nicht einmal gut nähen konnte sie. Sie war zu klein, um Sport zu betreiben, aber sie las gerne.

Geschichten von Mut und Tapferkeit hatten sie fasziniert. In ihrer Phantasie malte sie sich aus, wie sie auf einem Kriegsroß in die Schlacht ritt. Als amerikanische Jeanne d'Arc schlug sie die Mächte des Bösen in jedem Scharmützel. Als sie aus tiefstem Herzen gläubig wurde, übertrug sie diesen Kampfesmut auf geistliche Kämpfe. Und dann kam die Entdeckung: Gott hatte ihr das Geschenk der Gebetsmacht für andere gegeben! Sie ritt bildlich gesprochen in die Schlacht, als sie gegen die Mächte des Satans ankämpfte.

Ihre Gebete waren nicht laut, aber intensiv und langanhaltend – besser gesagt, sie betete ohne Unterlaß. Wenn sie für Menschen in einer Krise betete, legte sie die gesamte Waffenrüstung Gottes an, stellte sich unter die Macht Jesu, bestieg ihr Pferd und ritt in die Schlacht: »Gegen Mächte und Fürstentümer und die bösen Geister unter dem Himmel.«

Old Warhorse hatte es nicht nötig, ihr Haus zu verlassen, um diese Schlachten zu schlagen. Statt dessen rief sie Gott an, seine dienenden Engel in den Kampf zu schicken.

Diese »kleine« Frau beendete ihre Gebete auch dann nicht, wenn der Feind sich bereits auf den Rückzug machte. Sie betete weiter, wenn der Sieg bereits errungen war, denn sie wußte nur zu gut, daß der Feind zurückkehren würde, wenn er eine Gelegenheit sah.

Wir brauchen Menschen wir Old Warhorse Buckland, die einige der Geheimnisse des fürbittenden Gebets kennen. Wir brauchen sie, die den Willen und die Herzenssehnsucht haben, jeden Tag ihren Zehnten an Zeit und Kraft zu geben, um Seinen verlorenen, leidenden Schafen zu helfen. Wir alle stimmen überein, daß unsere Welt in der Krise steckt. Warum sollten wir Christen die Hände in den Schoß legen und zulassen, daß das Böse in massiven Angriffswellen unsere Familien und unsere Gesellschaft überrollt?

Gott hat uns den totalen Sieg der Kraft des Kreuzes durch die Waffe des Gebets geschenkt. Ist es nicht an der Zeit, daß wir uns miteinander verbünden, um diese ehrfurchtgebietende Waffe zu ergreifen und sie zu Seiner Ehre zu gebrauchen?

Warum Antworten verzögert werden können

Diejenigen von uns, die sich mit dem Fürbittedienst befassen, lernen Geduld. Tun wir das nicht, so befinden wir uns in beständiger Aufregung, in andauerndem Protest gegen die Unergründlichkeit des Allmächtigen.

Eine Freundin sagte mir: »Acht Jahre lang habe ich dafür gebetet, daß mein Sohn John ein Mann Gottes würde. Ich weiß, daß ich nach Seinem Willen bitte. Und Johns drei Kinder brauchen einen christlichen Vater. Also – warum dauert es so lange, bis mein Gebet erhört wird?«

Eine andere Freundin schreibt mir: »Teds Affäre mit ›dieser anderen Frau‹ dauert immer noch an. Ich liebe meinen Mann, und die ganze Sache macht unsere heranwachsenden Kinder fertig. Ich habe auf jede erdenkliche Weise gebetet und Gott scheint mich nicht zu hören. Wie lange soll dieses Elend noch andauern?«

Gibt es in Ihrem Leben ein dringliches Anliegen, das Sie wieder und wieder vor Gott gebracht haben, das aber immer noch nicht erhört wurde? Dann reichen Sie meinen beiden Freundinnen die Hände und uns anderen und allen Gebetskriegern im Lauf der Jahrhunderte! Kein Wunder, daß Jesus so viel über Beharrlichkeit im Gebet zu sagen hatte (Matthäus 7,7-11.15,22-28; Lukas 11,5-10).

Jesu Handlungsweise befand sich immer in Einklang mit Seiner Lehre. Wie in der Geschichte von Lazarus.

Wir lesen davon im elften Kapitel bei Johannes. Die ersten paar Verse führen uns in die Geschichte ein: Lazarus' Heim im Dörfchen Betanien, weniger als zwei Meilen von Jerusalem entfernt. Es war einer der Lieblingsaufenthaltsorte des Meisters, wo er sich bei seinen Freundinnen Marta und Maria und ihrem Bruder Lazarus entspannen konnte, die ihm alle drei lieb und wert waren.

Eines Tages sandten die Schwestern eine dringende Botschaft an den Meister: »Herr, siehe der, den du lieb hast, liegt krank« (Vers 3).

Als ich eines Morgens diese Geschichte las, sprang mir der Übergang zwischen den Versen 5 und 6 beinahe ins Gesicht: »Jesus aber hatte Marta lieb und ihre Schwester und Lazarus. Als er nun hörte, daß er krank war, blieb er noch zwei Tage an dem Ort, wo er war.«

Vers 5: Er liebte diese kleine Familie ganz besonders.

Vers 6: *Daher* zögerte Er, sie in ihrem Kummer sofort aufzusuchen.

Wie seltsam! Warum wohl?

Marta und Maria verstanden es auch nicht. Denn während Jesus noch zögerte, starb Lazarus. Jede für sich faßten die beiden Schwestern den Gedanken in Worte: »Herr, wärest du hier gewesen, so wäre unser Bruder nicht gestorben. Du hättest es verhindern können,« Jesus war so bekümmert über ihren Gram, daß ihm die Tränen in die Augen stiegen, und er seufzte und stöhnte, aber Er nannte zwei Gründe für Sein absichtliches Zögern: zum ersten sollte diese Erfahrung ihren Glauben stärken – das heißt, ihre Fähigkeit, Ihm selbst inmitten anscheinend unmöglicher Umstände zu vertrauen, und zweitens sollten sie noch eine gewaltigere Demonstration der Macht Gottes aus erster Hand erleben.

Die Geschichte von Lazarus hat eine Botschaft für Sie ... daß Jesus Sie ganz besonders liebt. Sie sind Sein besonderer Freund. *Deshalb* zögert Er. In diesem *deshalb* ist die ganze grenzenlose Liebe Gottes verhüllt, während Jesus unsere Sorge, unsere geistliche Qual und unseren Kummer bis zum Äußersten mit uns trägt.

Wo aber nehmen wir in der Zwischenzeit die erforderliche Geduld her? Wenn die Situation sich nicht mehr zu verändern, sich sogar noch zu verschlimmern scheint (wie es bei Lazarus der Fall war), wie klammern wir uns dann weiterhin an den Glauben, daß Gottes Liebe unsere Probleme löst?

Marge, eine liebe Freundin von mir, erfuhr, wie man es macht. Sie und ihr Ehemann hatten soeben erfahren, daß er an der Parkinson'schen Krankheit litt. Die ganze Familie versammelte sich, salbte ihren Vater und Ehemann mit Öl, bat den Herrn um Heilung für ihn, dann übergaben sie Ihm in einem Akt der Hingabe die Situation.

Aber Marges Herz fragte: »Bis unsere Familie die Erhörung dieses Gebetes erlebt, wie kann ich so viel Seelenfrieden bewahren, daß Furcht und Sorge mich nicht zerstören?«

Gott beantwortete ihre Frage mit einer Erfahrung, die Marge an Bord eines Flugzeugs nach Cleveland zuteil wurde, das auf den Start wartete. Als sie es sich in ihrem Sitz bequem machte, bemerkte Marge ein seltsames Phänomen. Auf einer Seite des Flugzeugs übergoß der Sonnenuntergang den ganzen Himmel mit den herrlichsten Farben. Aber wenn sie aus dem Fenster neben ihrem Sitzplatz blickte, konnte Marge nur einen dunklen und bedrohlichen Himmel sehen, ohne das geringste Anzeichen eines Sonnenuntergangs.

Als die Maschinen des Flugzeugs zu dröhnen begannen, sprach eine sanfte Stimme in ihrem Herzen.

Du hast die Fenster bemerkt, murmelte Er unter dem Dröhnen und Rütteln des Starts. *Auch dein Leben wird einige schöne, glückliche Zeiten beinhalten, aber auch einige dunkle Schatten. Hier ist eine Lektion, die ich dir erteilen möchte, um dir viel Herzeleid zu ersparen und dir zu helfen, in ständigem Frieden und Freude »in mir zu verbleiben«.*

Siehst du, es ist egal, durch welches Fenster du schaust; dieses Flugzeug fliegt auf jeden Fall nach Cleveland. So ist es auch in deinem Leben. Du hast die Wahl. Du kannst über diesem düsteren Bild brüten. Oder du kannst deine Aufmerksamkeit auf die erfreulichen Dinge richten und die dunklen, bedrohlichen Situationen mir überlassen. Ich bin ohnehin der Einzige, der wirklich damit fertigwerden kann. Und was du siehst oder fühlst, während du unterwegs bist, hat keinen Einfluß auf das letztendliche Ziel.

Lerne das, handle danach, und du wirst Freiheit gewinnen, du wirst imstande sein, »den Frieden, der alle Vernunft übersteigt«, zu erfahren.

Was Marge mit mir teilte, hilft mir, meine Wartezeit in den Griff zu bekommen. Keinem einzigen von uns fällt es leicht, unsere Probleme vollständig in Seine Hände zu legen. Aber nur auf diese Weise kann unser Vertrauen zu Ihm wachsen und unser Gebetsleben reifen.

Das Gebet des Wartens

Im Lauf der Jahre lernte Catherine eine Menge über das Warten im Gebet, vor allem, wenn es um ihren Sohn, ihre Enkelkinder und ihre drei Stiefkinder ging. Hier ist ein Gebet, das sie regelmäßig betete:

Herr Jesus, Du willst ehrliche Worte auf meinen Lippen finden, Dir ist ohnehin keiner meiner Gedanken verborgen. Ich bin verwirrt, was den Zeitplan des Vaters angeht. Du weißt, wie lange ich schon für ____________ bete. Ich habe versucht, geduldig auf eine Antwort zu warten.

Ich weiß, daß die Jahreszeiten in majestätischer Folge kommen und gehen. Die Erde dreht sich in vorgegebenem Rhythmus um ihre Achse. Keines meiner Gebete könnte etwas daran ändern. Ich weiß, daß Deine Wege nicht meine Wege sind; Dein Timing ist nicht mein Timing. Aber Herr, wie soll ich Erdenkind mich mit dem Tempo der Ewigkeit abfinden?

Ich möchte lernen, Herr. Gibt es etwas, das Du mir zeigen möchtest, eine Blockade, die Du entfernen möchtest, eine Veränderung in mir oder meiner Einstellung, bevor Du mein Gebet beantworten kannst? Gib mir Augen, die sehen, Ohren, die hören, was Du mir zu sagen hast.

Komm, Herr Jesus, und nimm Wohnung in meinem Herzen. Wie dankbar bin ich, zu wissen, daß die Antwort auf mein Gebet nicht im geringsten von mir abhängt! Wenn ich nur still in Dir verharre und Dein Leben in das meine fließen lasse, welche Befreiung bedeutet es da, zu wissen, daß der Vater nicht auf meine verschlissene Geduld und mein ungenügendes Vertrauen sieht, sondern allein auf Deine Geduld, Herr, und Dein Vertrauen, daß der Vater alles in Händen hält.

In Deinem Glauben danke ich Dir schon jetzt, daß Du mir eine weitaus herrlichere Antwort auf mein Gebet schenken wirst, als ich mir vorstellen kann. Amen.

Das Gebet des Erbarmens

Wenn man viel Zeit darauf verwendet, für andere zu beten, gibt es viel zu lernen: unter anderem das Gebet des Erbarmens.

Es war meine Freundin Betty in Florida, die mir diese Art des Gebets beibrachte. Sie hatte einer Taufe in der Episkopalkirche beigewohnt. Das Baby, das getauft wurde, weinte nicht nur, es brüllte sich die Lungen aus dem Leib.

»Ich konnte sehen, wie peinlich es den Eltern des Kindes war, und ich empfand solches Mitleid mit ihnen«, sagte Betty. »Aber dann kam mir der Gedanke, daß ich auf keinen Fall mehr Mitleid empfinden konnte als Jesus. Also betete ich einfach: ›Herr Jesus, hab' Erbarmen mit diesem Kind und seinem Vater und seiner Mutter.‹

Catherine, es war kaum zu glauben. Das Gebrüll hörte auf, als wäre ein Wasserhahn zugedreht worden.«

Betty erklärte mir dann, daß sie das Gebet des Erbarmens zum ersten Mal »entdeckt« hatte, als ihr Gatte sich einer Krebsoperation unterziehen mußte. Einige Monate später schien seine Genesung in Gefahr, als sein Arzt den Verdacht hatte, es seien wieder Krebszellen aufgetreten.

»Es war eine Zeit schweren seelischen Leidens«, sagte Betty zu mir. »Meine Gebete – und ich betete stundenlang – liefen letztendlich auf eine einzige, aus tiefstem Herzen dringende flehentliche Bitte hinaus: ›Vater im Himmel, wirst Du Dich unser einfach um Jesu willen erbarmen?‹ «

Das Resultat? Die besten Krebsspezialisten an der Duke University erklärten die Meldung für falschen Alarm. Der Krebs war nicht zurückgekehrt.

Seit dem Gespräch mit Betty habe ich mehrere meiner morgendlichen Gebetszeiten darauf verwandt, den Herrn um Einsicht in das Gebet des Erbarmens zu bitten. Eine Bibelstelle nach der anderen kam mir in den Sinn. Ich sah, daß viele von Jesu Heilungswundern, wie sie in den Evangelien berichtet wurden, ein Resultat des Gebets um Erbarmen von Leidenden waren.

Da waren beispielsweise die beiden Blinden, die eines Tages am Straßenrand saßen, als Jesus eben Jericho verließ (Matthäus 20,29-34). Als sie hörten, daß Jesus vorbeizog, riefen die beiden Männer: »Jesus, Sohn Davids, erbarme dich unser.«

Die Menschenmenge, die dem Meister folgte, machte ihnen Vorwürfe und hieß sie schweigen. Aber die Blinden waren so verzweifelt, daß sie nur noch lauter schrien: »Herr, Sohn Davids, erbarme dich unser!«

Und Jesus blieb stehen, wandte seine ganze Aufmerksamkeit den Männern zu und fragte sie, was sie von Ihm wollten. Als sie Ihn baten, ihnen die Augen zu öffnen, hatte Er Erbarmen mit ihnen, berührte die Augen beider Männer, und augenblicklich wurden sie sehend.

Dann war da die Begegnung Jesu mit den zehn Aussätzigen (Lukas 17, 11-14). Da die Aussätzigen aus öffentlichen Versammlungen ausgeschlossen waren, standen diese zehn Männer in einiger Entfernung und riefen beinahe im Chor: »Jesus, Herr, hab Erbarmen mit uns!«

Der Herr fragte die Männer nicht, wie sorgfältig sie das Gesetz gehalten hätten oder wie gerecht sie gewesen waren. In Seiner überströmenden, leidenschaftlichen Liebe heilte Er alle zehn an Ort und Stelle. »Geht hin und zeigt euch den Priestern, damit sie die Heilung bestätigen«, sagte Er zu ihnen. »Euer Glaube hat euch gesund gemacht.«

Glaube woran?

Das Verbindungsglied ist unser Glaube, daß Gott jeden einzelnen von uns weitaus mehr liebt, als der warmherzigste Mensch, den wir kennen; daß Er einfach aus allumfassender Liebe heilt. »›Ich habe Wohlgefallen an Barmherzigkeit und nicht am Opfer.‹ Ich bin gekommen, die Sünder zu rufen und nicht die Gerechten«, sagte Jesus (Matthäus 9, 13).

Der Apostel Paulus faßte dieselbe Wahrheit in die Worte: »Gelobt sei Gott, der Vater unseres Herrn Jesus Christus, der Vater der Barmherzigkeit und Gott allen Trostes, der uns tröstet in all unserer Trübsal« (2. Korinther 1, 3-4).

»So liegt denn (Gottes Gabe) nicht an jemandes Wollen oder Laufen, sondern an Gottes Erbarmen« (Römer 9, 16).

In anderen Worten: Sie und ich sind vollständig abhängig – ob wir es anerkennen oder nicht – von Seiner Liebe und Seinem Erbarmen.

Von Anbeginn der Zeiten an hat die kirchliche Liturgie diese Realität in die wichtigste gottesdienstliche Handlung, das Sakrament des Heiligen Abendmahls, mit aufgenommen:

Herr, erbarme Dich unser.
Christus, erbarme Dich unser.
Herr, erbarme dich unser.

Crudens *Konkordanz* liefert unter dem Stichwort *Erbarmen* eine umfangreiche Liste von Bibelstellen. Alexander Crudens ursprüngliche Formulierung, wie sie 1769 niedergeschrieben wurde, gibt uns reichen Stoff zum Nachdenken: »Erbarmen bedeutet, daß die wahre Vollkommenheit in Gott ist, wodurch er Seinen Geschöpfen mit Mitleid begegnet und ihr Elend lindert.« Und »›Gnade‹ entspringt dem ›Erbarmen‹ wie einem Brunnen.«

Die ganze Heilige Schrift spricht davon, daß die umfassende Bedeutung des Gebetes des Erbarmens für alle gilt: »Denn der Herr ist freundlich, und seine Gnade währet ewig und seine Wahrheit für und für« (Psalm 100,5).

Die Rolle des Dieners

Die Botschaft, die ich heute von Jesus erhalte, betrifft die Rolle des Dieners, die Er in unser aller Leben spielen will. Mehrere Bibelstellen bestätigen das, darunter Matthäus 20,28: »Der Menschensohn ist nicht gekommen, um sich dienen zu lassen, sondern um zu dienen und sein Leben als Lösegeld für die vielen hinzugeben«, und Lukas 22,27: »Ich aber bin unter euch wie ein Diener.«

Als Jesus sich ein Tuch um die Lenden band, Wasser in ein Becken goß und Seinen Jüngern die Füße zu waschen begann (siehe Johannes 13,3-5), wandte Simon Petrus ein, das widerspreche der Würde des Meisters. Ich möchte mich der Meinung von Petrus anschließen, daß wir, als Seine Jünger und Fürbitter heutzutage, die Diener sein sollten.

Aber Jesus antwortete ihm: »Wenn ich dich nicht wasche, hast du kein Teil an mir.«

Das ist ein verblüffender und überwältigender Gedanke: Wenn ich nicht an eine so große Liebe für mich glauben kann, wenn ich nicht wirklich weiß, daß Er mein Bestes will, nicht Seine eigene Ehre (davon hat Er bereits mehr als genug für alle Ewigkeit), dann kann ich keine Gemeinschaft mit Ihm haben.

Was für eine erstaunliche Erkenntnis!

Der Sturz innerer Festungen

Ist Lust eine der inneren Festungen in Ihrem Leben? Ist es Neid? Oder Gier? Was immer Sie in seinen Klauen hält, Sie müssen wissen, daß der Herr bereit ist, Sie zu befreien. Klammern Sie sich an dieses Versprechen:

> Denn die Waffen unseres Kampfes sind nicht fleischlich, sondern mächtig im Dienste Gottes, Festungen zu zerstören. Wir zerstören damit Gedanken und alles Hohe, das sich erhebt gegen die Erkenntnis Gottes, und nehmen gefangen alles Denken in den Gehorsam gegen Christus (2. Korinther 10,4-5).

Beim Fürbittegebet taucht in meinen Gedanken oft das Bild einer starken, befestigten Zitadelle auf einer Hügelkuppe auf, die auf allen Seiten von steil abfallenden Klippen umgeben ist. Tief drinnen liegt ein Mann oder eine Frau in Ketten gefangen. Bewaffnete Wachen patrouillieren überall. Das ist die Festung des Satans. Aber die Bibelstelle, die wir eben gelesen haben, sagt uns, daß wir mit dem Gebet sogar solche scheinbar unbezwingbaren Bastionen niederreißen können.

Denn die Bibel sagt uns auch, daß die Festungen des Satans Illusionen sind, unwirklich, Lügen – wie alles, was er sagt, eine Lüge ist und alles, was er uns einzureden versucht, eine Illusion ist. Die einzig wirkliche Festung ist Jesus und die Wahrheit, die Er verkörpert und für die Er steht:

> Denn du bist der Geringen Schutz gewesen, der Armen Schutz in der Trübsal, eine Zuflucht vor dem Ungewitter, ein Schatten vor der Hitze, wenn die Tyrannen wüten wie ein Unwetter im Winter (Jesaja 25,4).

> Der Herr ist gütig und eine Feste zur Zeit der Not und kennt die, die auf ihn trauen (Nahum 1,7).

Unsere Zuflucht, welche Angriffe uns auch immer treffen mögen, haben wir im Licht von Jesu Gegenwart. Hier sehen wir Seine Wahrheit, hier werden die Lügen des Satans aufgedeckt.

11

Die Flut

Von all den Hunderten Schriftstellern, mit denen ich zusammengearbeitet habe, ließ sich niemand so sehr wie Catherine vom literarischen Prozeß gefangennehmen. Sobald sie Lesen gelernt hatte, verliebte sie sich in Bücher; sie waren ihre besten Freunde. Als Teenager begann sie Gedichte zu schreiben. Sie liebte es, zu recherchieren und machte sich immer viel zu viel Mühe damit, ob es nun um eine Schularbeit oder einen Roman ging!

Als ich sie heiratete, hatte sie gerade ein Jahr lang für *Christy* recherchiert, hatte Wochen in den Great Smoky Mountains verbracht, Dialekte und Redewendungen notiert und endlose Stunden in den Bibliotheken von North Carolina und Tennessee verbracht.

Es war dasselbe mit ihrem Roman *Julie.* Bei drei verschiedenen Gelegenheiten fuhren wir vierhundert Meilen von unserem Heim in Evergreen Farm nach Johnstown, Pennsylvania, um Informationsmaterial zu den großen Überschwemmungen der Jahre 1889 und 1934 einzuholen und Einblick in die Arbeitsweise einer großen Stahlfabrik und in die Entstehung eines Wochenmagazins zu nehmen.

Fakten und Details – Catherine liebte es, ihnen nachzuforschen. Und sie hatte eine große Begabung für Schilderungen, für die Entwicklung von Charakteren und das Sichtbarmachen geistlicher Wahrheiten. Ich liebte Dialoge, Konfrontationen und das Ausarbeiten der Handlungsstränge. Sowohl bei *Christy* als auch bei *Julie* nutzten wir unsere Autofahrten, um Charaktere, Handlung und Spannungsaufbau durchzusprechen.

Während das Modell für die 19jährige Christy Catherines Mutter Leonora gewesen war, war die 18jährige Julie Catherine selbst mit ihrer Leidenschaft für die gute Sache. Als Reporterin beim Wochenblatt *Sentinel* konnte Julie es mit korrupten Kapitalisten aufnehmen, für die unterdrückten Arbeiter kämpfen und entzückt und verwirrt zugleich die Aufmerksamkeiten von drei Bewerbern entgegennehmen, von denen einer aus Großbritannien kam.

Und als die große Flut losbrach, war sie mittendrin:

Samstag, der 21. September 1935, begann ganz normal.

Wie vorhergesagt, hatte es im ganzen westlichen Pennsylvania am Freitag schwere Regenfälle gegeben. Vor allem nördlich von Alderton regnete es zwischen Mitternacht und sechs Uhr morgens außergewöhnlich heftig.

Als wir uns zum Frühstück zusammensetzten, erklärte Mutter Anne-Marie und mir einige der Arbeiten, die wir erledigen sollten.

»Sie erwarten mich aber auf der Fleming-Farm heute morgen. Queenie bekommt ihre Welpen«, protestierte Anne-Marie.

Mein Vater seufzte: »Ruf an und frag, ob du nach dem Mittagessen hinauskommen kannst. Wenn nicht, dann kannst du deine Arbeit wohl auch heute nachmittag erledigen.«

Anne-Marie kehrte bald zurück und berichtete, daß sie am Morgen gebraucht wurde. Dad kapitulierte und stimmte zu, sie zu der Farm zu fahren. Als Anne-Marie zur Vordertür hinausschlüpfte, blinzelte sie mir zu. Ich fand das nicht spaßig. Ich wurde im Sentinel gebraucht.

Leben und Tod für jedermann in Alderton hing an diesem Tag von der winzigen Entscheidung ab, wo die Menschen sich am frühen Nachmittag aufhalten würden.

Ich trug mein Lunchpaket in die Redaktion des Sentinel. Ich plante, den Nachmittag durchzuarbeiten. Als ich ankam, war Emily Cruley bereits da und brütete über der Liste der Subskriptionen. Ihre schwarze Aktentasche lag offen auf dem Tisch, das Kassabuch vor ihr. Sie verkündete in selbstgerechtem Ton, sie würde den ganzen Tag brauchen, um es auf den neuesten Stand zu bringen.

Dean Fleming sollte nach dem Lunch ins Büro kommen, um an der »Goss«-Druckerpresse zu arbeiten.

Um 11.30 Uhr rief Randy in heller Aufregung an: »Julie, ich muß dich unbedingt sehen. Hast du heute nachmittag Zeit?«

»Ich bin den ganzen Tag hier.«

»Ich komme kurz nach eins.«

»Stimmt etwas nicht?«

»Ja. Hier ist der Teufel los. Nachdem er mich rausgeschmissen hat, sagte mir der alte McKeever, ich sollte noch bleiben, bis der Club geschlossen würde. Aber seit der Eisenbahnbeauftragte gestern bei ihm zu Besuch war, ist er in hundsmiserabler Stimmung. Heute morgen rief er an und sagte mir, ich sollte bis Mittag verschwinden. Mein ganzer Besitz liegt im Kofferraum meines Autos.«

»Weißt du, daß er den Sentinel auf zwei Millionen Dollar verklagt hat?«

Schweigen, dann ein Pfiff am anderen Ende der Telefonleitung.

»Er tritt jeden, den er erwischen kann«, fügte ich hinzu.

»Der Alte ist nicht anwesend, sonst würdest du nicht so frei heraus reden.«

»Er ist in der *Vulcania.* Aber man weiß nie, wann er auftaucht. Ich kann's nicht erwarten, hier wegzukommen. Wir sehen uns in zwei Stunden.«

Um 12.30 Uhr rief Rand von neuem an: »Julie, ich weiß nicht, ob ich's schaffe. Letzte Nacht hat es so stark geregnet, daß der See sehr rasch ansteigt. Wir haben die Schleusen geöffnet, aber es sieht so aus, als würde der See überfließen. Ich rufe dich später an.«

Rand rief mich ein drittes Mal an, während ich eben mein Sandwich aß. Seine Stimme klang angespannt: »Ich fahre jetzt gleich los, und wir sehen uns dann.«

»Ist der Damm in Ordnung?« fragte ich.

»Ich weiß nicht. Ein Haufen Männer arbeitet daran.«

Als er einhängte, hatte ich eine unheimliche Vorahnung, daß ich ihn anrufen und ihm sagen solle, wir sollten uns lieber bei mir zu Hause treffen. Wie albern!

Als Rand ankam, schritt er eilig aufs Büro des Chefredakteurs zu. Als er die Tür schloß und sich mir zuwandte, staunte ich über sein

Äußeres. Sein Haar war zerrauft, sein Gesicht gerötet, sein Hemd zerknittert. Ich hatte ihn nie zuvor so aufgelöst gesehen.

»Dean hat eben angerufen«, sagte ich, »er macht sich Sorgen um den Damm. Er kommt runter, um die Druckerpresse einzufetten. Er findet, wir sollten hier abhauen.«

Rand nickte, warf einen Schopf roter Haare aus dem Gesicht und grinste mich an.

»Darf ich dich küssen?« fragte er.

Der Blick in seinen Augen ließ mich erschaudern: »Warum so plötzlich?«

Er zog mich auf die Füße: »Kein besonderer Grund. Ich will dich jetzt schon seit zwei Wochen küssen – nein, seit drei – nein, es sind schon fast vier.«

Ich wollte mich widersetzen, aber seine Lippen schlossen sich über den meinen. Seine Leidenschaft überwältigte mich so sehr, daß ich kaum atmen konnte. Als wir uns voneinander lösten und ich Atem holte, fanden seine Lippen wieder die meinen. Augenblicke später riß ich mich los und sank wie betäubt in Dads Sessel.

»Rand, bitte.«

Er schüttelte den Kopf, setzte sich neben mich und begann, mein Haar zu streicheln. Dann drehte er mein Gesicht in seine Richtung und küßte jedes Auge und meine Nasenspitze, bevor er von neuem meinen Mund erreichte.

Das Telefon schrillte. Ich war so schwach, daß ich kaum den Hörer heben konnte: »Hallo.«

Eine erstickte Stimme meldete sich, einer von Deans Freunden. »Verschwindet, so schnell ihr könnt! Der Damm ist gebrochen! Eine Sturzwelle rast auf Alderton zu!«

Rand sah die Angst auf meinem Gesicht und ergriff meine Hand, als wir aus dem Büro hinausstürmten, auf die Vordertür zu.

»Der Damm ist gebrochen!« schrie ich Emily zu.

Als wir die Tür erreichten, hatten sie eben zwei Passanten von außen aufgerissen. »Zu spät!« schrie einer. »Man hört das Wasser schon kommen. Ins Dachgeschoß!«

Wir alle wandten uns um und jagten Hals über Kopf die Treppe hinauf.

Ich kann die Tragödie dieses Samstags nicht in Worte fassen, außer, indem ich die Details in chronologischer Abfolge berichte, wie sie mir in den darauffolgenden Monaten und sogar Jahren von meiner Familie und meinen Freunden sowie anderen Überlebenden erzählt wurden.

Die schweren Regenfälle der Freitagnacht gingen über dem ganzen westlichen Pennsylvania nieder. In den Gebirgsregionen nördlich des Kissawha-Dammes stürzten sintflutartige Regenfälle in einer Menge von beinahe fünfzehn Zoll in drei Stunden vom Himmel. Die beiden Flüsse, die den See speisten, Bear Creek und Smather's Run, begannen um etwa sechs Uhr morgens den See zum Überfließen zu bringen.

Ein Zuschauer sagte, diese Flüsse hätten gegen neun Uhr morgens »richtig durchgedreht«. Smather's Run, selten mehr als zwei Fuß breit und zwei Fuß tief, war jetzt beinahe fünfzig Fuß breit und riß Baumäste fünf Fuß über dem Erdboden ab.

Um zehn Uhr stieg ein Mitglied des Jagd- und Fischereivereins in sein kleines Außenbordmotorboot und tuckerte um den See herum.

»Die Wiesen standen an Stellen unter Wasser, die sich fast dreihundert Fuß vom Ufer des Sees entfernt befanden«, berichtete er, »überall lag Treibgut herum, vor allem Baumstämme, die es aus meilenweit entfernten Sägemühlen angeschwemmt hatte. Der ganze See war ein einziger Sauhaufen.«

Alle verfügbaren Männer waren gegen elf Uhr an diesem Morgen zusammengerufen worden, als der See anstieg und den Damm zu überfluten drohte. Die Schleusentore und Überläufe wurden weit geöffnet. Dann begann eine Gruppe Männer die Wehrgitter abzureißen und die Straße aufzugraben, um an die massiven Eisengitter im Überlauf zu kommen, die verhindern sollten, daß Fische in den Brady Creek entkamen.

Die keuchenden, nach Atem ringenden Arbeiter stießen auf verrostete Eisengitter, die von jahrzehntealtem Unterholz überwuchert waren. Die schwersten Brecheisen in den Händen der stärksten Männer konnten sie nicht in Bewegung setzen.

Um ein Uhr mittags gelangten Baumäste und anderes Treibgut, das die beiden Zuflüsse in den See spülten, an den Damm und verstärkten den Druck. Plötzlich sahen die Arbeiter voll Entsetzen, daß sich mehrere massive Betonblöcke lösten und dann donnernd in den Strom darunter stürzten. Ein Geysir schoß dreißig Fuß hoch in die Luft.

Zu diesem Zeitpunkt machten die Arbeiter eine letzte Anstrengung, indem sie Schubkarren voll Felsbrocken auf die Straße an der Dammkrone schütteten. Die schweren Felsbrocken wurden weggespült wie Kieselsteine.

Um 1.30 Uhr hatte die Erosion eine V-förmige Lücke in den Damm gefressen, die etwa sechs Fuß breit und zwei Fuß tief war. Als sie immer weiter und tiefer wurde, wußten die Arbeiter, daß der Damm verloren war und begannen sich in den Club zurückzuziehen. Plötzlich gab ein großes Stück Straße über dem Damm nach und wurde weggespült.

Innerhalb weniger Minuten war die Öffnung so groß, daß eine Jacht hätte hindurchfahren können. Ein Wasserfall, fast sechzig Fuß breit, ergoß sich nun über und durch die Öffnung. Bis dahin hatten die massiven Befestigungen aus Beton den gewaltigen Überlauf mühelos vom Sequanoto River in den Laurel Run abgeleitet. Dann jedoch bot sich den Zuschauern ein ehrfurchtgebietender Anblick. Der Hauptteil des aus Erde aufgeschütteten Dammes und die Straße auf seiner Krone barsten oder bröckelten nicht – sie wurden einfach weggeschoben. Das Wasser, das inzwischen bis zu den Baumwipfeln reichte, explodierte über dem Damm wie eine lebendige Kraft und riß alles weg, was ihm in den Weg kam: Bäume, andere Gewächse, Felsen, Beton.

Der gewaltige Aufprall des Wassers stürzte sich mit einem Donnern wie ein Expreßzug in die Lücke. Die übrigen Zementmauern bröckelten, dann lösten sie sich in Hunderte winziger Geschosse auf und wurden zu einem Teil des Hagels, der auf den Sequanoto River herabprasselte und donnernd auf Yancyville zuraste.

Es war 2.10 Uhr nachmittags.

Es dauerte nur 27 Minuten, bis der Kissawha-See seine mehr als fünfhundert Millionen Tonnen Wasser in die Täler darunter ergossen hatte. Ingenieure vertraten später die Ansicht, daß 118 Tonnen Wasser pro Sekunde gegen den Damm drückten und 90 000 Kubikmeter Erde und Stein einfach weggeschoben und flußabwärts weggewaschen hatten.

Die Arbeiter sahen in ungläubigem Staunen zu, wie das Wasser jahrhundertealte, vier Fuß dicke Bäume abknickte, als wären sie Zweiglein und sie dann wie Zündhölzer in der wirbelnden Flut vorwärtsschleuderte. Die anschwellenden Wassermassen rissen mächtige Felsblocken aus den Ufern des Stromes und rollten sie dahin wie Murmeln.

Was der Grund des Sees gewesen war, waren nun achthundert Hektar brauner Schlamm, in dem hier und da ein paar kleinere Ströme ruhig in Richtung auf den Damm zu flossen. Bassen, Hechte und Forellen zappelten im Schlamm auf dem Grund des Reservoirs.

Die Flutwellen schlugen jedoch eigenartige Wege ein. Der größte Teil folgte dem Bett des Sequanoto River, der durch Yancyville, Mills Ford und dann Alderton fließt. Yancyville wurde als erstes getroffen.

Anne-Marie, die zum Mittagessen geblieben war, hielt sich in der Küche des Farmhauses auf, zusammen mit Hazel Fleming, als ihr auffiel, daß Queenie sich seltsam benahm. Die gewöhnlich überaus gelassene, hochträchtige Hündin jagte winselnd und jaulend im Hof herum. Plötzlich raste die Colliehündin den Hügel hinauf, auf die kleine Blockhütte zu, als litte sie Schmerzen. Anne-Marie, die kein Tier leiden sehen konnte, rannte Queenie hinterher, um zu sehen, was da nicht stimmte.

Von ihrem Standort auf dem Hügel neben dem Blockhaus hörte Anne-Marie die Flut kommen, bevor sie sie noch sah. »Es war wie das Dröhnen eines Güterzugs, der mit hoher Geschwindigkeit fährt«, sagte sie später. Der Lärm schmerzte Queenie offenbar in den empfindlichen Ohren. Die Hündin winselte noch erbärmlicher und drängte sich schutzsuchend dicht an Anne-Maries Beine.

Nun kam der dröhnende Expreßzug-Lärm immer näher, unmittelbar hinter der Flußbiegung. Anne-Marie stand wie erstarrt neben der Blockhütte und streckte den Hals, um besser sehen zu können. Ihr erster Eindruck war, daß ein dunkler Nebel herbeirollte. Dann sah sie eine fünfzig Fuß hohe Wand von Treibgut, das durch die Luft gewirbelt wurde. Sie sah voll Entsetzen zu, wie diese Mauer aus Müll in die rechte Seite des Bauernhofs krachte. Ihre eigenen Schreie wirkten körperlos über dem Lärm von krachendem Holz und splitterndem Glas.

Das Dach des Farmhauses kippte zur Seite. Der Stamm eines riesigen Baumes fuhr durch das Fenster im zweiten Stock über der Eingangsveranda. Der Baum hing zur Hälfte grotesk nach außen und wippte in der Luft. Dann löste sich das ganze Gebäude auf und wurde in die dunkle Masse aufgesogen.

Hinter dem Berg von Unrat kam das Wasser: Riesige, wie Mühlwasser mahlende Wellen, mehr als 75 Fuß hoch, die auf ihrer tosenden Oberfläche Kühe, Pferde, Schweine, Bäume, Zaunteile und Felsbrocken dahintrugen.

Und ja, auch menschliche Leichen. Das lange Haar einer Frau trieb auf dem Wasser. Dann schleuderten die auf- und abschwellenden Wellen den Leichnam eines Mannes bis zum halben Leib aus dem Wasser und verschlangen ihn wieder.

Anne-Marie wandte schluchzend den Kopf ab. Ein donnerndes Krachen zwang sie, wieder hinzusehen. Eine zweite Wasserwoge, ebenso hoch, aber weiter ausgebreitet, hatte zwei Wände der großen roten Scheune der Flemings eingerissen. Das reißende, splitternde Krachen von Holz und das entsetzte Kreischen der Tiere erregten Übelkeit in ihr. Nur eine halbe Stunde zuvor waren sie und Hazel hinausgegangen, um die beiden Guernsey-Kühe zu füttern, die Reitpferde und den heißgeliebten alten Ackergaul Shorty.

Das Wasser strömte noch etwa zwanzig Minuten lang weiter, dann hörte es abrupt auf. Weil das Blockhaus auf einer hochgelegenen Stelle erbaut worden war, hatte das Wasser es verschont – und Anne-Marie ebenfalls. Das Blockhaus stand in heiterer Gelassenheit unbeschädigt da, als betrachtete es voll Gemütsruhe die völlige Vernichtung des Bauernhauses, der Scheune und seiner Bewohner.

Wie betäubt, von Tränen geblendet, schritt Anne-Marie den Hügel hinunter. Was noch vor wenigen Minuten ein reizvolles Haus gewesen war, war nun von Trümmern übersäter Boden: Ein Stück Messing, Glassplitter, ein Küchenmesser, ein verbeulter Topf, ein zerbrochenes Bettgestell, Bruchstücke von Holz und Metall. Die mächtige Wasserwoge hatte alles andere davongefegt.

Eine Hälfte von Yancyville wurde von der Flut zerstört, die andere Hälfte blieb verschont. Die Farmen, Häuser und Läden auf der westlichen Seite der Seven Mile Mountain Road wurden weggespült. Die Gebäude auf der Ostseite, die höher am Hang lagen, erlitten nur geringfügige Schäden.

Knapp unterhalb von Yancyville wurde die stählerne Brücke über den Sequanoto River von der vollen Wucht des Wassers getroffen. Ein Augenzeuge sagte: »Die Brücke schnellte in einer grotesken L-förmigen Verkrümmung in die Luft, dann explodierte sie in tausend Stücke und war verschwunden.«

Mills Ford war das nächste Angriffsziel.

Um 2 Uhr 11 hielt der Lokalzug von Allegheny mit seinen acht Passagierwagen, der etwa zwanzig Haltestellen zwischen Altoona und Pittsburg anfuhr, in Mills Ford, um Passagiere zu- und aussteigen zu lassen und Post und Fracht ein- und auszuladen. Der Vorgang dauerte für gewöhnlich fünf Minuten.

Um 2 Uhr 13 erhielt der Eisenbahnbeamte einen hektischen Anruf aus der Station Yancyville. Er hörte weniger als zehn Sekunden zu, dann jagte er nach draußen und schrie dem Schaffner zu: »Bringt den Zug fort von hier! Der Damm ist gebrochen, und das Wasser kommt hierher!«

Eine Signalpfeife schrillte, das Beladen mit Fracht wurde unterbrochen, und der Zug fuhr aus der Station und gewann langsam an Tempo. Er hatte nur eine Minute Vorsprung vor dem Wasser. Eine Meile südlich von Mills Ford wandten sich die Schienen vom Flußbett weg und erklommen höheres Terrain. Würde der Zug diese Stelle rechtzeitig erreichen?

Nur dreihundert Yards entfernt befand sich ein Bahnübergang. Der Lokführer zog die Schnur seiner Signalpfeife, und in den nächsten zweieinhalb Minuten sollte er sie nicht mehr loslassen.

Die erste Wasserwand traf Mills Ford um 2.16 Uhr. Gewarnt durch das Schrillen der Signalpfeife und die Schreie, die durch die Stadt gellten, hatte sich die halbe Bevölkerung Hals über Kopf auf die Hügel gerettet. Der Eisenbahnbeamte, der mit den anderen floh, beschrieb die anstürmende Masse später als »einen braunen Hügel, hundert Fuß hoch, der sich um und um wälzte«.

Eine Mühle, fünf Läden, acht Häuser und die Eisenbahnstation wurden vom ersten Ansturm des Wassers völlig vernichtet. Stücke von Eisenbahngleisen flogen und wirbelten durch die Luft, »als hätte jemand einen Schauer von Stahlstacheln auf uns herabgesandt«.

Die zweite Wasserwoge fegte drei weitere Häuser, eine hölzerne Kirche und ein Warenhaus davon. Als das Dach eines der Häuser im Tal verschwand, sah man einen nackten Mann auf dem First, der sich verzweifelt an die Überreste des Kamins klammerte.

Auf der Flucht vor dem Wasser hatte der Lokführer des Allegheny Local das Ventil so weit wie nur möglich geöffnet. Aber bevor der lebensrettende Hügel erreicht war, machten die Schienen eine scharfe Kurve um die Flußbiegung.

Ein Lastwagenfahrer auf der Seven Mile Mountain Road, einige hundert Fuß über den Eisenbahnschienen, sah das Wettrennen des Zuges mit dem Tod. Das Wasser, eine wälzende, schäumende, unratverklebte Masse, holte rasch auf, als der Zug in die Kurve am Fluß einfuhr.

Hundert Yards machten den Unterschied. Die Lok hatte das hohe Terrain erreicht, aber das anstürmende Wasser donnerte über die letzten fünf Waggons hinweg und verschlang sie wie Kienspäne, schleuderte sie herum, bis sie in Teile zerbrachen. Die Lok und die übrigen Wagen entgleisten und kippten um.

In den Sekunden, die vergingen, bevor die zweite Wasserwoge zuschlug, krochen sieben Personen aus den ersten drei Wagen des Zuges und erreichten die Hügelflanke. Dann brauste die zweite Woge geradewegs in den hilflos hingestreckten Zug und hob seine Teile in die Höhe, wie eine Meereswoge Treibholz an der Küste in die Höhe hebt.

Das letzte, was der Lastwagenfahrer sah, waren die Lokomotive und die Waggons, die auf dem Grund des Flußbettes dahingeschleift wurden wie eine Spielzeugeisenbahn, die eine Treppe hinunterhüpft. Der Tod hatte das Rennen gewonnen.

Als die ersten Wassermassen Alderton erreichten, hatte das Gewicht des angesammelten Treibguts – Bäume, Gebäude, Automobile, Lastwagen, Eisenbahnwaggons – ihre Geschwindigkeit verlangsamt. Gelegentlich erschienen sie wie eine beinahe solide Masse, die unterwegs Holztrümmer, Metallstücke, Leichen und Felsbrocken hinter sich ließ. Die zweite Woge holte die erste ungefähr eine Viertelmeile von der Straßenabzweigung nach McKeever's Bluff entfernt ein.

Als die zweite Riesenwoge über die erste stürzte, gab es ein donnerndes Aufbrüllen, als wäre eine Bombe detoniert. Die ganze Masse schien in Tausende vielfarbige Stückchen zu explodieren. Die Strahlen der Nachmittagssonne ließen einen Teil der Masse smaragdgrün erscheinen, einen anderen jettschwarz, wieder einen anderen von öligem Braun, während verschiedene Metallstücke das Sonnenlicht in unheimlichen Regenbogenfarben widerspiegelten. Dann wandte sich der wässrige Ball plötzlich ohne bestimmten Anlaß nach rechts und riß eine klaffende Schneise in das Waldgebiet hinter McKeever's Bluff.

Einige Augenzeugen überlebten und konnten berichten, was dann mit dem privaten Eisenbahnwaggon des reichen Stahlmagnaten geschah. »Es sah aus wie eine Filmszene«, sagte einer. »Als hätte der Wassergott die *Vulcania* wie ein kleines Spielzeug aufgehoben und über die Klippe geworfen.«

Ein anderer sagte: »Aus der Entfernung sah es aus, als schubste das Wasser die *Vulcania* einfach über die Klippe. Die Vulcania schien um ihr Leben zu kämpfen, sie schien sich an die Klippe zu klammern, dann fiel sie.«

Der Waggon drehte sich komplett um die eigene Achse, bevor er die ersten hundert Fuß hinunterstürzte, wo er auf eine Baumgruppe aufschlug. Ein paar Sekunden lang zögerte die *Vulcania,* dann drehte sie eine Pirouette und stürzte sich überschlagend weiter hinab.

»Sie krachte, hüpfte, knallte auf den Boden und hüpfte nochmals hoch, als steckte sie auf Sprungfedern«, berichtete ein Zeuge. »Ich glaube, das passierte vier- oder fünfmal.«

Beim letzten krachenden Aufprall schoß eine Flammenzunge aus einem Ende des Waggons heraus. Dann begann die *Vulcania* ihren langsamen, rollenden, hüpfenden Fall die letzten paar hundert Yards hinunter zu den Außenbezirken von Alderton. Als sie schließlich den Fuß des Hügels erreichte, war sie eine lodernde Fackel. Dann rollte eine Wasserwalze über die *Vulcania* hinweg und löste sie und den verhaßten McKeever darin in Tausende winzige Stückchen auf.

Als die Wasser des Dammes über Alderton hereinbrachen, war die Wasserwand etwa dreißig Fuß hoch, fünfhundert Fuß breit und zwei Meilen lang.

Es war 2.19 Uhr.

Man braucht immer einen Augenblick, ehe man auf eine Krise reagiert. Als der Schrei aufgellte: »Ins Obergeschoß!« rannte ich im Büro des Sentinel herum und suchte nach meinem Sweater. Rands Aufschrei brachte mich zur Besinnung. Er packte meine Hand und schleuderte mich beinahe die Stufen hinauf. Aus dem Augenwinkel sah ich Emily unmittelbar hinter uns. Sie preßte das Kassabuch fest an die Brust.

Am oberen Ende der Treppe hörte ich einen Schrei und sah Dean Fleming durch die Vordertür kommen. Er sah sich rasch nach allen Seiten um und hastete mit hopsenden Bewegungen hinter uns her, wobei ihn sein krankes Bein kaum behinderte. Zusätzlich zu uns sechs, die aus dem Büro des Sentinel treppauf rasten, kamen noch fünf andere in aller Eile durch den Eingang die Treppen herauf.

Der Anblick, der sich aus dem nordseitig gelegenen Fenster im zweiten Stock bot, war erschreckend. In Panik geratene Menschen hasteten verwirrt nach allen Richtungen, einige rannten dahin, andere dorthin. Der Lärm schwoll an: Hunde bellten, Frauen kreischten, Männer schrien, Pfeifen schrillten, Kirchenglocken läuteten.

Zwei vergleichbare Szenen blitzten in meinen Gedanken auf. Die erste war ein Bild aus einem alten religiösen Buch, an das ich mich erinnerte: es zeigte verwirrte Menschen, die am Jüngsten Tag herumrannten. Das zweite war ein Anblick, der mir als kleines Mädchen in Timmeton den Magen umgedreht hatte: Ein Huhn, das hin und her flatterte, nachdem Dad ihm den Kopf abgehackt hatte.

Plötzlich sahen wir den Grund für das heillose Durcheinander unten. Eine dunkle, nebelverhangene Wasserwand stürzte auf uns herab – nur eine Quergasse entfernt. Der Lärm, der ihr voranging, war wie rollender Donner.

»Nach oben!« Der Befehl kam von Jack Fleming.

Mein letzter Blick auf die dunkle Masse enthüllte alle Arten von Gegenständen, die darin herumwirbelten: Ein Automobil, ein Fahrrad, ein Schubkarren, Straßenschilder, menschliche Leichen.

Rand hielt meine Hand, als wir die Wendeltreppe zum Dachgeschoß hinaufrannten. Hinter uns kamen Dean und Emily, die immer noch ihre schwarze Aktentasche umklammerte. Im dritten Stock waren Koffer und Schachteln gestapelt, die überall herumlagen. Altmodische Kleiderständer standen aufrecht da, mit Kostümen und Uniformen behängt.

Rand zog mich beiseite und brachte seinen Mund nahe an mein Ohr. »Was auch geschehen mag, Julie, ich liebe dich.«

Knirschende, malmende Geräusche erschütterten den Boden, das gesamte Gebäude ächzte. Rand und ich fielen zu Boden, während die Leichen eines braunen Hundes und eines halbangezogenen Mannes zum Fenster hereingeschleudert wurden. Unsere Schreie erstickten in den ehrfurchtgebietenden Geräuschen, die uns umhüllten.

Wie kann ich Worte finden, um die Geräusche und Gefühle zu schildern, die den Einsturz eines Gebäudes begleiten? Wirbelnde Wasser ritten eine Attacke nach der anderen gegen die Fundamente, Balken krachten, splitterten, Mörtel bröckelte, ganze Wände bogen sich und buckelten.

Ein Regen von Schmutz und kleinen Teilchen hagelte von der Decke auf uns herab. Als das Gebäude sich plötzlich zur Seite neigte, flogen Kostüme in alle Richtungen. Rand und ich waren wieder auf die Füße gekommen und hielten einander umschlungen. Dean stand neben uns und schützte Emily mit seinem Körper. Ich hörte ihn die Worte murmeln:

> Gott ist unsere Zuflucht und unsere Stärke ... deshalb fürchten wir nichts ... Mögen auch die Wasser donnern und die Berge erzittern ...

Urplötzlich zerriß der Fußboden unter uns in zwei Teile. Als nächstes riß der First des Giebeldaches auf, und wir konnten unmittelbar über uns das Tageslicht sehen. Wasser strömte durch alle Öffnungen, während der Fußboden unter uns absank.

Wie betäubt starrte ich die Öffnung über uns an. Dann kam mir der Gedanke, daß es nicht mehr Beweglichkeit erforderte, durch diese Öffnung zu klettern, als es gebraucht hatte, den Kirschbaum in unserem Hinterhof zu erklimmen. Ich sprang auf einen Koffer, der in der Nähe stand. Rand trat neben mich, ergriff mich mit seinen sehnigen Armen, die Jahre des Ruderns gestärkt hatten, und schob mich dem Licht oben entgegen.

Verzweifelt umklammerte ich die zerbrochenen Ränder des Daches und zog mich hinauf. Dann drehte ich mich um, um Rands Hand zu ergreifen. Er war verschwunden.

Das Gebäude schien rund um mich zu explodieren. Die Wasserwalze schleuderte mein Dach vorwärts, während ich mich verzweifelt anklammerte. Es wurde in einem verrückten Winkel seitwärts gekippt und drehte sich mehrere Male im Kreis, wobei es gegen Holztrümmer und Drahtrollen prallte. Halbbetäubt erbrach ich eine braune Flüssigkeit und klammerte mich weiterhin an den Dachschindeln fest.

Zweimal drehte mein Floß sich um die eigene Achse, als ich mich inmitten der Gischt eines Stromes von Unrat fand, der durch die Innenstadt von Alderton donnerte und links und rechts Gebäude zerbröckeln ließ. Die Gebäude von Alderton, aus Stein, Ziegeln und Holz erbaut, hatten die rasende Geschwindigkeit der Flutwelle gebremst; wir bewegten uns nur noch mit etwa fünfzehn Meilen pro Stunde vorwärts.

Ich wußte, daß ich auf diesem wackligen Floß nicht überleben würde. Das beinahe intakte Dach eines kleinen Hauses wirbelte vorbei. In meiner Verzweiflung sprang ich in seine Richtung. Meine Füße gerieten ins Wasser, aber wie durch ein Wunder gelang es mir, mich hinaufzuziehen. Dann traf die Krone einer Welle dieses Dach, und es begann zu springen und zu tanzen wie ein wildes Stierkalb. Auf Händen und Knien klammerte ich mich wie rasend daran fest, krabbelte hin und her und krallte mich an.

Ich hatte gerade noch einen Augenblick Zeit, mich zu fragen, was wohl aus Rand, Dean und Emily geworden war, als die Zweige eines nahebeistehenden Baumes mich trafen und von meinem tanzenden Dach fegten. Ich versank in Dunkelheit. »Das ist der Tod«, sagte ich mir mit erstaunlicher Ruhe, als Schwärze mich umfing.

Im nächsten Augenblick wurde ich wieder an die Oberfläche katapultiert. Ich streckte die Hand aus und packte ein Stück durchnäßte Leinwand, das an einer Hauswand hing. Ich versuchte mich in die Höhe zu ziehen, schaffte es aber nicht. Alle Kraft schien aus meinen Händen und Armen gewichen zu sein. Ich konnte mich nicht mehr festhalten.

Die Worte, die Dean Fleming gemurmelt hatte, kamen mir in den Sinn: »Der Herr ist unsere Zuflucht und unsere Stärke ...«

»Herr, wenn Du in diesem Leben noch irgendeine Aufgabe für mich hast, bitte errette mich«, flehte ich.

Jahre später noch sollte ich denselben Traum haben: Da hing ich in der leeren Luft, krallte mich mit den Fingernägeln in die Leinwand, spie schmutziges Wasser aus, schleuderte mein stotterndes Gebet in Richtung Himmel und wußte, daß nur zu bald mein Griff erschlaffen und ich hinunter, hinunter sinken würde ...

Ich fühlte, wie etwas an mir vorbeistrich. Ein großer Baum, der an den Wurzeln ausgerissen war, stieß mich an. Mit jäh einschießender Kraft zog ich mich in die Äste und dann auf den großen Baumstamm. Wundervolle, beschützende Bäume! Wie sehr habe ich euch immer geliebt!

Wie ich da auf dem Bauch lag, konnte ich Blicke auf die Szenen werfen, die sich rundum abspielten: ein riesiger Stahlpfeiler, der aus dem Unrat ragte; die Leiche einer Frau, die mit ihrem Baby im Arm im Wasser trieb und sich langsam um die eigene Achse drehte; eine der Schaufensterpuppen aus dem Laden schwamm vorbei, kaum von den Toten zu unterscheiden; eine ganze Familie – Vater, Mutter und zwei kleine Kinder – knieten auf dem Schuppendach eines Hauses. Als die Strömung schneller wurde, schoß eine tote Kuh an mir vorbei, die Kadaver von zwei Reitpferden, das Oberteil eines Heuwagens und eine ganze Schar Ratten, die elegant hinter einer Wendeltreppe herschwammen, die aus unserem Büro stammen mochte.

Eine kräftige Frau, von oben bis unten mit Teer beschmiert, ritt auf einem Faß und schrie vor Entsetzen, als das Faß beständig torkelte und tanzte. Ein Mann glitt auf einem großen Garagentor an mir vorbei. Es war Salvatore Mazzini, der italienische Schuhflicker, ganz allein und völlig nackt; er hob flehend eine Hand zum Himmel.

Ich merkte, daß ich schauderte, blickte an mir hinunter und machte eine schockierende Entdeckung – auch mir hatte es alle Kleider vom Leib gerissen. Auch ich war splitternackt. »Bitte, laß das nur einen Alptraum sein«, hörte ich mich sagen.

Aber es war kein Alptraum. Ich saß tatsächlich zerschunden, splitternackt und zu Tode geängstigt auf einem großen Baum, während die zu einer einzigen Masse zusammengeschmolzene Flut von Unrat sich das Flußbett entlangwälzte. Mein Baum war ein wenig langsamer geworden; daher mußte ich mich nicht mehr mit aller Kraft an die Äste klammern, sondern konnte mich aufsetzen und um mich blicken. Was ich sah, war nicht eben ermutigend. Genau vor mir, etwa dreihundert Yards entfernt, befand sich die Eisenbahnbrücke, dieses steinerne Überbleibsel aus dem vergangenen Jahrhundert. Die Leute hatten sie als häßlich bezeichnet, zu klein für den modernen Verkehr und ein gefährliches Verkehrshindernis für alle außer den winzigsten Schiffen. Sie war für die Ewigkeit gebaut.

Der Großteil der Flut war über, unter oder um die Brücke herum vorbeigestürzt, die einer ungeheuren Wassermasse standgehalten hatte. Sie hatte ausgehalten, als Bäume, Holztrümmer und ganze Hausteile gegen sie geschleudert wurden. Lastwagen, Eisenbahnwaggons und ganze Häuser hatten sie nicht von der Stelle bewegen können. Als eine Lokomotive gegen zwei der steinernen Pfeiler geschmettert wurde, da war die Brücke – wie Augenzeugen später berichteten – erzittert, hatte aber ausgehalten.

Alle diese riesigen Objekte blockierten den Durchgang unter der Brücke. Sie hatten sich zu einem Haufen getürmt, der rasch die Spitze der Brücke erreicht hatte und ein Gebiet, so groß wie drei Häuserblocks in einer Stadt, bedeckte.

Dann kam der schrecklichste Anblick von allen. Feuer schoß plötzlich aus einem kleinen Haus, das gegen die linke Seite der Brücke gepreßt worden war. Als ich hinsah, loderten die Flammen hoch auf; offenbar brannte Öl oder Petroleum. Ein kräftiger Wind blies, und es konnte leicht geschehen, daß die ganze Masse hinter der Brücke sich in eine feurige Fackel verwandelte.

Welche Fluchtmöglichkeit gab es da noch? Das Wasser war so langsam geworden, daß ich einen verzweifelten Augenblick lang erwog, ans Ufer zu schwimmen. Aber es war zu weit entfernt und im Wasser mahlte das Treibgut wie in einem Mühlgang. Konnte ich meinen Baum vom Feuer wegsteuern? Ich erkannte rasch, wie vergeblich meine Versuche waren.

Verzweifelt sah ich nach hinten, ob von dort Hilfe käme. Schmutzfarbenes Wasser erstreckte sich, so weit das Auge reichte, und darin schwamm die wildeste Kollektion von lebenden und toten Objekten, die ich je gesehen hatte. Alles schwamm und trieb auf die Eisenbahnbrücke zu. Und alles war drauf und dran, sich über mir aufzutürmen, dachte ich entsetzt. Ich wollte kreischen, schreien, weinen, aber wer sollte mich hören? Alles um mich herum war entweder tot, ernstlich verletzt oder kämpfte verzweifelt ums eigene Leben. Ich saß wenigstens auf etwas, das nicht sinken konnte.

Ich betete von neuem: »Herr, bist Du da?« Es war eine klägliche Bitte, ein bloßes Flüstern, als schämte ich mich, in meiner Nacktheit die Aufmerksamkeit auf mich zu lenken. Wie lächerlich! Ich bin dem Tode nahe und mache mir immer noch Gedanken, wie ich wohl aussehe. War ich immer schon so eitel? Dann lachte ich. Das Ganze war einfach lächerlich. Ich war nackt in die Welt gekommen, nackt würde ich sie wieder verlassen. Warum schämte ich mich dafür, wie der Herr mich geschaffen hatte?

Der Gedanke befreite mich. Ich streckte mich. Mir wurde klar, daß ich in meiner zusammengekrümmten Haltung eine beinahe fötale Position eingenommen hatte. Ich schämte mich gewiß nicht für meinen Körper; um ehrlich zu sein, hatte ich ihn in der Intimität meines Zimmers oft bewundert. Ich sah mich von neuem um. Dann stand ich auf, um besser sehen zu können.

Die Sonne war verschwunden. Der Himmel war bedeckt und Regentropfen prasselten herab. Ich mochte das Gefühl des Regens auf dem Körper. Ich blickte auf und ließ ihn mein Gesicht benässen. Die Tränen stiegen mir in die Augen; ich wußte nicht, warum. Sie strömten mir über die Wangen und vermischten sich auf meinem Gesicht mit dem Regen.

Ein neues, prickelndes Gefühl durchflutete mich. Es schien in meinen Füßen anzufangen und sich nach oben vorzuarbeiten. Wie soll ich etwas beschreiben, das ich nie zuvor gefühlt habe? Seligkeit. Freude. Erbauung. Wärme. Eine Kombination von alledem. Aber noch mehr als das. Fürsorge. Nein, stärker als das. Liebe.

Ich wurde in Liebe gebadet. Davon überschwemmt. Sie durchdrang jede Zelle in meinem Körper. Ich wurde vollkommen, gänzlich geliebt. Von wem? Von jemand, den ich nicht kannte, aber sehr gerne kennenlernen wollte.

Ich stand so aufrecht da, wie ich nur konnte, und streckte mich nach der unsichtbaren Sonne.

Neunzehn Minuten waren vergangen von dem Zeitpunkt an, wo der Damm geborsten war, bis die Wasserwalze der Flut die Außenbezirke von Alderton zerschmetterte. North Bridge bekam das meiste ab. Drei Autos überquerten zu diesem Zeitpunkt die Brücke; die Autos wurden in die Luft geschleudert und schlugen Purzelbäume wie Spielzeug, ehe sie verschlungen wurden. Die Asphalt-Oberfläche der Brücke verschwand einfach; das Skelett der Brücke blieb grotesk verkrümmt stehen.

Dann teilte sich die Wasserwoge. Eine Masse fuhr brüllend in südwestlicher Richtung in die Innenstadt von Alderton. Die andere wandte sich rechts vom Sequanoto River und fiel über die Marschen her.

Das erste Gebäude, das in Alderton getroffen wurde, war das einstöckige, aus Ziegeln erbaute Wohnhaus mit der Zahnarztpraxis von Harry Froehling. Es verschwand unter einer vierzig Fuß hohen Walze aus wäßrigem Unrat. Nur die Grundmauern blieben stehen. Harry hatte sich nur wenige Minuten zuvor in Sicherheit gebracht.

Als nächstes wurde ein leerstehendes zweistöckiges Holzgebäude getroffen, das früher als Stall benutzt worden war. Es explodierte in einem Hagel aus Holzspänen.

Jordan's Eisenwarenladen wurde völlig vernichtet, bevor die Masse sich in unser dreistöckiges Sentinel-Gebäude bohrte. Die Beobachter waren sämtlich der Meinung, daß das Haus sich zur Wehr setzte. Die dunkle, brodelnde Walze umschloß das Gebäude und ließ es krampfhaft erzittern. Als die nachfolgenden Wasser in Kaskaden hineinstürzten, begann die Heimstätte des Sentinel zu wackeln und seitlich zu kippen. Das Dach zerriß mit einem Aufkreischen in zwei Teile, ein Stück wurde weggerissen. Man sah Menschen aus dem obersten Stockwerk hervorspringen, die herumrannten, sich um sich selbst drehten, torkelten, nach jedem denkbaren Halt angelten.

Dann zerbrach langsam das gesamte Gebäude, ein Stockwerk nach dem anderen, und wurde weggeschwemmt. Dean Fleming umklammerte Emily Cruley, als sie durch die Öffnung im Dach geschleudert wurden. Er schaffte es noch, Emily auf ein Stück Dach zu setzen, bevor ein umkippender Balken ihn bewußtlos schlug und er in die Strömung gesaugt wurde. Emily wurde später aus dem Wasser gezogen, lebendig – und mitsamt ihrer schwarzledernen Aktentasche, die sie immer noch an sich gepresst hielt.

Rand wurde in das schäumende Wasser katapultiert und da er ein guter Schwimmer war, versuchte er sich über Wasser zu halten. Zerschunden und hin und her gestoßen packte er einen schweren Balken, der eben vorbeischoß, und klammerte sich grimmig entschlossen daran fest, bis seine Beine in den Unratmassen an der Eisenbahnbrücke zerschmettert wurden. Die Retter brauchten mehrere Stunden, um ihn aus dem Treibgut freizuschneiden; zu dem Zeitpunkt wäre er am Blutverlust beinahe gestorben.

Von den sieben anderen, die mit uns zusammen ins Dachgeschoß des Sentinel-Gebäudes geflohen waren, wurde nur eine Person gerettet – eine Frau, die man lebendig aus dem Wirrwarr an der Eisenbahnbrücke zog.

Nachdem die Fluten das Sentinel-Gebäude erobert hatten, stürzten sie sich brüllend ins Herz von Alderton und suchten nach größeren Herausforderungen. Salvatore Mazzinis Flickschusterei bot ihnen kein Hindernis. Sie wurde wie ein Stück Treibgut weggespült, während der alte Mann auf ein Garagentor sprang, das vorbeigewirbelt wurde. Mazzinis Leiche wurde später, bis zur Unkenntlichkeit verbrannt, aufgefunden.

Die Zuschauer dachten, das Haslam House Hotel, ein solides sechsstöckiges Ziegelgebäude, würde den donnernden Wassermassen widerstehen. Zuerst schien es auch so. Als die erste Welle gegen das Ziegelgebäude krachte, erzitterte es, hielt aber stand. Es stand auch die folgenden Attacken durch, bis eine dahinpurzelnde Lokomotive ein tiefes Loch in die Westseite des Gebäudes auf der Höhe des zweiten Stockwerks riß. Wasser stürzte in die Wunden und riß das Loch noch weiter auf.

Die Gäste begannen vor Entsetzen zu kreischen, als die obersten Stockwerke einbrachen. Die gnadenlos dahinströmende Masse Unrat schoß dahin und dorthin durch das Hotel, schlug Türen ein, zerbrach Balken, zerschmetterte die Möbel. Als die dritten und vierten Stockwerke auf der Westseite einstürzten, schauderte das gesamte Gebäude, wankte, ächzte und fiel in sich zusammen.

Ich habe zwei lebhafte Erinnerungen an die Augenblicke unmittelbar bevor ich in den Unrathaufen an der Eisenbahnbrücke geschleudert wurde. Eine bezieht sich auf das brüllende Feuer, etwa zwanzig Fuß links von mir und die gräßlichen Schreie, die daraus hervordrangen. Die andere betrifft ein riesenhaftes schwarzes Pferd zu meiner Rechten. Es tauchte immer wieder aus dem Wasser auf, verschwand wieder in der schlammigen Flut und tauchte wieder auf wie ein monströses Schaukelpferd. Ich wußte, daß es tot war, weil sein Hinterteil glatt abgeschnitten war.

Als wir mit einem Ruck anhielten, vergrub ich mich in den Baumästen. Dann war es, als landete ein ganzer Berg auf mir.

Bald darauf erweckten mich die Rufe der Retter wieder zu Bewußtsein. »Da ist eine unter dem toten Pferd!«

Grunzen. Flüche. »Alles zugleich – hoh! Jetzt!«

Das Gewicht hob sich. Zwei Männer zogen mich hoch. Eine Decke wurde um mich gewickelt. Jemand brachte eine improvisierte Bahre, und ich wurde daraufgelegt. Das Feuer war so nahe, daß ich die Hitze fühlen konnte.

Durch Schmerz und Schock hindurch erinnere ich mich dunkel, wie ich von der Brücke getragen wurde. Dann legte man mich neben anderen Verwundeten an den Straßenrand. Als ich mich zu bewegen versuchte, schoß mir ein krampfartiger Schmerz durch den Rücken. Es war wohl besser, still liegen zu bleiben, bis ein Arzt mich untersuchen konnte.

Inzwischen fuhr die Ambulanz hin und her und brachte die Verletzten und Verbrannten ins Krankenhaus. Es wurde allmählich dunkel, und rund um mich herrschte Aufruhr und Verwirrung. Schmerzliches Stöhnen, Schluchzen – verzweifelte Menschen, die nach ihren Verwandten suchten. Ich fragte mich, wo meine Eltern waren. Anne-Marie? Rand? Dean? Kalte Wellen der Furcht durchschauerten mich.

Die Ambulanz war wieder da. Ein Mann beugte sich über mich,

sah, daß meine Augen offen waren. »Haben Sie starke Schmerzen?« fragte er.

Ich schüttelte nur den Kopf. Er rief einen zweiten und sie hoben mich in den Rettungswagen. Im Krankenhaus wurde ich hineingetragen und auf eine Matratze auf den Boden eines Korridors gelegt, in dem bereits Reihen von Verwundeten lagen. Eine Stunde mußte vergangen sein.

»Julie!«

Ich blickte auf und sah meinen Vater. Sein Gesicht war verzerrt von einer Mischung aus Angst und Freude. Dann kniete er neben mir nieder, umklammerte meine Hand. Seine Augen schwammen in Tränen.

»Ich glaube, es geht mir gut, Dad. Ich war bewußtlos. Mein Rükken tut weh, aber ich kann meine Beine bewegen, da ist alles in Ordnung.« Schluchzen erstickte meine Stimme.

Mein Vater setzte sich neben mir nieder. Er hielt immer noch meine Hand. »Wir müssen warten, bis wir an der Reihe sind. Sie haben nur ein paar Ärzte hier. So viele sind verletzt und verbrannt.«

»Mutter? Anne-Marie?« fragte ich.

»Deine Mutter und ich waren zu Hause, als das Wasser über uns hereinbrach. Es verschonte unser Haus. Anne-Marie war auf der Fleming-Farm.« Er hielt inne, die Augen voll Schmerz. »Du bist die erste, die wir gefunden haben.«

Mein Kopf sank zurück und ich schloß die Augen, um die Nachricht zu verdauen. Meine kleine Schwester …

»Rand?« flüsterte ich. »Er rettete mir das Leben, als das Gebäude einstürzte.«

»Rand ist hier im Krankenhaus.«

Freude und Furcht mischten sich in meinem Herzen. »Er ist schwer verletzt, nicht wahr?«

Dad nickte. »Sein linkes Bein ist zerschmettert.«

»Was ist mit Dean? Miss Cruley?«

»Emily geht es gut. Dean …« Dads Stimme brach. »Dean ist ertrunken, Julie.«

»Nein, nein.« Tränen füllten meine Augen. Wären Rand und Dean nur nicht zum Sentinel gekommen … Hätte ich nur auf jene innere

Stimme gehört, die mir geraten hatte, Rand bei mir zu Hause zu treffen.

Ein überarbeiteter Arzt begann die Patienten im Korridor durchzuchecken. Er testete meine Reflexe, dann ließ er mich in den Röntgenraum fahren. Erst als die Röntgenuntersuchung negative Resultate brachte, bekam ich ein Spitalsnachthemd und durfte auf eigenen Beinen umherlaufen. »Leichte Gehirnerschütterung, schwere Abschürfungen und Zerrungen im unteren Rückenbereich«, lautete die Diagnose. »Bleibt über Nacht hier.«

Ich hörte von Anne-Maries Rettung, als Dad später am Abend noch einmal zu Besuch kam. Inzwischen wurden Notbetten auf jedem verfügbaren Stück Boden aufgestellt; ich wurde ins Freizeitzimmer der Krankenschwestern verlegt, zusammen mit sieben anderen Frauen. Man legte für uns Matratzen auf dem Boden aus.

Als ich Ärzte und Schwestern nach Rand fragte, schüttelten sie nur den Kopf. Sie hatten noch keine Zeit gehabt, die Namen der Patienten festzustellen. War er noch am Leben? War das alles ein böser Traum?

Nein, das Stöhnen der Verletzten, das Weinen und die herumeilenden Gestalten in Weiß machten alles nur zu real. Es war ein Wunder, daß ich überhaupt noch lebte. Wie hatte ich überlebt?

Dann erinnerte ich mich. In diesen letzten Augenblicken, bevor ich gegen die Brücke geschleudert worden war, war etwas Wichtiges geschehen. Ich hatte Gott angerufen, und Er hatte geantwortet. Nicht mit einer Stimme, sondern durch Seine Gegenwart. Die Erinnerung bewegte mich zutiefst, und meine Lippen begannen sich zu bewegen.

»Bitte, Herr, hilf Rand!«

Die Tränen begannen mir über die Wangen zu laufen. So viele Menschen waren ertrunken. Ich schloß die Augen und der Schlaf überkam mich.

Früh am nächsten Morgen tauchte mein Vater wieder auf. Ich starrte ihm ins Gesicht, suchte nach einem Zeichen darin.

»Rands Zustand ist immer noch kritisch. Er hat viel Blut verloren, aber der Arzt meint, er würde es schaffen.«

Als ich später am Vormittag in Rands Krankenzimmer trat, schlief er tief und fest. Ich stand schweigend neben seinem Bett, um ihn nicht zu wecken. Die graue Farbe seines Gesichtes machte mir angst.

Rand regte sich und seine Hand glitt von seiner Brust. Schüchtern griff ich zu und berührte seine Finger. Dann schloß ich meine Hand um die seine; eine Träne rollte mir über die Wange und fiel auf seine Hand.

Ich blickte wieder in Rands Gesicht. Seine Augen waren offen und seine Lippen dehnten sich langsam zu einem Lächeln.

»Wir haben es geschafft, nicht wahr?« sagte er.

12

Im Angesicht des Todes

Eines Morgens, als wir schon lange verheiratet waren, gestand Catherine mir, daß sie sich vor dem Tod fürchtete.

»Aber Catherine, alles, was du über dieses Thema geschrieben hast ...«

»Ich spreche nicht von Unsterblichkeit«, unterbrach sie mich, »ich glaube jedes Wort, das Jesus über die Auferstehung und das Leben nach dem Tode gesagt hat.«

»Nun, der Tod ist einfach die Tür zu alledem.«

»Das weiß ich auch«, sagte sie. Ungeduld schwang in ihrer Stimme mit. »Aber das ist alles in meinem Kopf, nicht in meinen Gefühlen. Irgendwann in meiner Kindheit hat das Gefühl in mir Wurzeln geschlagen, daß der Tod der Feind ist, den es zu hassen gilt und der auf jedem Schritt des Weges bekämpft werden muß.«

»Catherine, wir sind seit beinahe zwanzig Jahren verheiratet. Warum hast du das vor mir verborgen gehalten?«

»Ich denke, ich habe mich geschämt, es zuzugeben.«

Als wir zusammen darüber beteten, sahen wir von neuem, wie der Teufel die Furcht als Waffe benutzt, um unseren Glauben zu schwächen. Ich war schon vor Jahren zum geistlichen Oberhaupt der Familie geworden. Nun wußte ich, daß ich als Familienoberhaupt noch einen Schritt weiter gehen und auf allen Fronten dem Feind den geistlichen Krieg erklären mußte.

Obwohl der Satan uns und unsere Familie angriff, waren wir nicht ohne Verteidigung. Er haßt das Gebet. Unser Dienst als Fürbitter hatte Catherine und mir gezeigt, daß eine Welle des Gebets seine Macht bricht.

Anfang 1982 wurde Catherine klar, daß ihre Zeit auf Erden begrenzt war. Das Emphysem in ihren Lungen hatte allmählich ihre Lebenskraft aufgezehrt. Es wurde zur Schwerarbeit, auch nur ein paar Treppen hochzusteigen. Gespräche mit anderen Leuten, Treffen, Einkäufe erschöpften sie.

Am traurigsten war es mitanzusehen, wie ihre wachsende Atemnot ihre Morgenarbeit beeinträchtigte – die Zeit für die Arbeit an ihrem Manuskript, auf die sie sich so sehr freute. Ich sah zu, wie sie um neun Uhr morgens mit festen Schritten in ihr Büro ging. Vierzig Minuten später hörte ich sie in unser Schlafzimmer zurückkehren.

Einmal sprach ich sie darauf an, als sie lustlos auf dem Bett lag. Tränen sprangen ihr in die Augen. »Der innere Antrieb ist verschwunden. Ich habe ihn nicht mehr.«

Dann machte sie sich selbst Vorwürfe, sie gäbe zu schnell auf, stand auf und versuchte es von neuem.

Mein Dilemma war: sollte ich sie drängen, eine Arbeit zu tun, die schwierig und schmerzhaft für sie war, oder sollte ich zulassen, daß sie in der Invalidität versank?

Die Antwort wurde mir bald klar. Catherines angeborener Kampfgeist, ihre tapfere Natur, ihr abenteuerlustiger Geist und ihre Neugierde auf das Leben konnte und sollte nicht sterben dürfen. Catherine hätte mir niemals vergeben, hätte ich sie ermutigt, das alles aus den Händen gleiten zu lassen.

So kämpften wir in einem geistlichen Krieg gegen die Mächte der Finsternis und die subtilen Verlockungen des Feindes, der Schwäche nachzugeben. Wir beendeten jeden Tag mit einem Gebet.

Hier sind einige von Catherines Tagebucheintragungen aus ihren letzten Lebenstagen.

Sein unvollendetes Werk in mir

Ich träumte letzte Nacht vom Tod. Ich habe keine Freude daran, das niederzuschreiben, aber da ich es mit dem Herrn durcharbeiten muß, muß ich wohl.

Ich befand mich in einem Land, in dem gewisse Bürger auf staatlichen Befehl hin liquidiert wurden. Man bekam eine amtliche Mitteilung und begab sich in ein besonderes »Büro«, in dem sich Seite an Seite drei Kabinen befanden. In einer davon bekam man eine Injektion, wie ein Hund, der »eingeschläfert« wird. Nachher wurde man in ein Hinterzimmer gekarrt, in dem die Leichen gestapelt lagen.

Offenbar war ich an der Reihe. Als ich zu dem Büro kam, fiel mir auf, daß haufenweise schmutzige Teller in den drei Kabinen standen. Ich versuchte, den Tod hinauszuschieben, indem ich eifrig anbot, alle die Teller zu waschen. Der Wärter sagte: »Ja, machen Sie nur. Ich mache Ihnen keine Vorwürfe. Sagen Sie bloß den anderen nichts davon, daß ich einverstanden war.«

Ich begann einen Stapel Teller zu waschen und sagte mir selbst: »Es gibt immer noch die Chance, daß irgend etwas dazwischenkommt, ein nationaler Notstand oder etwas dergleichen.« Dann wachte ich auf.

Nun habe ich also diesen Traum niedergeschrieben. Was bedeutet er, Herr – und was mache ich damit?

Während ich wartete, kam mir ein Name in den Sinn – John Wesley. Tuttles Buch über Wesley lag auf dem Stapel ungelesener Bücher auf meinem Nachttischchen. Ich nahm es zur Hand und entdeckte bald, daß Wesley und ich die Furcht vor dem Tode als dem großen Feind gemeinsam hatten.

Wesleys Furcht trat auf dramatische Weise zutage, als er 1735 auf einer Reise nach Georgia den Atlantik überquerte. Auf See tobten schwere Stürme und zuweilen sah es aus, als sei das kleine hölzerne Schiff verloren. Die meisten an Bord, die Mannschaft eingeschlossen, waren wie gelähmt vor Entsetzen. Die einzigen, die ruhig blieben, waren eine Gruppe Christen der Böhmischen Brüder aus Deutschland.

Als Wesley die Stärke dieser Gläubigen im Angesicht des Todes sah, wußte er, daß er das Problem durcharbeiten mußte. Er überdachte seinen Glaubensweg und stellte fest, daß er ein Leben der Askese gewählt hatte, die vier Formen annahm:

1. Selbstverleugnung (er lebte sehr bescheiden, um den Armen geben zu können)
2. Einsamkeit
3. Werke der Barmherzigkeit (einschließlich Besuchen in den schrecklichen Gefängnissen jener Zeit, wo er mit zum Tode verurteilten Männern betete)
4. ein inniges Gebetsleben.

Wesley mußte zugeben, daß zwar jede dieser Disziplinen ihren Platz im christlichen Leben hatte, aber keine einzige von ihnen half ihm, seine Furcht vor dem Tod zu bezwingen. Schließlich begann er zu erkennen, daß diese Furcht nicht von Gott, sondern vom Satan stammte.

Bald nach diesen Entdeckungen hatte John Wesley seine persönliche Begegnung mit dem Heiligen Geist in Aldersgate. Er fand sich wieder auf dem Boden der grundlegenden Wahrheit des Neuen Testaments: es gibt keinen Weg zu Gott außer durch den Glauben an das vollendete Werk Jesu Christi am Kreuz. Freude durchströmte ihn, und allmählich verlor er seine Furcht vor dem Tod, als der Geist die triumphierenden Worte Jesu zum Leben erweckte:

> In meines Vaters Hause sind viele Wohnungen. Wenn's nicht so wäre, hätte ich dann zu euch gesagt: Ich gehe hin, euch eine Stätte zu bereiten? Und wenn ich hingehe, euch die Stätte zu bereiten, will ich wiederkommen und euch zu mir nehmen, damit ihr seid, wo ich bin (Johannes 14,2-3).

Ich weiß, daß der Heilige Geist viel unvollendete Arbeit in mir zu tun hat, was meine Haltung angesichts des Todes angeht. Ich brauche das, und ich richte meinen Willen darauf, es zu ersehnen.

Die Sprache des Körpers

> Ich ermahne euch nun, liebe Brüder ..., daß ihr eure Leiber hingebt als ein Opfer, das lebendig, heilig und Gott wohlgefällig sei. Das ist euer vernünftiger Gottesdienst (Römer 12, 1).

Als ich gestern abend die Bibel las, fühlte ich einen inneren Anstoß, innezuhalten und den obigen Vers noch einmal zu lesen. Mir wurde bewußt, daß mir der Gedanke widerstrebte, meinen Körper als Opfer dahinzugeben. Warum? Weil ich befürchtete, es könnte noch mehr Reisen und Vorträge, noch mehr Streß und Druck bedeuten, und das würde dazu führen, daß ich nachts nicht schlafen konnte und keine Chance hatte, mich durch ein Schläfchen am Tag zu erfrischen.

Schlimm daran ist, daß ich dem Herrn nicht wirklich mit meinem physischen Körper vertraue, und das ist ein schreckliches Eingeständnis. Gott erwartet von Seinen Jüngern, daß sie verfügbar sind. Ich hatte mich um diesen Punkt des völligen Vertrauens in einer vorgetäuschten geistlichen Haltung herumgeschwindelt und war nicht willens gewesen, meinen Körper als lebendiges Opfer darzubringen. Ich schütze mich selbst in einem fort und gebe zu rasch der Versuchung nach, mit meiner Arbeit aufzuhören und mich niederzulegen.

Dann kam die Überzeugung, ich müßte bereit sein – und es Gott auch sagen –, daß dieses Selbst – ich nenne es »Ich« – dieses spezielle Bündel von Talenten, Anlagen, Vorlieben, Geschmacksrichtungen, alles, was eben mich ausmacht, mit Jesus ans Kreuz genagelt wird; tatsächlich zu sterben und mit Ihm begraben zu werden.

Aber, argumentierte eine Stimme in mir, hatte ich nicht eben das getan, als ich Christin geworden war? Jesus versicherte mir jedoch, daß es sich dabei um einen neuen Schritt des Absterbens des Selbst handelte, das körperliche Bequemlichkeit und schöne Dinge so liebt, das danach verlangt, den Forderungen und Verstrickungen anderer Menschen zu entfliehen.

Einen Großteil dieses Selbst kann ich nicht ausstehen (Römer 7, 15-25). Aber einen Teil dessen, was »mich« ausmacht, liebe ich sehr. Ich war »Ich«, habe mit »mir« gelebt und bin mit »mir« lange Zeit zurechtgekommen. Dieses Selbst auf den Altar zu legen, wäre tatsächlich ein Tod.

Ich erinnere mich an Jesu Worte über »die Kosten überschlagen« (Lukas 14, 28). War ich wirklich bereit, ans Kreuz zu gehen, zu sterben und begraben zu werden und keine Ahnung zu haben, welche Art Mensch mit Jesus am dritten Tage auferstehen würde?

Ich durchlitt Todesqualen, als ich darüber nachdachte, und vergoß viele Tränen.

Die Bibel sagt, daß Jesus entschlossen und willig den Blick zum Kreuz wandte, »obwohl er hätte Freude haben können« (Hebräer 12, 2).

Ich sagte Jesus schließlich, ich würde damit weitermachen, weil ich wußte, daß Er ohnehin mit mir tun würde, was Er wollte, sei es in diesem oder im nächsten Leben.

Ich fiel um 4 Uhr 40 neben dem Sofa in meinem Büro auf die Knie und bot Ihm meinen Körper als ein lebendiges Opfer an.

Das Ergebnis war, daß ich nun Stunde um Stunde, Tag für Tag im Gehorsam sein muß und nichts zurückhalten darf. Das bedeutet, daß ich den innewohnenden Geist so deutlich in meinem sterblichen Fleisch spüre, daß ich bereit bin, mich völlig für andere hinzugeben, wie Er es tat. Es bedeutet, alle Selbstsucht fahren zu lassen, jede Sehnsucht dahinzugeben, wo sie Seinen höheren Prioritäten im Wege steht.

Kein Wunder, daß wir keine gewaltigen Werke tun können, ehe unsere Selbstaufgabe nicht vollkommen ist! Ehe wir Jesus nicht erlauben, zu kommen und so in uns Wohnung zu nehmen, wie ich es tat, werde ich für andere beten, aber ich werde mein Werk in *meinem* Namen und in *meinem* Wesen statt in dem Seinen tun.

Der Apostel Johannes formulierte das folgendermaßen:

Daran haben wir die Liebe erkannt, daß er sein Leben für uns gelassen hat; und wir sollen auch das Leben für die Brüder lassen (1. Johannes 3,16).

Selbstmitleid

Heute brachte ich eine Sache vor den Herrn, die mir in letzter Zeit Sorgen gemacht hat: Plötzliche Gefühlsausbrüche. Ich war nie ein Mensch, der häufig weint. Ich habe meine Gefühle für gewöhnlich unter Kontrolle, vielleicht mehr als ich sollte. In letzter Zeit jedoch gab es immer wieder diese Anfälle unkontrollierten Weinens.

Der Herr hat mir in Seiner Gnade in dieser Woche gezeigt, warum ich in den letzten Wochen so nah am Wasser gebaut war: Selbstmitleid. In Wirklichkeit weine ich um mich selbst.

Ich weine darüber, was körperlich mit mir geschieht. Zum ersten ist mein Energieniveau so tief gesunken, daß es buchstäblich eine Mühsal ist, einen Fuß vor den anderen zu setzen. Und dazu kommt eine schlimmere Atemnot, als ich sie je zuvor gekannt hatte. Manchmal frage ich mich sogar, wenn ich im Bett sitze oder liege, ob ich den nächsten Atemzug schaffe. Die Treppen und Hügel in Evergreen Farm sind mir eine Qual.

Das erstaunlichste ist, daß ich mich jetzt – nach einem jahrelangen Kampf gegen die Schlaflosigkeit – kaum wachhalten kann. Ich muß mit dem Arzt darüber reden, ob das eine Nebenwirkung des neuen Arthrithis-Medikaments ist, das sie mir geben.

Oder ist es möglich, daß der Sauerstoffmangel im Gehirn zu verfrühter Senilität führt? Scheußlicher Gedanke! Zum ersten Mal, seit ich ein kleines Mädchen war, habe ich keine Lust, abends noch zu lesen. In der Kirche konnte ich gestern kaum die Augen offenhalten.

Herr, hilf mir!

Ich werde zu diesem Vers geführt:

> ... denn ich weiß, an wen ich glaube, und bin gewiß, er kann mir bewahren, was mir anvertraut ist, bis an jenen Tag (2. Timotheus 1, 12).

Da Selbstmitleid eine Sünde ist, muß es offenkundig auch als Sünde behandelt werden. Es ist eine Sünde, weil ich Jesus angehöre; Er ist es, der die Kontrolle über mein Leben hat. Deshalb ist Er die letzte Instanz bei allem, was Er mir widerfahren läßt – und zwar zu meinem Besten.

Mein Teil ist es, Ihm als einem liebenden himmlischen Vater in all diesen ungünstigen Umständen zu vertrauen. Ich soll aufmerksam nach dem »Guten« Ausschau halten – dem neuen Abenteuer, das Er für mich bereithält; der offenen Tür, die ich durchschreiten soll, dem besseren Weg, den Er mich führt.

Alles in allem – welchen Grund habe ich dann überhaupt für mein Selbstmitleid?

Ich erkenne, daß es eine Selbstdisziplin gibt, die ich in den kommenden Tagen praktizieren muß: sooft ich zur Verzweiflung und zum Selbstmitleid versucht werde, muß ich es zurückweisen, ablehnen und mich augenblicklich Lob und Preis zuwenden.

Mit Jesus gekreuzigt

Am 9. Juli 1982 war Catherine so schwach, daß wir sie mit der Ambulanz ins Krankenhaus am Ort bringen ließen. Als die Tests eine alarmierende Kohlenmonoxydkonzentration in ihrem Körper anzeigten, wurde sie auf die Intensivstation verlegt und künstlich beatmet. Die Prognosen für ihre Wiederherstellung waren nicht gut. Sie konnte nicht sprechen, aber sie konnte immer noch in ihr Tagebuch schreiben.

In vieler Hinsicht war mein 32 Tage dauernder Aufenthalt auf der Intensivstation des Bethesda-Krankenhauses eine Kreuzigungserfahrung. Bald nach meiner Ankunft dort erinnerte mich der Herr an die Übergabe, die ich vorgenommen hatte (durch Römer 12, 1), als ich meinen Körper als ein lebendiges Opfer darbot.

Wie ich da Stunde um Stunde auf dem Rücken lag und weder sprechen noch lesen konnte, hatte ich viel Zeit, über die Studie nachzudenken, die ich kürzlich über die Menschlichkeit von Jesus geschrieben hatte. Sie hatte mir die Erkenntnis verschafft, daß Er dreiunddreißig Jahre lang auf Erden ein wirklicher Mensch gewesen war; daß Er so hilflos, so unfähig, die Umstände zu beherrschen, gewesen war wie wir es sind. All das geschah, damit Er unser Wegweiser sein konnte, der wahre – und in einem ganz praktischen Sinn – Erlöser. Ich erkannte auch, daß während Seines ganzen Wandels auf Erden Sein Hauptprinzip darin bestanden hatte, »niemals zu tun, was Mir gefällt, sondern was Meinem Vater im Himmel gefällt«.

In den Monaten, seit ich diese Studie erarbeitet habe, ist mehreres geschehen:

1. Der Heilige Geist hat mein Inneres beständig aufgeweicht und geschmolzen. Das bedeutet, daß die Kümmernisse anderer Men-

schen, die mir vorgelegt werden, vor allem durch meine Korrespondenz, mir nun mit neuer Dringlichkeit am Herzen liegen.
2. Während dieser selben Zeit sind mir meine eigenen Lebensumstände nicht nur aus den Händen geglitten, sondern verlaufen auch ganz konträr zu meinen Wünschen.

An welchem Punkt in unserem christlichen Wandel werden wir tatsächlich »mit Ihm gekreuzigt«? An welchem Punkt hängt das sterbliche Selbst tot an Seinem Kreuz und wird mit Ihm begraben?

In meinem Fall, schloß ich, hatte dieses dem Selbst Absterben seine Zeit gedauert. Für mich war es tatsächlich ein langsamer, qualvoller, endlos hinausgezögerter Tod – zweifellos, weil ich ständig Widerstand geleistet habe. Ich bin überzeugt, daß es nicht so langsam und schmerzhaft verlaufen muß, wenn der Gläubige wirklich versteht, was passiert und warum, und sich willig unterwirft. Aber ich glaube, es ist etwas, das wir durchmachen und auch fühlen müssen. Der Tod am Kreuz tut weh.

Am frühen Morgen des 24. Juli, fünfzehn Tage nach meiner Aufnahme im Krankenhaus, kam der Höhepunkt für mich. Ich befand mich in einem halb bewußtlosen, traumähnlichen Zustand, als ich mich buchstäblich mit Jesus am Kreuz hängen fühlte. Ich empfand keinen Schmerz von den Nägeln in meinen Händen und Füßen, nur ein erstickendes, zerquetschendes Gewicht auf der Brust, als mein ganzer Körper nach unten zerrte. Ich wußte, daß ich dem Tode nahe war, aber seltsamerweise empfand ich absolut keine Furcht.

Mir war bewußt, daß neben Jesus auch eine dunkle Macht gegenwärtig war. Ein wilder Kampf folgte. Wieder und wieder wies ich die dunkle Macht zurück und befahl Satan, mich zu verlassen. Er ging nur widerwillig, aber schließlich verließ er mich doch.

Dann hob mich Jesus ganz sanft auf und nahm mich vom Kreuz ab. Als Er das tat, erschienen mir die Worte: *der große Austausch*. Später begriff ich, daß es das war, was Theologen als »stellvertretende Sühne« bezeichnen. Es bedeutet, daß jede Sünde in unserem Leben in Christi vollendetes Werk am Kreuz hineingenommen und gegen etwas Wundervolles ausgetauscht wurde – Gerechtigkeit gegen Sünde, Leben gegen Tod. Im Augenblick wußte ich nur, daß das niederdrückende Gewicht von meiner Brust verschwunden war.

Ich erwachte am nächsten Morgen in heller Aufregung, mit dem Gefühl, daß ein Wunder in meinem Körper geschehen war. Ich schrieb eine Notiz für die Krankenschwester, die Len aufbewahrte:

> Erfüllen Sie mir diese eine Bitte! Ich möchte meine Familie sehen, sofort! Meinen Ehemann zuerst. Bitte rufen Sie ihn an, 732-6352. Mein Ehemann, mein Sohn Peter, mein Sohn Jeffrey. Ich will sie alle. Ich möchte keine Medikamente, bevor sie hier sind. Ich werde mich »beruhigen« – ihnen zuliebe.

Als Len, Peter und Jeffrey ankamen, teilte ich ihnen auf Notizzetteln mit, wie ich meinen »Tod« erlebt hatte; daß ich in einer bestimmten Phase meines Kampfes mit der dunklen Macht die Vorstellung gehabt hatte, Teile meines Körpers seien in Flammen aufgegangen und lägen in Stücken im Zimmer herum. Die Krise trat ein, als ich tief unten aufschrie: »Jesus! Herr, mein Herr.« Und Er kam und stand mir bei. Und Er heilte mich.

Meine Familie zeigte sich sehr entgegenkommend, aber ich frage mich, ob sie nicht dachten, das Ganze sei vielleicht eine Halluzination gewesen, hervorgerufen durch die niedrigen Sauerstoffwerte in meinem Körper. Den Schlüssel würde die nächste Blutuntersuchung liefern.

Und was berichtete mir der Arzt? »Die Kohlenmonoxydwerte sind gesunken!«

Und dann feierten wir alle! Am 11. August wurde ich aus der Intensivstation entlassen. Am 26. August durfte ich nach Hause gehen.

Was vor fast zweitausend Jahren am Kreuz geschah, hatte eine strahlende neue Bedeutung für mich gewonnen. Wir sind daran gewöhnt, zu denken, Jesus hätte nur unsere Sünden aufs Kreuz hinaufgetragen, aber die Bibel läßt keinen Zweifel daran, daß Er auch all unsere Krankheiten und Plagen dorthin getragen hat:

> Am Abend aber brachten sie viele Besessene zu ihm, und er trieb die Geister aus durch sein Wort und machte alle Kranken gesund,

damit erfüllt würde, was gesagt ist durch den Propheten Jesaja, der da spricht: »Er hat unsere Schwachheit auf sich genommen, und unsere Krankheit hat er getragen« (Matthäus 8,16.17).

Erst kürzlich fragte mich Len, was für mich die wichtigste Bedeutung meiner Kreuzigungserfahrung gewesen sei.

»Ich bin mir noch nicht ganz sicher«, antwortete ich, »ich war dem Tode nahe und der Herr brachte mich ins Leben zurück. Er muß einen Grund dafür gehabt haben.«

»Weißt du, was das sein könnte?«

»Es gibt eine Anzahl Dinge, die ich noch zu tun habe, vor allem die Arbeit an zerbrochenen Beziehungen.« Dann kam mir ein Gedanke. »Ich erlebte eine Kreuzigung, aber keine Auferstehung.«

Len wollte das nicht hinnehmen. »Du bist aus einem dunklen Tal ins Licht gekommen. War das keine Auferstehung?«

»Nicht ganz. Mein Atem ist wieder so, wie er letztes Frühjahr war, aber das ist alles andere als normal. Meine Lungen sind immer noch nicht völlig geheilt.«

»Überleg einmal, Catherine«, antwortete Len, »du hast fast vierzig Jahre lang mit wenig mehr als der Hälfte deiner normalen Lungenfunktion gelebt. Aber sieh nur, was du alles erreicht hast. Vielleicht hat Gott dir wie dem Apostel Paulus mit gutem Grund einen Stachel im Fleisch gegeben.«

Herr, wieviel muß ich noch lernen!

Heute morgen bekam ich folgendes Wort von Gott. Er sagte mir, ich solle mich freuen und Gott preisen. Er erinnerte mich an das Lied, das wir so oft in der Kirche gesungen hatten: »Freuet euch im Herrn allezeit, und wiederum sage ich, freuet euch« (Philipper 4,4).

Freuet euch!

Daß ich mich wieder an der Musik aus meinem Stereo-Plattenspieler erfreuen kann. Ich stand auf und spielte ein wenig Klavier ...

Freuet euch!

Ich rief T. an und bekannte meinen Mangel an Liebe und Verständnis in verschiedenen Dingen. Eine Zeit erneuerter Nachfolge und Versöhnung folgte.

Freuet euch!

Über den geduldigen Len und die treue Familie ... über die Fürbitter ... über alle, die beteten ... über meine Ärzte und das Personal im Krankenhaus.

Freuet euch!

Linda und ich, wir standen einander wieder so nahe! Sie kam, um eine Woche bei mir zu verbringen und brachte ein Geschenk mit: vier Tischsets und vier Servietten für den Eßzimmertisch. »Benutze sie!« bat sie. Das hatte damit zu tun, daß Len und der Arzt mich drängen, aus dem Bett aufzustehen und am Tisch zu essen.

Freuet euch!

Preis sei Dir, Herr, für Pastor Bob Bonham, der die Hälfte jedes Samstags opferte, um mir Gesellschaft zu leisten.

Preis sei Dir, Herr, daß Du alle die Ängste vor dem Tod ans Licht gebracht hast, so daß ich mich mit ihnen befassen kann.

Preis sei Dir, Herr, daß Du mir gestattet hast, diese Erfahrungen auf der Intensivstation zu machen, und daß Du mich dem Tod entrissen hast.

Liebe annehmen

Gott setzte die Heilung fort, hier in unserem Haus in Florida. Heute morgen erteilte Er mir eine scharfe Zurechtweisung in Anbetracht der Tatsache, daß ich oft Mühe hatte, die Liebe anderer Menschen anzunehmen und daher auch die Liebe Jesu. Diese Erkenntnis kam mir im Verlauf einer Streiterei mit Len, die sich letzte Nacht in unserem Schlafzimmer abspielte. Ich beklagte mich über Familienmitglieder, die Probleme in der Familie, finanzieller Art und Entscheidungen bezüglich meiner Manuskripte und meiner geschäftlichen Angelegenheiten von mir fernhielten.

Len regte sich ziemlich auf. Schließlich sagte er mit Tränen in den Augen: »Catherine, die Ärzte haben uns gesagt, du seist an der Schwelle des Todes gestanden; es würde seine Zeit dauern, bis du dich erholt hast. Was wir tun, tun wir zu deinem Schutz, aus Liebe zu dir. Begreifst du nicht, daß wir dich beinahe verloren hätten?« Dabei brach seine Stimme, und er ließ seinen Gefühlen freien Lauf, auf eine Weise, wie ich es selten in unserer Ehe erlebt hatte.

Als ich an diesem Morgen erwachte, fühlte ich mich mit voller Wucht von der Tiefe der Gefühle, die Len für mich hegte, überwältigt. Wie oft, fragte ich mich, betrügen Männer in unserer Gesellschaft sich selbst und ihre Familien um das Beste an ihnen, indem sie ihre empfindsame Natur hinter einem »Macho«-Image verbergen?

Ich kam jedoch auch zu der Überzeugung, daß ich der Liebe gegenüber nicht offen genug war. Ich hatte auch oft meine Schwierigkeiten damit, Lens Gefühle zu akzeptieren. Dasselbe galt für die Zuwendung und Dankbarkeit meiner Freunde und Leser.

Lies den 1. Korintherbrief, Kapitel 13, fühlte ich mich gedrängt.

Diese Verse trafen den Kern der Sache noch deutlicher, als Len es am Abend zuvor getan hatte:

Die Liebe ist langmütig und freundlich, die Liebe eifert nicht, die Liebe treibt nicht Mutwillen, sie bläht sich nicht auf,
sie verhält sich nicht ungehörig, sie sucht nicht das Ihre, sie läßt sich nicht erbittern, sie rechnet das Böse nicht zu,
sie freut sich nicht über die Ungerechtigkeit, sie freut sich aber an der Wahrheit,
sie erträgt alles, sie glaubt alles, sie hofft alles, sie duldet alles (1. Korinther 13, 4-7).

Ich sah des weiteren, daß ich zwar einen wichtigen ersten Schritt getan hatte, als ich meinen Leib als ein »lebendiges Opfer« auf den Altar legte, daß es jedoch nicht genug war: »und ließe meinen Leib verbrennen und hätte die Liebe nicht, so wäre es mir nichts nütze« (Vers 3).

Und noch während ich dies schreibe, kommt mir eine weitere Offenbarung. Nachdem ich 1944 die heilende Gegenwart Jesu in meinem Schlafzimmer erlebt hatte, nachdem ich fast drei Jahre lang bettlägerig gewesen war, fehlte mir dennoch etwas. Ich war immer der Meinung, es hätte mir an Glauben gemangelt, um die Heilung vollkommen zu machen.

Aber nehmen wir einmal an, es hätte mir an Liebe gefehlt, nicht an Glauben. Oh, es war auch kein vollkommener Gehorsam da, aber Gehorsam wäre der Liebe auf dem Fuße gefolgt.

Herr, ich bin voller Freude. Herr, ich gebe mich selbst auf. Herr, laß Deine Liebe – und Lens Liebe und die der Menschen in meiner Umgebung, aller Mitglieder meiner Familie und all der weit verstreuten Freunde, die ich durch meine Bücher gewonnen habe – über mich herrschen.

Den Blick fest auf Jesus gerichtet

Gestern fiel ich aufs Gesicht. Das Atmen fiel mir schwer. Bin sehr wenig spazierengegangen. Habe die gymnastischen Übungen nicht geschafft. War enttäuscht und entmutigt und gelangweilt.

Ich kannte den Grund dafür. Ein Brief kam von meinem Arzt, der meine »chronische« Krankheit mit Namensschildchen und Etiketten versah, um sie in die Formulare der Krankenversicherung einzutragen. Alles klang so endgültig, daß ich es ansah, akzeptierte und mich daran gewöhnte.

Ich öffnete auch der Furcht die Tür. Nicht so sehr der Furcht vor dem Tod, denn damit bin ich tatsächlich fertiggeworden. Diesmal empfand ich die Furcht, die Leser meiner Bücher zu enttäuschen, die von mir erwarten, daß ich ihnen ein leuchtendes Beispiel sieghaften Glaubens gebe.

In meiner Sitzung mit Bob Bonham verfolgte ich die Wurzeln dieser Furcht, andere Menschen zu enttäuschen, bis zurück in meine Kindheit. Dabei kam heraus, daß mein Vater mir höchstes Lob spendete, wenn ich bei seinen Gebetstreffen Klavier spielte oder gute Noten in der Schule erzielte, und daß ich daher das Gefühl hatte, etwas leisten zu müssen, um seine Liebe zu erwerben.

Im Lauf der Jahre erstreckte sich dieses Gefühl auf andere Mitglieder meiner Familie, auf meine Freunde, sogar auf Gott. Dazu kam die Überzeugung, daß ich, da ich mit meinem christlichen Leben so sehr im Rampenlicht der Öffentlichkeit stand, immer Jesu Erwartungen an mich entsprechen müßte. Wenn ich es nicht schaffte, würde ich nicht nur Ihn enttäuschen, sondern auch die Menschen »da draußen« würden schlecht von Ihm denken; Sein Ruf würde tatsächlich Schaden nehmen.

Wenn man es so formuliert, ist das natürlich lächerlich! Aber so kam es zutage. Gestern erlebte ich also eine totale Niederlage.

Heute morgen suchte ich die Vergebung des Herrn und hörte – mit tiefem Nachdruck ausgesprochen – in etwa die folgende Botschaft:

Catherine, wende den Blick ab von dir selbst, weg von deinen Symptomen, weg von deinen Ängsten, und konzentriere deine Aufmerksamkeit auf Mich. Sieh Mich an! Sieh immer nur Mich an.

Erlaube Mir, dein Arzt zu sein. Dies ist Mein Wille. Ich weiß, wie Ich dir Gesundheit schenken kann. Ich habe dich geschaffen. Ich weiß, wie Ich dich heilen kann.

Was meinst du wohl, warum Ich jeden heilte, der in den Tagen Meines Erdendaseins zu Mir kam? Aus überströmendem Erbarmen. Ich mußte nur einen blinden oder verkrüppelten oder kranken oder von Schmerzen geplagten Menschen sehen, um dieses Unheil so rasch wie möglich wiedergutmachen zu wollen.

Ich habe dir in Meinem Wort (Hebräerbrief) gesagt, daß Ich als der Hohepriester der Menschen jedem zu Hilfe eilen will und kann, der Mich anruft.

In meinem Gebet antwortete ich: »Herr, ich rufe Dich an. Ich gebe Dir die Erlaubnis, mein Innerstes zu verändern, meine schlaffen geistlichen Muskeln zu stärken, meinen Blick in eine andere Richtung zu wenden, mich begierig zu machen, Dich und nur Dich allein anzublicken.

Ich weiß, Du wünschst, daß in mir eine Auferstehung stattfindet und meine Zweifel und meine negativen Gedanken ein Ende haben. Darauf werden neues Leben und Gesundheit folgen. Wenn es nicht auf dieser Welt geschieht, so will ich ins Jenseits hinübergehen in jener veränderten Form, in der Du mich haben willst.»

Dann führte mich Jesus zum 16. Kapitel des Johannesevangeliums, wo dieser grandiose Vers meine Aufmerksamkeit fesselte:

Es ist gut (nützlich, von Vorteil) für euch, daß ich weggehe. Denn wenn ich nicht weggehe, kann der Tröster (Berater, Helfer, Anwalt, Fürbitter, Bestärker, Beistand) nicht zu euch kommen ... keine enge Gemeinschaft mit euch haben ... (Johannes 16,7).

Der Heilige Geist wirkt in vielfältiger Hinsicht, als:
Berater – Er gibt den Einfältigen Weisheit
Helfer – Er hilft uns über jedes Hindernis hinweg
Anwalt – Er ist unser persönlicher Anwalt, der unsere Sache vertritt
Fürbitter – Er tritt für uns vor den Thron der Gnade
Bestärker – Er gibt uns Lebenskraft und Mut
Beistand – Er steht uns immer zur Seite

Wie kann irgendeiner von uns ohne diese Dinge Bestand haben! Und dann der herrliche Vers 33:

> Das habe ich mit euch geredet, damit ihr in mir Frieden und volles Vertrauen habt. In der Welt habt ihr Mühsal und Prüfungen und Kümmernisse und Frustrationen; aber seid getrost – faßt Mut, seid voll Vertrauen, seid sicher und furchtlos – denn ich habe die Welt überwunden. Ich habe ihr die Macht genommen, Schaden zu tun, ich habe sie (für euch) erobert.

Auferstehung

Ihren Pastoren George Callahan und Robert Bonham sowie ihren liebevollen Freunden und Familienmitgliedern ist es zu verdanken, daß Catherine im Jahre 1982 gute Fortschritte machte. Zum Erntedankfest und zu Weihnachten fanden Gebetstreffen mit den Familienmitgliedern statt.

Anfang 1983 setzte Catherine sich verschiedene Ziele. Ein achthundert Seiten langer Entwurf für den Roman *Julie* war fertiggestellt, aber Monate der Arbeit wurden noch benötigt, um die Personen der Handlung herauszuarbeiten. Sie wollte wieder mit ihrer Mitarbeit am *Rundbrief der Fürbitter* beginnen und für eine Guideposts-Serie über das Altern einen Beitrag über ihre Mutter schreiben.

Ende Januar mußte sie sich einer Operation gegen den grauen Star unterziehen. Aus ihrem Tagebuch:

9. Februar: Ich taumle noch jetzt unter dem Schlag, den der Augenchirurg mir gestern bei einer Routineuntersuchung nach meiner Star-Operation versetzt hatte: »Sie sind krank von Kopf bis Fuß.« Ich hätte dieses Urteil nicht hinnehmen müssen, aber ich tat es. Nun muß ich wirklich die bittere Pille schlucken – mit der Hilfe des Geistes und Gottes Gnade. Dieser Vers hat mir wirklich geholfen:

> Wenn nun der Geist dessen, der Jesus von den Toten auferweckt hat, in euch wohnt, so wird er, der Christus auferweckt hat, auch eure sterblichen Leiber lebendig machen durch den Geist, der in euch wohnt (Römer 8, 11).

24. Februar: Bin wieder zutiefst deprimiert. Ich bekomme kaum noch Luft – ich ringe buchstäblich um jeden Atemzug –, wenn ich nur von einem Zimmer ins andere gehe. Mein Arzt konnte für die Schwierigkeiten, die ich gestern hatte, keinen offenkundigen Grund finden. Heute traf es mich wie ein Schlag: wieder einmal wissen die Ärzte weder, was mir fehlt noch wie sie mir helfen sollen. Also … stütze ich mich ganz auf Jesu Hilfe.

9. März: In meiner Stillen Zeit kam mir dieser Gedanke: Meine Kreuzigungserfahrung im Krankenhaus konzentrierte sich auf die Frage des Atmens. Heute morgen erinnerte mich der Heilige Geist von neuem daran: *Jesus nahm dein Atemproblem am Kreuz in Seinen eigenen Leib, um hinfort dein Lebensatem zu sein.*

Dies ist Catherines letzte Tagebucheintragung, die sie im Krankenhaus machte, wo sie sich neuerlichen Untersuchungen unterzog:

12. März: Die Bluntuntersuchung gestern zeigte, daß der Kohlenmonoxydgehalt in meinem Blut zu hoch ist, aber nicht gefährlich; ich habe jedoch nicht genug Sauerstoff im Blut. Ein weiteres Problem scheint die Blutarmut zu sein.

Heute morgen sagte Jesus wiederum zu mir: *Wende den Blick von dir selbst ab und blicke Mich beständig an. Ich liebe dich. Ich weiß, wie Ich dich wieder gesund machen kann.*

Kurz nach Mitternacht am 18. März hörte Catherines Herz zu schlagen auf. Der Herr hatte sie zu sich geholt.

NACHWORT

In den darauffolgenden Stunden und Tagen schien der Herr uns alle in der Familie unter Seinen liebevollen Schutz zu nehmen, und Er schenkte uns auch Seine besondere Zuwendung. Die Anrufe, Briefe, Karten, Blumen und Lebensmittel, die man uns von allen Seiten zuschickte, halfen und stärkten uns.

Zwei triumphale Ereignisse folgten:

Der Begräbnisgottesdienst in der National Presbyterian Church in Washington, D. C., wurde vom dortigen Pastor, Catherines engem Freund Dr. Louis Evans Jr., und ihrem Sohn Peter John Marshall geleitet.

Und beim Gedenkgottesdienst in der New Covenant Presbyterian Church in Pompano Beach, Florida, teilten Pastor George Callahan und Dr. William Earnhart (Ältester der Kirche und Catherines Leibarzt) ihre Erinnerungen an diese bedeutende Frau.

Robert Bonham, der Pastor, der Catherine viele Jahre begleitet hatte, sprach bei diesem selben Gottesdienst:

Während Catherines Begräbnis in der National Presbyterian Church schweifte mein Blick zu einigen der herrlichen bunten Glasfenster, durch die die Sonne hereinschien. Da gab es dunkle Stellen und helle Stellen, die mannigfaltigsten Farben mischten sich ineinander. Ich dachte an das Leiden, das Catherine früh im Leben und in letzter Zeit im Krankenhaus durchgemacht hatte. Das waren die tiefen, tiefen Farben darin. Ihr Körper war nie in der Lage gewesen, mit ihrem Geist und ihrer Seele Schritt zu halten. Er hatte sie immer behindert. Da waren natürlich auch die helleren Farben, der rosige Hauch von Liebe und Wärme – sie verschenkte ihr Herz an ihre Familie und an

jeden, mit dem sie in Berührung kam. Diese Farben verbreiteten sich über die Vereinigten Staaten und die ganze Welt.
Ihr Leben bestand aus so vielen Teilen – den Büchern, die sie schrieb, den Artikeln für »Guideposts« und andere Zeitschriften. Sie schrieb nichts, in das sie nicht ihr ganzes Herz und ihre ganze Seele gelegt hätte – und das Herz und die Seele Christi. Als sie und Leonhard vor nicht allzu langer Zeit den Fürbittedienst ins Leben riefen, mobilisierten sie Beter im ganzen Land und brachten dadurch vielen Menschen Hilfe. Die Mitglieder ihrer Familie füllten das Mosaik ihres Lebens mit warmen leuchtenden Glassplittern.
Ein Glasfenster erscheint zunächst sehr langweilig, wenn kein Licht hindurchscheint. Haben Sie jemals ein buntes Glasfenster gesehen, hinter dem kein Licht leuchtet? Man kann dann nicht einmal sehen, was darauf dargestellt ist. Durch Catherines Leben leuchtete immer das Licht Christi. Und wenn dieses Licht Christi das bunte Glasmosaik ihres Lebens durchstrahlte, empfingen wir alle, die in Sichtweite standen, Seinen Segen.
Wenn die Sonne sinkt, bleibt der Horizont noch lange hell. Catherine Marshall-LeSourds Leben wird noch lange nachglühen. Die Bücher, die sie schrieb, werden Klassiker der christlichen Literatur werden. Die Artikel werden Menschen Hilfe bringen. Sie hat einiges geschrieben, das erst noch gedruckt werden muß, um uns mit Seinem Segen zu erreichen. Ihr Einfluß auf unser Leben wird weiterwirken und sich noch auf unsere Kinder und Kindeskinder erstrecken.

Auf der letzten Seite ihres Buches *Im Himmel wie auf Erden,* als sie einem Leben ohne ihren Ehemann Peter entgegensah, schrieb sie folgendes nieder:

»Dürfen wir es uns leisten, in Augenblicken, da die Zukunft in völligem Dunkel vor uns liegt, dem kommenden Tag mit Unlust entgegenzusehen, die Hände in den Schoß zu legen? Gott ist in der Vergangenheit mit uns gewesen. Er wird auch in der Zukunft mit uns sein.
Und mit seiner Gegenwart war auch immer das furchtlose Dasein dahingeschwunden. Stets hatte er Wagnis bereitgehalten, große

Hoffnungen, unerwartete Freunde, neue Ziele, die das Altgewohnte durchbrachen. So würde auch meine Zukunft Gnade und Güte, Aufgaben und Freundschaft bergen.

Über den Hügeln brach die Sonne durch die Gewitterwolken.

Da stand, genau vor meinem Wagen, ein prachtvoll schimmernder Regenbogen am Himmel. Es war lange her, daß ich einen Regenbogen gesehen hatte.

Ich fuhr stetig weiter in sein Licht.«

Und genau das tut Catherine eben jetzt – sie nähert sich geradewegs dem Licht.

ANHANG

Hinweise zum vertieften Lesen. Die Literaturliste folgt der Chronologie von Catherine Marshalls Leben.

1. Meeting God at Every Turn
dt.: Gott weiß den Weg. 1987. Brockhaus Verlag Wuppertal
2. A Man Called Peter
dt.: Ein Mann namens Peter. 1989. Christl. V.-A. Konstanz
3. Beyond our Selves
dt.: Gott weiß den Weg. 1987. Brockhaus Verlag Wuppertal
4. Christy
dt.: Christy. Die Geschichte einer jungen Frau. 1988. Christliche Verlagsanstalt Konstanz
6. Artikel für Guideposts
7. Something More
8. dt.: Schritt für Schritt. 1989. Friedr. Bahn Verlag Konstanz
The Helper
9. dt.: Der Helfer. 1992. Leuchter Verlag Erzhausen
Light in My Darkest Night
keine dt. Übersetzung vorliegend
10. Adventures in Prayer
dt.: Bete und staune. 1994. Brockhaus Verlag Wuppertal
11. Light in My Darkest Night
keine dt. Übersetzung vorliegend
12. Touching the Heart of God
keine dt. Übersetzung vorliegend
13. Julie
dt.: Entdecke deinen Weg, Julie! 1987. Friedr. Bahn Verlag Konstanz.

14. A Closer Walk
keine dt. Übersetzung vorliegend

Nachwort: To Live Again
dt.: Im Himmel wie auf Erden. 1990. Christl. V.-A. Konstanz

hänssler

Weitere Biographien

David McCasland

Oswald Chambers

Ein Leben voller Hingabe

Pb., 330 S., 16 s/w-Bildseiten,
Nr. 392.112, ISBN 3-7751-2112-9

Hingabe – kein besserer Begriff kennzeichnet den 1874 in Schottland geborenen Oswald Chambers, der bei uns mit seinem Buch »Mein Äußerstes für sein Höchstes« bekannt geworden ist.
Auf beeindruckende Weise und unter Verwendung von Tagebuchauszügen, Briefen usw. versteht es der Autor, das Leben dieses beeindruckenden Mannes selbst sprechen zu lassen.
Der Leser wird dieses Buch nicht ohne tiefen und persönlichen Gewinn aus der Hand legen.

Bitte fragen Sie in Ihrer Buchhandlung nach diesem Buch!
Oder schreiben Sie an den Hänssler-Verlag, Postfach 1220,
D-73762 Neuhausen-Stuttgart.

hänssler

Paul Toaspern

Eva von Tiele-Winckler

Mutter Eva – Ein Leben aus der Stille vor Gott

Pb., 200 S., 16 s/w-Bildseiten,
Nr. 392.292, ISBN 3-7751-2292-3

Die junge Eva von Tiele-Winckler, aus einer oberschlesischen Adelsfamilie stammend, verzichtet auf ihr reiches und bequemes Leben und setzt sich für Arme, Kranke und Waisenkinder ein.
Ihre Frömmigkeit und selbstlose Liebe machen sie zu einer Persönlichkeit, deren Ausstrahlung sich auch heute niemand entziehen kann – und zu einem wertvollen Vorbild.

Bitte fragen Sie in Ihrer Buchhandlung nach diesem Buch!
Oder schreiben Sie an den Hänssler-Verlag, Postfach 1220,
D-73762 Neuhausen-Stuttgart.

hänssler

Friedemann Hägele (Hg.)

Friedrich Traub

Ein Pionier der Chinamission – aus Liebe zu Christus

Pb., 160 S., 4 s/w-Bildseiten,
Nr. 392.293, ISBN 3-7751-2293-1

Friedrich Traub verließ Ende des letzten Jahrhunderts seine schwäbische Heimat und ging als einer der ersten evangelischen Missionare nach China. Sein tiefer Wunsch, das Evangelium zu verbreiten, stieß mit den herrschenden beschwerlichen Verhältnissen hart aufeinander. Mit 33 Jahren endete sein kurzes Leben für die Mission, mit dem er den Grundstein für die Chinamission legte, die später von der Marburger Mission und der Überseeischen Missionsgemeinschaft weitergeführt wurde.

Bitte fragen Sie in Ihrer Buchhandlung nach diesem Buch!
Oder schreiben Sie an den Hänssler-Verlag, Postfach 1220,
D-73762 Neuhausen-Stuttgart.

hänssler

Elisabeth Elliot

Amy Carmichael

Ein Leben in der Nachfolge

Pb., 270 S., 8 s/w-Bildseiten,
Nr. 392.335, ISBN 3-7751-2335-0

Das eindrückliche Portrait der außergewöhnlichen irischen Indienmissionarin Amy Carmichael: ihr Weg führte sie nach Japan, China, Ceylon und schließlich nach Indien, wo sie sich besonders um vernachlässigte Kinder kümmerte.
Als eine junge Frau mit eigenen Wünschen und Träumen, Fehlern und Ängsten, gab sie ihr ganzes bisheriges Leben bedingungslos auf, um ihrem Herrn zu dienen. Die Kosten, aber auch der Lohn einer solchen Nachfolge spiegeln sich in ihrem Leben wider. Eine beeindruckende Biographie.
Elisabeth Elliot besuchte den Wirkungskreis Amy Carmichaels in Indien und hatte dort Zugang zu ihrer Korrespondenz und privaten Fotos. Eigene Recherchen, Interviews und 40 Jahre der intensiven Lektüre von Amys Büchern machten sie vertraut mit dieser Frau.

Bitte fragen Sie in Ihrer Buchhandlung nach diesem Buch!
Oder schreiben Sie an den Hänssler-Verlag, Postfach 1220,
D-73762 Neuhausen-Stuttgart.

hänssler

Charlotte Sauer

Johannes E. Goßner

Ein Leben für die Wahrheit

Pb., 308 S.,
Nr. 392.344, ISBN 3-7751-2344-X

Spannend wie ein Roman liest sich die Biographie von Johannes E. Goßner, der wegen seines lebendigen Christusglaubens aus seiner bayerischen Heimat vertrieben und nach Petersburg berufen wird. Doch wieder regt sich Widerstand. Nach erneuter Vertreibung und einer Zeit des Gehetztseins tritt er zum evangelischen Glauben über und übernimmt eine Pfarrstelle in Berlin. Dort ruft er einen Missionsverein ins Leben, richtet Kinder-Warte-Anstalten ein und gründet das heute noch bestehende Elisabeth-Krankenhaus.

Bitte fragen Sie in Ihrer Buchhandlung nach diesem Buch!
Oder schreiben Sie an den Hänssler-Verlag, Postfach 1220,
D-73762 Neuhausen-Stuttgart.

hänssler

Manfred & Joachim Rieger (Hg.)

Ole Hallesby

Stationen eines bewegten Lebens

Pb., 300 S., zahlr. Abb.,
Nr. 392.443, ISBN 3-7751-2443-8
(erschien bisher unter dem Titel »Ole Hallesby – der Fels aus Norwegen«)

Hallesby (1879-1961) stand an der Spitze des kirchlichen Widerstandes gegen die Nationalsozialisten, was ihm zwei Jahre Konzentrationslager einbrachte. Er wirkte in der norwegischen Erweckungsbewegung mit und leistete Pionierarbeit für ein christliches Schulprogramm. Als Professor an der Theologischen Gemeindefakultät Oslo setzte er sich für die Bibel und für das christliche Bekenntnis ein. Ole Hallesby – ein mutiger Theologe, Bekenner und Evangelist.

Dr. Sverre Norborg war der erste, der in Hallesbys Muttersprache dessen Leben beschrieb. Sein Buch ist das Fundament der ersten deutschsprachigen Biographie über Ole Hallesbys bewegtes Leben, das weit über Norwegens Grenzen hinweg Zeichen setzte.

Bitte fragen Sie in Ihrer Buchhandlung nach diesem Buch!
Oder schreiben Sie an den Hänssler-Verlag, Postfach 1220,
D-73762 Neuhausen-Stuttgart.

hänssler

Walter Arnold & Fritz H. Lamparter

Friedrich Wilhelm Raiffeisen

Einer für alle – alle für einen

Pb., 212 S., zahlr. s/w-Fotos,
Nr. 392.456, ISBN 3-7751-2456-X

Raiffeisen-Banken und -Märkte kennen viele; aber nur wenige wissen, wer die Idee dazu hatte.

Armut, Verschuldung, soziales Elend in seiner Westerwälder Heimat brachte Friedrich Wilhelm Raiffeisen zu der Erkenntnis, daß eine Verbesserung dieser Verhältnisse auf dem Land von den Betroffenen selbst bewirkt werden müßte. Allein konnte es niemand schaffen, diesen Teufelskreis zu durchbrechen, aber gemeinsam würden sie der Not Widerstand leisten können – die Genossenschaftsidee war geboren! Noch zu Lebzeiten wurde Raiffeisen zu einem bedeutenden Sozialreformer des 19. Jahrhunderts.

Bitte fragen Sie in Ihrer Buchhandlung nach diesem Buch!
Oder schreiben Sie an den Hänssler-Verlag, Postfach 1220,
D-73762 Neuhausen-Stuttgart.

hänssler

Helene Gurland (Hg.)

Rudolf Hermann Gurland

Ein Rabbiner findet Jesus

Pb., ca. 240 S.,
Nr. 392.624, ISBN 3-7751-2624-4

Rudolf Hermann Gurland wird 1831 als Sohn eines strenggläubigen Rabbiners in Rußland geboren. Schon früh setzt er sich mit den jüdischen Schriften auseinander und steht später als Rabbiner einer eigenen Gemeinde vor. Doch auch erste Zweifel beginnen zu keimen und eine verzweifelte Suche nach dem wahren Glauben beginnt und stürzt ihn in tiefe innere Not. Innerlich zwiegespalten und von Gewissensbissen geplagt, wagt er den Schritt und verwirft öffentlich die Autorität des Talmud. Von Familie und Gemeinde verstoßen, beginnt er ein neues Leben zu führen. Er tritt zum christlichen Glauben über und beginnt, besonders in den baltischen Republiken, den Juden das Evangelium zu verkünden. Ein beeindruckendes Lebensbild!

Bitte fragen Sie in Ihrer Buchhandlung nach diesem Buch!
Oder schreiben Sie an den Hänssler-Verlag, Postfach 1220,
D-73762 Neuhausen-Stuttgart.

hänssler

Lucy Ching

Lucy Ching

Das mutige Leben einer blinden Chinesin

Pb., 292 S.,
Nr. 392.438, ISBN 3-7751-2438-1

Ein blindes Mädchen im alten China der vierziger Jahre – ein scheinbar unausweichliches Schicksal: behindert, ausgestoßen. Zehn Jahre später ist sie Stipendiatin an einer Blindenhochschule in den USA. Ein Päckchen mit Blindenschriftmaterial bringt den Stein ins Rollen. Lucy bringt sich selbst Lesen und Schreiben bei, eine sich aufopfernde Freundin steht ihr ermutigend zur Seite. Heute ist Lucy Ching Sozialarbeiterin in Hong Kong.

Die fesselnde, autobiographische Geschichte dieser mutigen Frau nimmt den Leser mit hinein in die fremdartige und faszinierende Gesellschaft des alten Chinas.
(erschien bisher unter dem Titel »Aber du siehst mit den Händen«)

Bitte fragen Sie in Ihrer Buchhandlung nach diesem Buch!
Oder schreiben Sie an den Hänssler-Verlag, Postfach 1220,
D-73762 Neuhausen-Stuttgart.